Dieter Kindermann • Schicksalsmomente

Dieter Kindermann

Schicksalsmomente

wie Zeitzeugen sie erlebten

Österreich von der Ersten Republik bis heute

K&S

Der Abdruck der Gedichte auf Seite 66/67 und 68 erfolgt mit freundlicher Genehmigung des Augustiner Chorherrenstiftes Klosterneuburg, der Abdruck des Gedichtes auf S. 111 mit freundlicher Genehmigung von Dr. Trude Unger.

Bildquellenverzeichnis: Archiv der Erzdiözese Wien, Annemarie Fenzl: S. 63; Archiv der Familie Bernardis: S. 85; Archiv Schloss Artstetten, Anita von Hohenberg: S. 81; Kristian Bissuti: S. 177; Bundespressedienst: S. 129; Johannes Greifeneder: S. 206; Foto Hilscher: S. 95; Bernhard J. Holzner/HOPI MEDIA/APA/picturedesk.com: S. 181; Pressefoto Horowitz: S. 47; Imagno/Austrian Archives: S. 21, 31, 37, 101, 155; Imagno/Harry Weber/NB: S. 165; Imagno/ÖNB: S. 17, 67, 136, 154; Imagno/Ullstein: S. 46; Ernst Kainerstorfer: S. 211; Klomfar: S. 141; Foto Obransky: S. 125; ÖNB/picturedesk.com: 27; Österreichischer Seniorenbund: S. 9; Präsidentschaftskanzlei: S. 7; privat: S. 185, 198; Foto Ricardo: S. 113; Repro/Rubra/APA/picturedesk.com: S. 77; Schikola/ORF/picturedesk.com: S. 169
Bei einigen Fotos ist es leider nicht gelungen, die heutigen Rechteinhaber zu ermitteln. Wir bitten diese, sich mit dem Verlag in Verbindung zu setzen. Rechtmäßige Ansprüche werden nach Geltendmachung zu den üblichen Konditionen vom Verlag abgegolten.

www.kremayr-scheriau.at

ISBN 978-3-218-00780-1

Schutzumschlaggestaltung: EBELING / Visuelle Kommunikation, Wien
unter Verwendung eines Fotos von Österreich Werbung/Kuhn
Typografische Gestaltung, Satz: Ekke Wolf, typic.at
Lektorat: Marie-Therese Pitner
Druck und Bindung: GGP Media GmbH, Pößneck

Inhaltsverzeichnis

Brief aus der Hofburg

von Bundespräsident Dr. Heinz Fischer

Wien, am 11. Februar 2008

Sehr geehrter Herr Kindermann!

Im Frühjahr 2008 erscheint im Verlag Kremayr & Scheriau unter dem Titel „Schicksalsmomente" ein weiteres Buch von Ihnen, das sich mit der Geschichte unserer Republik beschäftigt.

Dieses Buch spannt einen Bogen von der Gründung der Republik im Jahre 1918 bis zur Gegenwart und beschäftigt sich besonders mit den Geburtswehen der Republikgründung, dem Brand des Justizpalastes, dem Bürgerkrieg im Jahre 1934, dem Anschluss Österreichs an Hitler-Deutschland, dem Zweiten Weltkrieg, der Gründung der Zweiten Republik im Jahr 1945 und mit den verschiedenen Regierungen und politischen Konstellationen im Verlauf der Zweiten Republik.

Besonders bemerkenswert an Ihrem Buch „Schicksalsmomente" erscheint mir, dass Sie die Geschichte unseres Landes und die Momente, die das Schicksal Österreichs in den letzten 90 Jahren geprägt haben, den Leserinnen und Lesern anhand persönlicher Schicksale nahebringen und dafür zahlreiche noch lebende Zeitzeugen interviewt haben. Ich halte diese Vorgangsweise für äußerst verdienstvoll, weil es einerseits immer weniger Zeitzeugen vor allem für die frühen „Schicksalsmomente" unseres Landes gibt und andererseits Zeitzeugen Ereignisse unmittelbar verständlich und lebendig machen.

Das vorliegende Buch betrachte ich daher als wichtige Ergänzung zu zahlreichen wissenschaftlichen Publikationen, die für das heurige Gedenkjahr geplant sind.

Ich wünsche Ihrer Arbeit eine große Leserschaft, weil die Kenntnis der eigenen Geschichte eine der Voraussetzungen dafür ist, in Gegenwart und Zukunft vernünftig zu handeln.

Mit besten Grüßen

Vorwort

Woher kommen wir? Wer sind wir? Wohin gehen wir? Diese drei existenziellen Fragen müssen sich nicht nur Menschen, sondern auch Nationen stellen. So auch unser Österreich. Österreich, das als Republik 1918 aus den Trümmern des Habsburgerreichs entstand, zu einem Staat wurde, den „niemand wollte", nach Parteienstreit und Bürgerkrieg 1938 vom nationalsozialistischen Deutschland besetzt und einverleibt wurde, nach dem verbrecherischen nationalsozialistischen Krieg und Terror aus den Trümmern 1945 wiedererstand, zuerst geteilt und besetzt und dann zur Willensnation Österreich wurde. Ein Staat, den heute seine Bürgerinnen und Bürger lieben, ein Staat, den alle wollen.

Dieter Kindermann, innenpolitische Säule der *Kronen Zeitung*, hat über mehrere Jahrzehnte hinweg in dieser großen Zeitung zeitgeschichtliche „Reportagen" geschrieben; so nannte er selbst seine historischen Essays auf einer, zwei Doppelseiten oder in seinen an mehreren Tagen hintereinander erscheinenden Serienartikeln, für die er seinen charakteristischen Stil fand. Ausgehend von Interviews mit Zeitzeugen, handelnden Personen, Historikern, Politikern erzählte er an Gedenktagen, in Bedenkjahren österreichische jüngere und jüngste Geschichte in knappster Form. In kurzen, dem breiten Publikum seiner Leserschaft verständlichen deutschen Sätzen. Wenig eigener Text, viele Originalzitate, sorgfältig abwägende Beurteilungen, Wertungen, Zusammenfassungen.

Jeder einzelne Essay ein Mosaikstein; über die Jahrzehnte ergaben die vielen Einzelsteine eine kunstvolle, farbenprächtige, breite historische Darstellung der Entwicklung Österreichs von 1918 bis heute. Für die *Kronen Zeitung* ein Qualitätsbestandteil, wie ihn sich sonst nur die für eine elitäre Leserschaft geschriebenen Zeitungen leisten. Es muss in einem Gespräch in einem der letzten Bedenkjahre, ich glaube 2005, gewesen sein, in dem ich Dieter Kindermann fragte, warum er nicht die vielen

„Reportagen“ in einem Buch veröffentlichen wolle. Nun liegt das Buch vor und hilft uns, die eingangs gestellten Fragen zu beantworten.

Von den Anfängen der Republik, dem Bruderkrieg der Zwischenkriegszeit, dem finis Austriae nach dem „Anschluss“, Krieg und Kriegsende, der Geburt des erfolgreichen, neuen Österreichs zum Ungarnaufstand, dem Prager Frühling: Kindermann lässt seine Originalzitate die Geschichte erzählen und schildert so auch die Regierungen der Zweiten Republik und ihre Bundespräsidenten. Seinen persönlichen Überzeugungen folgend, kommen auch die katholische Kirche, der österreichische Widerstand gegen den Nationalsozialismus, das Erzhaus Habsburg und die Sozialpartnerschaft nicht zu kurz. Das Buch erscheint zur rechten Zeit: Wir sind wieder in einem Gedenkjahr, 2008: Die Gründung der Republik, der Anschluss, der Einmarsch der Sowjets in die Tschechoslowakei und das gewaltsame Ende des Prager Frühlings jähren sich: 1918, 1938, 1968. Zu all diesen Ereignissen sind die zeithistorischen Reportagen von Dieter Kindermann flott zu lesen, aufschlussreich und historisch exakt, präzise, mündlich überlieferte Geschichte. Ein Geschichtenbuch? Auch, aber vor allem ein Geschichtsbuch!

Univ.-Prof. Dr. Andreas Khol, Präsident des Nationalrats i. R.

Einleitung

Der Philosoph Theodor Lessing merkt in seiner *Geschichte als Sinngebung des Sinnlosen* kritisch an. „Nun aber wird Geschichte bekanntlich nur von Überlebenden geschrieben. Die Toten sind stumm." Da ist schon etwas Wahres dran. Deshalb der Versuch, Zeitzeugen möglichst oft zu Wort kommen zu lassen. Nicht nur über das politische Umfeld, über Daten, Zahlen, Fakten, sondern vor allem über persönliche Erlebnisse, Freud, Leid, Erfolge, Niederlagen wird Geschichte lebendig. Ich habe mich oft gefragt: Wie kann man in einer High-Tech-Zeit Interesse für Zeitgeschichte wecken? Doch wohl am ehesten über Schicksale, die berühren.

Es sind die drei Jahreszahlen mit einem Achter am Schluss, die tiefe Einschnitte in unserer Geschichte symbolisieren: 1918, 1938, 1968. Ich habe mit Zeitzeugen gesprochen, die die Ausrufung der Ersten Republik 1918 hautnah miterlebten, den Bürgerkrieg 1934, den Einmarsch deutscher Truppen 1938 in Österreich, die Niederwalzung des Prager Frühlings 1968. Nicht nur mit bekannten Persönlichkeiten, wie Sir Karl Popper, Kaiserin Zita, Kardinal Franz König, Bundespräsident Rudolf Kirchschläger, Ex-Innenminister Franz Olah usw., sondern auch mit Menschen, die bisher in keinen Geschichtsbüchern aufscheinen.

Etwa die Sekretärin von Staatskanzler Karl Renner, die die Ausrufung der Ersten Republik um eine Stunde verzögerte. Oder die Lehrerin Grete Huber-Gergasevics, die 1943 Gedichte aus der Todeszelle des Augustiner-Chorherrn Roman Scholz schmuggelte. Und die Ärztin Trude Unger, die einen schwer verletzten US-Piloten 1945 im Wiener AKH operierte und vor der SS versteckte. Es gibt da viele Schicksalsmomente, Mosaiksteine, die sich zu einem Gesamtbild fügen, formen. Der Blick auf Einzelschicksale schärft, vertieft das Verständnis für zeitgeschichtliche Zusammenhänge, wage ich zu behaupten.

Bundespräsident Heinz Fischer und der frühere Nationalratspräsident Andreas Khol haben mir immer wieder ihr Wissen zur Verfügung gestellt. Auch „Krone"-Herausgeber Hans Dichand – selbst ein Stück Geschichte, ein Zeitzeuge. In den vergangenen Jahren bekam ich wertvolle Unterstützung von den Historikern Annemarie Fenzl, Stefan Karner, Maximilian Liebmann, Oliver Rathkolb und Manfried Rauchensteiner. Meine Frau Erika war eine unentbehrliche Hilfe bei der Geburt des Buches, Verlagsleiterin Barbara Köszegi Hirn und Motor des Unternehmens, Magister Astrid Lefenda zog geschickt bei Marketing und Veranstaltungen die Fäden. Die Lektorin Marie-Therese Pitner und die Chefkorrektorin Maria Theresia Fatoba wachten darüber, dass sich möglichst wenige Fehler einschleichen.

Dieter Kindermann

Geburtswehen der Republik

Es waren regnerische, kalte, nebelige Tage, an denen vor 90 Jahren eine tief greifende Zäsur in der Geschichte Europas, in der Geschichte Österreichs erfolgte. Nach der Katastrophe des Ersten Weltkrieges mit insgesamt 8,5 Millionen gefallenen und 21 Millionen verwundeten Soldaten. Es ging angesichts der geschlagenen, zurückflutenden Truppen, des Hungers, des Elends, der Verzweiflung Schlag auf Schlag: Am 11. November 1918 trat Kaiser Karl im Schloss Schönbrunn von der Weltbühne ab – und mit ihm das Haus Habsburg, das immerhin 645 Jahre regiert hatte. Am 12. November 1918 wurde vor dem Parlament die Republik Österreich unter dem Gewehrfeuer putschender Rotgardisten ausgerufen. Ich sprach mit Zeitzeugen, die dieses dramatische Geschehen hautnah miterlebt haben – leider sind viele von ihnen inzwischen verstorben: mit Kaiserin Zita, Otto von Habsburg, Sir Karl Popper, der engsten Mitarbeiterin von Staatskanzler Karl Renner Amalia Strauss-Ferneböck u. a.

Die letzten Augenblicke der Monarchie

11. November 1918: Im Schloss Schönbrunn herrscht gespenstische Ruhe. Kein Kommen und Gehen treppauf, treppab. Keine Kommandorufe: „Habt Acht, präsentiert das Gewehr!“ Die Wachmannschaften sind größtenteils schon abgerückt: das ungarische Infanterieregiment Nr. 69, die Trabantengarde, die Leibgarde-Infanteriekompanie. Dafür kommen aber Kadetten der Militärakademien in Wiener Neustadt, Mödling und Traiskirchen, um den Monarchen zu schützen. Der Wiener Polizeipräsident Johann Schober warnt immer dringender davor, bewaffnete Arbeitermassen könnten das Schloss stürmen. Zwei Mitglieder der letzten k. u. k. Regierung versuchen die hoch brisante Situation zu entschärfen:

Ministerpräsident Heinrich Lammasch und Innenminister Edmund Ritter von Gayer drängen Kaiser Karl, auf jeden Anteil an den Regierungsgeschäften, nicht aber auf den Thron zu verzichten.

Die Nerven sind zum Zerreißen angespannt, die Grenzen psychischer Belastung überschritten. Kaiserin Zita liest den Entwurf zur Verzichtserklärung durch – und ruft ihrem Mann spontan zu: „Niemals. Du kannst nicht abdanken. Niemals kann ein Herrscher abdanken." Und nach einer kurzen Pause: „Er kann abgesetzt, kann seiner Herrscherrechte verlustig erklärt werden. Gut. Das ist Gewalt. Sie verpflichtet ihn nicht zur Anerkennung, dass er seine Rechte verloren hat. Er kann sie verfolgen, je nach Zeit und Umständen, aber abdanken – nie, nie, nie!" Impulsiver Nachsatz: „Lieber falle ich mit dir hier – dann wird Otto kommen." Zita lässt sich überzeugen, dass es sich bei Karls Manifest nicht um eine Abdankung, sondern nur um einen zeitweiligen Verzicht handle. „Im Voraus erkenne Ich die Entscheidung an, die Deutschösterreich über seine künftige Staatsform trifft", heißt es darin. Und: „Ich verzichte auf jeden Anteil der Staatsgeschäfte."

Staatskanzler Karl Renner wartete inzwischen ungeduldig auf die kaiserliche Verzichtserklärung. Der letzte k. u. k. Ministerpräsident Heinrich Lammasch sollte sie höchstpersönlich überbringen. Aber so oft sich der Staatskanzler auch erkundigte, ob er schon gekommen sei, hieß es: „Noch nicht." „Meine Schuld", seufzte Amalia Strauss-Ferneböck, Renners langjährige Sekretärin, leicht verzweifelt auf, als ich sie darauf 1978 ansprach. „Ich habe Lammasch für einen Bittsteller gehalten und ins Vorzimmer verbannt. Als er insistierte, etwas Wichtiges zu überbringen, hab ich mir gedacht: ‚Mein Gott, das sagen alle.'" Aber sie wurde eines Besseren belehrt. „Karl Renner riss die Tür seines Zimmers auf, warf einen Blick in das Wartezimmer – und entdeckte Heinrich Lammasch in einem Eck sitzend. „Um Himmels willen, da sind Sie ja", rief er. ‚Haben Sie die Verzichtserklärung mitgebracht?'" „Natürlich."

Abschied von Schloss Schönbrunn

Otto von Habsburg, ein Vordenker Europas, feierte kürzlich seinen 95. Geburtstag. In den grauen Novembertagen 1918 war er ein Kronprinz von knapp sechs Jahren. Ob er sich daran noch erinnert, frage ich ihn bei einem Besuch in seiner Villa „Austria“. Sie liegt etwas oberhalb der bayrischen Gemeinde Pöcking am Starnberger See. Ein steil gewundener Weg, schmiedeeiserne Lampen, hoch gewachsene Birken. An der Eingangstüre eine Madonna aus Holz, das ungarische Wappen mit der Stephanskrone. Stiegenhaus, Wohnung und Bibliothek atmen k. u. k. Geschichte: Gemälde, Stiche, Skulpturen von Kaisern, Königen, Fürsten. „Es stimmt schon, ich war damals erst sechs Jahre alt“, räumt Otto von Habsburg ein. „Aber es gibt Bilder, die sich tief in mein Gedächtnis eingegraben haben, weil ich so unmittelbar betroffen war: blutjunge Kadetten, die zu unserem Schutz in das Schloss Schönbrunn anrückten. Aber auch Soldaten, die den Namenszug meines Vaters von ihren Kappen rissen. Und die verstohlenen Tränen bei unserem Abschied.“

Die tief verschneite Gemeinde Zizers liegt im Schweizer Kanton Graubünden. Erste Sonnenstrahlen brechen durch tief hängende Wolkendecken. Tauchen wild zerklüftete, schneebedeckte Bergkuppen in ein rötliches Licht. Das St.-Johannes-Stift am Ortsrand ist die letzte Station der Odyssee von Kaiserin Zita. 63 Jahre musste sie im Exil verbringen, bevor Kanzler Bruno Kreisky ihr 1982 die Rückkehr ermöglichte. Auf Intervention des spanischen Königs Juan Carlos und meiner Wenigkeit. In ihrer kleinen Wohnung im ersten Stock: Gemälde von Kaiser Karl, Kronprinz Otto – auf dem Esstisch eine Serviettentasche mit der Aufschrift „Ihre Majestät“. Zita ist halb blind, geht schwer, gestützt auf Krücken, aber ihr Geist, ihr Erinnerungsvermögen sind hellwach. „Es war ein dunkler, nebeliger Herbstabend“, schildert sie ihren Abschied von Schloss Schönbrunn am 11. November 1918. „Kaiser Karl betete mit mir und unseren Kindern in der Schlosskapelle, dass es uns vergönnt sein möge, einmal zurückzukehren. Bevor sich unser Autokonvoi zum Marchfeldschloss Eckartsau in Bewegung setzte, salutierten die in Zweierreihen angetretenen Kadetten mit Tränen in den Augen.“

Nachtrag: Es gibt noch eine bizarre Facette in diesem Zeitenwandel: Zita erzählte mir im St.-Johannes-Stift in Zizers, dass Kaiser Karl Renner den Job eines k. u. k. Ministerpräsidenten angeboten habe. Renner sei nicht abgeneigt gewesen, aber seine Partei habe ihn halt zurückgehalten …

Ausrufung der Ersten Republik

Sir Karl Popper: „Ich hörte die Kugeln pfeifen“

12. November 1918, Ausrufung der Ersten Republik Österreich. Um das Hohe Haus am Ring hängen Menschentrauben. Zehntausende, Hunderttausende. Vergilbte Fotos sprechen eine beredte Sprache: fröstelnde Gesichter, Regenschirme, hochgeschlagene Mantelkrägen, Plakate, Transparente, Fahnen. „Ist es möglich, nach 75 Jahren noch Zeitzeugen zu finden“, frage ich 1993. „Warum nicht?“, fragt Heinz Fischer zurück, damals noch Nationalratspräsident. „Rufen Sie Sir Karl Popper in seiner Londoner Wohnung in der Welcome Road 163 an.“ Ich sollte es nicht bereuen, wenn auch die ersten Anrufe vergebliche Liebesmüh waren. Der Philosoph, den Elisabeth II. geadelt hatte, turne noch mit 92 Jahren in Bücherregalen herum, hieß es bedauernd. Aber dann klappte es doch. „Ich war nahe genug, um die Kugeln pfeifen zu hören“, erinnerte sich Karl Popper, der Begründer des Kritischen Rationalismus, Autor vieler Bücher wie *Das Ich und sein Gehirn*. „Ich stand auf der Parlamentsrampe nur wenige Meter von Franz Dinghofer, dem Präsidenten der provisorischen Nationalversammlung, und Staatskanzler Karl Renner entfernt, als am 12. November 1918 die Erste Republik ausgerufen wurde.“

Wie es dem Gymnasiasten mit knapp 16 Jahren gelungen ist, Zaungast der Geschichte zu werden? „Ganz einfach“, lacht Sir Karl Popper. „Mein Onkel war Parlamentsstenograf. „Er hat mir den Weg vom Eingang der sozialdemokratischen Fraktion in der Reichsratsstraße zum Plenum gezeigt.“ Und den geht der künftige Philosoph am 12. November 1918 ein Stück weiter – bis zur Parlamentsrampe. „Es waren die Zehntausenden Menschen, die mich beeindruckt haben, die Männer, die ihre Hüte abgenommen haben“, erinnert sich Sir Karl Popper.

Und dann wurde er Augenzeuge der dramatischen Szenen, als putschende Kommunisten bei der Ausrufung der Ersten Republik die Macht an sich reißen wollten. „Rotgardisten entrissen Parlamentsdienern die rotweißroten Fahnen, fetzten die weißen Streifen heraus, knüpften die roten Reste zusammen und zogen sie auf den Masten hoch“, schildert er. Der Sprecher der Kommunistischen Partei, Karl Steinhardt, verlas den Aufruf zur Errichtung einer Arbeiter- und Bauernregierung nach sowje-

Ausrufung der Ersten Republik am 12. November 1918: Hunderttausende Menschen vor dem Parlament

tischem Vorbild. Die Rotgardisten versuchten daraufhin das Parlament zu stürmen – die Abgeordneten verbarrikadieren sich.

Ein Funke genügte zur Explosion. Die Jalousien wurden im Parlament herabgelassen. Es klang wie das Rattern von Maschinengewehren. „Es fiel ein Schuss", erzählt mir Sir Karl Popper mit heiserer Stimme. „Viele Schüsse folgen. Wild und planlos. Panik bricht aus. Die Menschen stieben auseinander. Zwei wurden zu Tode getrampelt, 45 schwer verletzt." Sir Karl Popper versinkt in Gedanken. „Plötzlich stand ich völlig allein auf der Parlamentsrampe. Ich bin langsam durch die menschenleeren Straßen und Gassen nach Hause gegangen." „Und: Ich habe über das, was ich erlebt habe, einen Aufsatz geschrieben." Ein Lächeln huscht über die Lippen des großen Philosophen. Und ein Hauch von Stolz schwingt in seiner Stimme mit: „Ich habe auf diese Arbeit ein Sehr gut bekommen."

Nachsatz: Die Revolution nach dem Ersten Weltkrieg entfesselte in Karl Popper einen Aufstand. Er verließ die Mittelschule, inskribierte an der Wiener Universität – als außerordentlicher Hörer, weil er noch keine Matura hatte. Ein etwas unkonventioneller Auftakt zu einer großen Karriere als Philosoph.

Was Zeitzeugen berichten

Margarete Schütte-Lihotzky: Sie war schon eine sehr betagte Dame, als ich 1998 mit ihr plauderte – genau 101 Jahre alt, aber kein bisschen müde. Die Wiener Architektin Margarete Schütte-Lihotzky erzählte gern über ihr unglaublich bewegtes Leben: Wie sie sich mit ihrer „Frankfurter Küche" einen Namen machte, Studienreisen nach Fernost unternahm und vom NS-Regime zu 15 Jahren Haft verurteilt wurde, weil sie mit der Widerstandsbewegung zusammengearbeitet hatte. Margarete Schütte-Lihotzky studierte noch an der Kunstgewerbeschule in Wien, als am 12. November 1918 die Republik ausgerufen wurde. „Ich weiß noch genau, wo mein Vater und ich gestanden und wo die ersten Schüsse gefallen sind", erzählt sie. Und: „Ich war keine erbitterte Gegnerin der Monarchie, habe aber als fortschrittlicher Mensch die Ausrufung der Republik begrüßt."

Paul Hörbiger: „Die Nachwelt flicht den Mimen keine Kränze", heißt es. Paul Hörbiger ist da die Ausnahme, die die Regel bestätigt. Er hat ein Stück Theater-, Film- und Fernsehgeschichte mitgeschrieben: als „Knieriem" in Nestroys *Lumpazivagabundus*, „Hofrat Geiger", „Der alte Sünder" oder in „Hallo, Dienstmann" usw. Kaum jemand weiß, dass er im Ersten Weltkrieg an der Isonzofront bei der Gebirgsartillerie gedient hat. Paul Hörbiger wurde mehrfach ausgezeichnet und noch knapp vor Kriegsende zum Oberleutnant befördert. Nach der Kapitulation der k. u. k. Armee am 3. November 1918 führte er seine Soldaten, vor allem Egerländer, in die Heimat zurück. „Bei der Ankunft in Wien fielen schwer bewaffnete Rotgardisten über uns her und raubten uns die letzte Habe“, erzählte er mir 1978. „Es herrschte das Chaos. Feuergefechte, Plünderungen, tätliche Angriffe auf Offiziere.“ Paul Hörbiger stimmte den Refrain an, der damals in allen Kaffeehäusern gesungen wurde: „Wer wird jetzt die Straßen in Wien kehr'n? Die nobligen Herr'n mit den goldenen Stern' …“

Karl Fellinger: Er war der letzte Repräsentant der alten Wiener medizinischen Schule: der Internist Univ.-Prof. Karl Fellinger, zu dem Patienten aus aller Welt strömten. Vor allem aus dem Nahen und Mittleren Osten: Könige, Stammesfürsten, Scheichs, Präsidenten. Es umgab ihn die Aura eines großen Medizinmannes, einer Institution, die er auch war. Knapp vor seinem 90. Geburtstag erzählte er mir, was er in der Zeitenwende 1918 so erlebt hatte – als 14-jähriger Gymnasiast in Linz. „Die Soldaten fluteten in langen, MG-bestückten Zügen zurück“, schilderte er. „Marodierende Matrosen der Donauflottille marschierten mit roten Fahnen durch die Straßen. Sie rissen Offizieren die Kokarden von den Mützen.“ Karl Fellinger schloss kurz die Augen, um sich voll zu konzentrieren, die Bilder von damals wie in einem Film noch einmal ablaufen zu lassen. „Mein Vater, von Beruf Eisendreher bei den Bundesbahnen, war noch ganz auf die Monarchie fixiert. Ich bin aber für die Republik eingetreten, wie fast alle in meiner Klasse, meiner Schule. Wir haben uns gesagt: Jetzt kommt die Freiheit – jetzt fallen die Privilegien der Aristokraten.“

Der Anfang vom Ende

Das Österreich der Zwischenkriegszeit: Für die einen „der Staat, den keiner wollte", für die anderen „die unterschätzte Republik". Justizpalastbrand 1927, ausgeschaltetes Parlament, Bürgerkrieg 1934, die Ermordung des Kanzlers Engelbert Dollfuß. Nationalratspräsidentin Barbara Prammer begab sich Anfang Dezember 2007 mit Abgeordneten aller Couleurs auf Spurensuche. In das Leopoldmuseum im Wiener Museums-Quartier, wo die Ausstellung „Zwischen den Kriegen – österreichische Künstler von 1918 bis 1938" gezeigt wurde: mit Werken von Egon Schiele, Rudolf Wacker, Herbert Boeckl, Anton Kolig, Albin Egger-Lienz usw., in denen sich die zerrissene Seele dieses Landes widerspiegelt. Friedrich Hebbel schrieb: „Österreich ist eine kleine Welt, in der die große ihre Probe hält" – und Karl Kraus: Die letzten Tage der Menschheit.

Die Schattendorfer Ereignisse und der Justizpalastbrand

Der Schriftsteller Manès Sperber beschrieb in seiner Trilogie *Wie eine Träne im Ozean* Menschen, die vom Strom der Geschichte mitgerissen werden, wild um sich schlagen, überleben oder untergehen. Er erlebte als Augenzeuge hautnah mit, wie empörte Arbeitermassen am 15. Juli 1927 den Wiener Justizpalast stürmten und in Brand steckten: Er beobachtete auch, wie sich Polizisten in „wilde Krieger" verwandelten: aus den Wagen sprangen, zehn bis 15 Meter vorwärts liefen und – ohne genau zu zielen – feuerten. „Die Beamten schossen nicht selten aufs Pflaster, sodass die aufprallenden Patronen wie Dum-Dum-Geschosse wirkten", schildert Manès Sperber. Und: „Noch ehe der Lärm des Schnellfeuers verhallte, drangen Schmerzensschreie an unser Ohr."

Die Erste Republik wurde von latenter Bürgerkriegsstimmung be-

Der Justizpalast brennt – ein Ereignis mit schwerwiegenden Folgen

herrscht. Paramilitärische Parteiverbände lieferten einander Straßenschlachten. So auch am 30. Jänner 1927 im burgenländischen Schattendorf. Auf sozialdemokratischer Seite mussten zwei Todesopfer beklagt werden – ein Kriegsinvalider und ein Schulkind.

Die Geschworenen sprachen am 14. Juli 1927 die drei Angeklagten im Schattendorfer Prozess frei. Ein „krasses Fehlurteil", das in der Arbeiterschaft einen Sturm der Empörung auslöste. „Eidbrüchige Gesellen auf der Geschworenenbank. Schurkerei", hieß es in der *Arbeiter-Zeitung*. Die sozialdemokratische Parteiführung glaubte, dieser Leitartikel werde eine Ventilfunktion erfüllen.

Ein verhängnisvoller Irrtum – das Gegenteil war der Fall: Er war der Funke, der das Pulverfass zur Explosion brachte. Der Strom wurde abgeschaltet, das Telefonnetz lahm gelegt, die Straßenbahnen standen still. Zehntausende Demonstranten strömten führungslos in die Innenstadt, bewaffneten sich mit Steinen, Holzlatten und Eisenstäben. Im Kampf gegen Polizisten hoch zu Ross mit gezogenem Säbel. Die Arbeiter drangen in den Justizpalast ein – für sie das „Symbol der Klassenjustiz" – und steckten ihn in Brand. Die Tragödie bekam aber noch eine neue Dimension: Die Löschfahrzeuge hatten sich gerade einen Weg durch die Menschenmenge gebahnt, da begann die Polizei eine Gewehrsalve nach der anderen abzufeuern: Männer, Frauen und Kinder stoben in Panik auseinander: 89 blieben tödlich verletzt auf den Straßen und Plätzen liegen.

Elf Tage nach dem Justizpalastbrand, am 26. Juli 1927, tagt der Nationalrat. Der christlichsoziale Kanzler, Prälat Ignaz Seipel, erteilt der Forderung der Sozialdemokraten nach Schuldeingeständnis und Amnestie eine klare Absage. „Verlangen Sie nichts vom Parlament und von der Regierung, das den Opfern und den Schuldigen an den Unglückstagen gegenüber milde scheint, aber grausam wäre gegenüber der verwundeten Republik", erklärt er. „Verlangen Sie nichts, was ausschauen könnte wie ein Freibrief für solche, die sich empören. Verlangen Sie nichts, was Demonstranten und denen, die sich ihnen anschließen, um zu plündern und Häuser in Brand zu stecken, Mut machen könnte, ein anderes Mal wieder so etwas zu tun, weil ihnen nicht viel geschehen kann."

Der sozialdemokratische Chefideologe Otto Bauer erwiderte darauf, ununterbrochen ein grauenhaftes Bild vor Augen zu haben, das keiner je vergessen werde. Er erinnerte an die erschütternden Szenen bei der Beisetzung der Opfer am Wiener Zentralfriedhof. An das Weinen und Aufschreien der Frauen. Otto Bauer, dessen Rede immer wieder durch Zwischenrufe und Tumulte unterbrochen wurde, forderte die Einsetzung eines Untersuchungsausschusses. Vergeblich.

Das war der Anfang vom Ende der Ersten Republik: Die Ausschaltung des Parlaments, der Bürgerkrieg, die Ermordung Dollfuß' und die Annexion folgten.

Präsident Andreas Khol: „Eine traurige Erinnerung. So etwas darf es nie wieder geben. Die Situation von damals ist mit heute nicht vergleichbar. Der Druck im Kessel der Ersten Republik war so extrem, dass der Deckel in die Luft gesprengt wurde. Die Lehren aus dem Jahr 1927 können nur darin bestehen, politisch Andersdenkende zu respektieren, ihnen auch nach heftigsten Debatten die Hand zu geben."

SPÖ-Chef und Bundeskanzler Alfred Gusenbauer: „Der Justizpalastbrand ist ein Mahnmal für die politischen und sozialen Auseinandersetzungen der dreißiger Jahre. Auch ein Zeichen dafür, dass für keine der beteiligten Konfliktparteien die Erste Republik zu etwas Positivem geführt hat. Wir dürfen die Geschichte nicht verfälschen, sondern müssen aus ihr lernen."

Das verratene Parlament

Das Hohe Haus am Ring – übermannshohe Figuren links und rechts an den Rampen – Rossebändiger, griechische und römische Historiker. Die fünf Meter große Göttin der Weisheit, Pallas Athene, im Zentrum – mit vergoldetem Brustharnisch über einem Monumentalbrunnen. Von wegen österreichische Geschichte aufarbeiten: Am 4. März 1933 wurde das Parlament ausgeschaltet, der Verfassungsgerichtshof, die politischen Parteien, die Meinungs- und Versammlungsfreiheit. Kein Politiker fand es 70 Jahre später – am 4. März 2003 – der Mühe wert, darüber auch nur ein Wort zu verlieren.

„Warum?", fragte ich Andreas Khol, damals Nationalratspräsident. Auf seinem Schreibtisch eine Puma-Figur aus rotem Marmor, an den Wänden Max-Weiler-Bilder. „Es liegt eine klassische Verdrängung vor", erklärte er. „Man kann an 1933 nur mit Scham und Trauer erinnern." Ein paar Schritte weiter das Büro des Zweiten Nationalratspräsidenten Heinz Fischer – schon auf dem Sprung in die Hofburg. Es wird von einem Schüttbild von Hermann Nitsch dominiert – blutrot, mystisch. „1933 war schon mehr als der Anfang vom Ende. Es war schon der Todeskampf der Republik", analysiert Heinz Fischer.

Der Konflikt um eine tief greifende ÖBB-Reform überschattete im November 2003 die Innenpolitik. „Ein Vergleich zu damals ist aber unstatthaft – Zündelei", protestierte Andreas Khol. Mit gutem Grund: Denn der Funke, der 1933 das Pulverfass zur Explosion gebracht hatte, war am 1. März ein Warnstreik der Eisenbahner gewesen: Unter dem Diktat der leeren Kassen mussten Gehaltskürzungen vorgenommen und Kündigungen ausgesprochen werden. Der christlichsoziale Kanzler Engelbert Dollfuß reagierte auf den Warnstreik weit überzogen, provozierte. Er ließ die Bahnhöfe mit Soldaten und Exekutive besetzen – und gegen die Streikführer Straf- und Disziplinarverfahren einleiten.

Die entscheidende Abstimmung

In der Nationalratssitzung am 4. März 1933 lagen die Nerven blank. Das Schicksal der Regierung hing an einem seidenen Faden. Konkret: an einer einzigen Stimme. Das Kräfteverhältnis Regierung – Opposition – hauchdünne 83 : 82 Mandate. Kein Wunder also, dass selbst Schwerkranke in den Plenarsaal gekarrt wurden. Ein oppositioneller Antrag, die Streikenden milde zu behandeln, ging durch: mit einer Stimme Mehrheit. Sehr zum Ärger der Regierung, sehr zur Freude der Opposition, versteht sich. Als sich herausstellte, dass zwei sozialdemokratische Abgeordnete die Stimmzettel verwechselt hatten, kam es zu tumultartigen Szenen im Hohen Haus.

Die christlichsozialen Abgeordneten liefen Sturm. „Die Abstimmung muss wiederholt werden", forderten sie. Die sozialdemokratische Parteispitze mit Karl Seitz und Otto Bauer wollte davon natürlich nichts wissen. Sie brütete einen Plan aus, wie sie die Regierung mit einem Geschäftsordnungstrick in die Knie zwingen könnte. Und drängte Nationalratspräsident Karl Renner, sein Amt niederzulegen. Mit der Begründung: Als Vorsitzender durfte er nicht mitstimmen, als Abgeordneter sehr wohl. SPÖ-Klubsekretär Adolf Schärf, der spätere Bundespräsident, weigerte sich, diese Botschaft zu überbringen – sie kam aber dennoch an. Und so nahm das Verhängnis seinen Lauf.

Womit Karl Seitz und Otto Bauer nicht gerechnet hatten, war der Dominoeffekt, den sie damit auslösten: Nach Karl Renner, dem zweifachen Republikbegründer, traten auch der Zweite und der Dritte Nationalratspräsident zurück: der Christlichsoziale Rudolf Ramek und der Großdeutsche Sepp Straffner. Das Parlament war führungslos. Es herrschte Chaos. „Das Parlament hat sich selbst unmöglich gemacht", freute sich Kanzler Dollfuß bei einer Bauernbund-Kundgebung am 5. März 1933 in Villach. Bei der Rückfahrt nach Wien stieg in Wiener Neustadt der niederösterreichische Landeshauptmann-Stellvertreter Oskar Helmer (SPÖ) in den Zug zu. „Das Ganze ist ein Blödsinn. Das kann man doch wieder gutmachen", redete er auf Engelbert Dollfuß ein. Doch der wollte nichts davon hören. „Das war ein Fingerzeig Gottes", wehrte er ab.

Ein Staatsstreich

Tatsächlich beschloss der Ministerrat, mit dem Kriegswirtschaftlichen Ermächtigungsgesetz aus dem Jahr 1917 – also ohne Parlament – weiterzuregieren. Schränkte die Meinungsfreiheit, das Demonstrationsrecht ein usw. „Ein Staatsstreich, ein autoritäres Regime, das sich auf eine juristische Notlüge gestützt hat", urteilt Andreas Khol. „Ich habe oft mit Zeitzeugen gesprochen: angefangen von meinen Eltern bis zu Bruno Kreisky", erzählt Heinz Fischer. „Es herrschten damals Wut und Verzweiflung bei den Sozialdemokraten. Sie hatten nicht die Machtmittel, um eine weitere Zerstörung der Demokratie zu verhindern, Dollfuß und die Christlichsozialen kontrollierten das Bundesheer und große Teile der Exekutive."

Wilhelm Miklas: Macht und Ohnmacht

Eigentlich hätte jetzt die große Stunde des Bundespräsidenten schlagen müssen. „Wilhelm Miklas hat die Notbremsenfunktion nicht wahrgenommen", kritisierte Heinz Fischer. „Er hätte die Dollfuß-Regierung entlassen, ein Beamtenkabinett einsetzen und Neuwahlen ausschreiben können." Während Miklas zauderte und zögerte, handelte Dollfuß: Auf Plakaten ließ er wissen, dass er autoritär regiere, setzte das Bundesheer in Bereitschaft. Und überrumpelte den Bundespräsidenten mit einem Rücktrittsangebot der gesamten Regierung. Dieser lehnte ab – mangels Alternativen, wie er vermeinte, und wegen der bedrohlichen Entwicklung in Deutschland: Hitler war gerade an die Macht gekommen. Tatsächlich erschütterte eine NS-Terrorwelle unser Land. Die große Tragik der Ersten Republik bestand darin, dass Christlichsoziale und Sozialdemokraten einander bekriegten, statt gemeinsam Österreichs Todfeind, den Nationalsozialismus, zu bekämpfen.

Der Dritte Nationalratspräsident Sepp Straffner berief noch einmal das Parlament zu einer Sondersitzung ein. Und zwar für den 15. März

1933. Es fanden sich nur sozialdemokratische und großdeutsche Abgeordnete ein. Natürlich keine Christlichsozialen. Der Plenarsaal war halb leer. Sepp Straffner eröffnete die Sitzung, um sie gleich wieder zu schließen. Er wollte nur beweisen, dass der Nationalrat noch handlungsfähig sei. Tatsächlich kamen 200 Polizisten angerückt, um das Hohe Haus am Ring zu räumen.

Die Wiener Landesregierung erhob Beschwerde gegen die Notverordnungen der Regierung beim Verfassungsgerichtshof. Engelbert Dollfuß musste damit rechnen, dass die Notverordnungen aufgehoben würden. Die christlichsoziale Partei drängte deshalb ihre Sympathisanten im Höchstgericht, zurückzutreten. „Damit wurde der Gerichtshof lahm gelegt. Das nötige Quorum der Senate von je acht Richtern kam nicht mehr zustande“, erklärt dazu Verfassungsgerichtshof-Präsident Karl Korinek.

Und wo blieb Wilhelm Miklas, der Bundespräsident? „Er war ein Choleriker, der intern Entscheidungen der Dollfuß-Regierung wild kritisierte, aber nach außen alles mittrug“, urteilt der Historiker Oliver Rathkolb. „Er hat seinen ohnmächtigen Zorn, seine Gewissensbisse auf losen Zetteln niedergeschrieben oder mit Faustschlägen Tischplatten traktiert, sodass diese in Bruch zu geraten drohten“, erzählten seine Mitarbeiter. Engelbert Dollfuß ließ das Parlament links liegen, führte die Zensur ein, hebelte den Verfassungsgerichtshof aus, schränkte die Meinungsfreiheit, das Demonstrationsrecht ein usw. „Ich bin zutiefst erschüttert“, hatte Wilhelm Miklas auf lose Zettel geschrieben, die man in seinem Nachlass entdeckte. „Ist das noch ein Rechtsstaat? Das soll ein katholisches Gewissen aushalten?“, fragte Wilhelm Miklas – und fügte kryptisch hinzu: „Die Stunde schwerstwiegender Entscheidungen naht.“

Welche ungewöhnliche Lösung Wilhelm Miklas ins Auge fasste, geht aus einem Briefentwurf vom 25. November 1933 hervor. Er wollte Kanzler Dollfuß entlassen, eine „hochachtbare Persönlichkeit“ zum Nachfolger bestellen – und selbst zurücktreten. Damit wäre auch die Funktion des Bundespräsidenten auf den neuen Regierungschef übergegangen: Die große Machtfülle würde vielleicht zu Österreichs Rettung erforderlich sein, argumentierte Wilhelm Miklas. Aber zu diesem „Staatsstreich von oben“ fehlte ihm die Kraft (so Hellmut Andics in *50 Jahre unseres Lebens*) Er wurde immer wieder gedrängt, von seinen Kompetenzen Gebrauch zu machen, die Regierung zu entlassen. „Wenn ich das versuche, sperrt

11. 3. 1938: Bundespräsident Wilhelm Miklas, im Hintergrund Bundeskanzler Kurt Schuschnigg, stehen einem Uniformierten mit Stahlhelm und Sporenstiefeln gegenüber – ein symbolträchtiges Bild.

mich Dollfuß ein", gab er kleinlaut zu bedenken. Miklas fand sich damit ab, ein „Landesvater im Ausgedinge" zu sein – im Hintertrakt des Kanzleramtes.

„Es gab keine Alternative"

15. Mai 1992, eine Eigentumswohnung in Wien-Hietzing. Mir gegenüber sitzt Ministerialrat i. R. Robert Miklas (74), das zwölfte und jüngste Kind des früheren Bundespräsidenten. Fotos des Vaters, Bücher über ihn – eine Rechtfertigungsschrift. „Meinen Vater haben die Ereignisse der Zwischenkriegszeit nicht ruhen lassen", erzählt der Pensionist. „Er hat mir immer wieder erklärt, warum er so und nicht anders hatte handeln können." „Ihrem Vater wird vorgeworfen, zu entscheidungsschwach gewesen zu sein, um die Erste Republik vor dem Untergang zu retten",

wende ich ein. Der Ministerialrat i. R. reagiert mit einer wegwerfenden Handbewegung: „Es ist leicht, nachher zu erklären, was man hätte besser machen können." Und: „Historiker verzerren, weil sie vieles aus der heutigen und nicht aus der damaligen Sicht sehen."

„Warum hat der Bundespräsident nichts gegen die Selbstausschaltung bzw. Ausschaltung des Parlaments unternommen?", insistiere ich. „Er hat alles geprüft. Aber es gab keine Möglichkeit", versichert Robert Miklas. Und nach einer Gedankenpause: „Das Parlament wurde damals leider als Quatschbude bezeichnet." Tatsächlich unterschrieben 1,2 Millionen Menschen eine Petition für die Wiedereinberufung des Nationalrates. Vergeblich. Und warum hat Wilhelm Miklas 1933 nicht das Rücktrittsangebot der Dollfuß-Regierung angenommen? „Mein Vater sagte mir, dass es keine Alternative zu ihr gegeben habe. Die Bedrohung Österreichs durch das deutsche NS-Regime ist von Tag zu Tag stärker geworden." Es war wie in einem griechischen Drama: Alle sahen das Unheil kommen – keiner konnte es verhindern.

Bruderkrieg und Untergang

Der Bruderkrieg in der Kälte des 12. Februar 1934 ist noch heute ein Trauma. Die Erinnerung daran wird nach wie vor im Parlament hochgehalten. Mit einer Gedenktafel für Koloman Wallisch beim SPÖ-Eingang in der Reichsratsstraße. Einen Schutzbundführer, den das autoritär regierende Dollfuß-Regime hinrichten ließ. Und mit einem Gemälde von Kanzler Engelbert Dollfuß im Sitzungssaal des ÖVP-Klubs. Einen entschlossenen NS-Gegner, der von der illegalen SS-Standarte 89 grausam ermordet wurde. Eine Tragödie folgte der anderen – mit der Schreckensbilanz für den Bürgerkrieg: Der Schutzbund musste 250 Tote beklagen, die Exekutive 125. Es gab Tausende Verletzte. Und: Neun von 21 Todesurteilen wurden tatsächlich vollstreckt.

Tiefe Narben

„Das ist mein Andenken an den Bürgerkrieg vor 60 Jahren", schmunzelte Kurt Schmidt, als ich ihn 1994 in der SPÖ-Bundeszentrale in Wien besuchte. Er krempelte bedächtig seinen linken Hemdsärmel auf und zeigte mir zwei tiefe Narben auf seinem Unterarm. Kurt Schmidt wurde bei den Kämpfen verletzt, die 1934 um den Karl-Marx-Hof in der Wiener Heiligenstadt tobten. „Ich war am Fenster über dem blauen Torbogen mit einem Karabiner postiert, als die erste Granate der Bundesheerkanonen einschlug", erzählte er. „Zwei Genossen haben mich aus dem wild umkämpften Gemeindebau durch einen Kanal in Sicherheit gebracht. Meine Wunde habe ich bald verschmerzt, nicht aber, dass mit Kanonen auf Kinder und Frauen geschossen wurde."

Auf der anderen Seite des Bruderkrieges stand Rudolf Luft, der in einer typisch österreichischen Beamtenkarriere zum Regierungsrat avancierte. „Ich gehörte 1934 als Kadett dem Feldjägerbataillon zu Rad Nr. 4

in der Rennwegkaserne an", erzählt er. „Wir bekamen den Befehl, das Wiener Rathaus zu besetzen und die Zugangsstraßen zu sperren." Rudolf Luft war Augenzeuge, wie der sozialdemokratische Bürgermeister Karl Seitz verhaftet wurde: „Er hat sich die goldene Bürgermeisterkette umgehängt, um zu zeigen, dass er das gewählte Stadtoberhaupt ist. Das hat uns unglaublich imponiert." Nicht aber den Heimwehrleuten, die Karl Seitz brutal die Rathausstiegen herunterschleiften, in einen Polizeiwagen warfen und zur „Liesl", dem Polizeigefängnis, verfrachteten.

Rudolf Luft sympathisierte nicht mit dem autoritären Regime von Kanzler Engelbert Dollfuß. Aber er musste, wie er bedauert, „als Soldat gehorchen". So auch dem Befehl, einen Gemeindebau in der Simmeringer Geiselbergstraße mit Minenwerfern unter Beschuss zu nehmen. „Ich wollte die Angehörigen des Republikanischen Schutzbundes möglichst ohne Blutvergießen zum Abzug bewegen", beteuert er immer wieder. „Ich hab deshalb nicht auf die Fenster, hinter denen sie postiert waren, geschossen, sondern auf die Innenhöfe, wo die Granaten mit zehnfachem Knall detonierten" Das verfehlte nicht seine Wirkung, erinnert sich Rudolf Luft. „Die Schutzbündler haben an einen Luftangriff geglaubt – und das Weite gesucht."

Nicht nur in Wien wird gekämpft

Der St.-Ruprechts-Friedhof liegt tief verschneit am westlichen Stadtrand von Bruck an der Mur. Ein schmaler, steiler Weg führt zur Gedenkstätte zwischen Aufbahrungshalle und Urnenhain. Sie erinnert an den sozialdemokratischen Schutzbundführer Koloman Wallisch. Er wurde im Bürgerkrieg von einem Standgericht in Leoben zum Tod durch den Strang verurteilt – und hingerichtet. Der frühere Berufsschullehrer Fritz Inkret (92) hat diese Tragödie als „Melder des Schutzbundes hautnah miterlebt". Er wurde nach Ausbruch des Bruderkrieges am 12. Februar 1934 „zur Sicherung einer Murbrücke" nach Leoben beordert. Es kam zu Feuergefechten, denen zwei Gendarmen zum Opfer fielen. Fritz Inkret entkam nach seiner Verhaftung nur knapp dem Galgen. Das verdankte er einem „gegnerischen Heimwehrler", der sein Gewehr entladen hatte. Munition im Gewehrlauf wäre vermutlich sein Todesurteil gewesen.

Im Kreisgericht Leoben lernte Fritz Inkret einen schwarz gekleideten

Bürgerkrieg 1934: Arbeiter – auch Jugendliche und Kinder – kapitulieren mit erhobenen Händen vor der bewaffneten Übermacht der Exekutive.

Mann kennen, mit Halbzylinder und dem Gruß „Habe die Ehre“: Scharfrichter Lang, der sich aber nicht für ihn, sondern für den in der Nebenzelle sitzenden Koloman Wallisch interessierte. „Als er zum Tod durch den Strang verurteilt wurde, haben wir die Internationale angestimmt“, erinnert sich Fritz Inkret. „Koloman Wallisch hat sich auf dem Weg zur Hinrichtung von seiner Frau verabschiedet, direkt vor meiner Zellentür.“ Fritz Inkret presst beide Hände gegen seine Schläfen, als wollte er in sich hineinhören. „Ich hab noch im Ohr, wie er sagte: ‚Paula, sei tapfer, mach mir's nicht so schwer.‘ Sie schrie auf – aus tiefster Verzweiflung. Koloman Wallisch starb mit den Worten: ‚Es lebe die Freiheit, die Sozialdemokratie.‘ Und Scharfrichter Lang sagte nach der Exekution nur zynisch: ‚Bei Ihnen, Herr Wallisch, war es mir ein besonderes Vergnügen.‘“

Tragödien gab es aber auch beim Bundesheer. Der pensionierte Polizeibeamte Johann Kohlweiss (94) sieht sich in seiner Wiener Wohnung vergilbte Fotos an. Sie zeigen ihn als jungen Soldaten des Alpenregiments Nr. 9 mit Ski, Gewehr und Seil. Am 12. Februar 1934 wurde sein Regiment nach Linz verlegt: zu Gefechten um das Arbeiterheim im

Hotel Schiff. Kohlweiss bekam von seinem Vorgesetzten den Befehl, nach einem vermissten Vorauskommando von drei Mann zu suchen. „Ich fuhr zum Linzer Krankenhaus und fragte den Arzt vom Dienst, ob vielleicht verletzte Soldaten eingeliefert worden seien", schildert er. „Der Arzt schüttelte nur den Kopf. ‚Die Soldaten sind nicht bei uns, sondern in der Prosektur', erklärte er. Ein Pathologe zeigte mir ihre Leichen und sagte: ‚Ihre Kameraden sind mit Krampen erschlagen worden.'"

Die Nerven liegen blank

„In Linz beginnt's", heißt eine Redensart – nicht gerade im revolutionären Sinn. Aber im Februar 1934 war eben alles anders. Sicherheitsminister Emil Fey behauptete am Vorabend des Aufstandes: „Es gibt ein Komplott marxistisch-bolschewistischer Verbrecher." Und kündigte vielsagend an: „Wir werden ganze Arbeit leisten." Eine gefährliche Drohung für den oberösterreichischen Schutzbundführer Richard Bernaschek. Er hatte erfahren, dass die Polizei am 12. Februar 1934 im Linzer Parteiheim Hotel Schiff nach Waffen suchen werde. Und informierte die Parteispitze der SDPA (Sozialdemokratischen Arbeiterpartei) in Wien, zum Widerstand entschlossen zu sein. „Ernst und Otto schwer erkrankt – Unternehmen verschieben", riet Parteichef Otto Bauer dringend in verklausulierten Telegrammen und Telefonaten. Aber die Katastrophe war nicht mehr abzuwenden. Polizisten umzingelten im Morgengrauen das Hotel in Linz – Feuergefechte, Tote und Verletzte.

Das Exekutivorgan des sozialdemokratischen Parteivorstands trat in einer Privatwohnung in der Wiener Gumpendorfer Straße zur Krisensitzung zusammen. In heftig geführten Diskussionen wurde mit der hauchdünnen Mehrheit von nur einer Stimme entschieden, den Generalstreik auszurufen. Aber die zentrale Kampfleitung Otto Bauer und Julius Deutsch zögerte und zauderte. Sie kannte die Aufmarschpläne vom Stabschef des Republikanischen Schutzbundes Alexander Eifler: Demnach sollten Sturmabteilungen das Stadtzentrum besetzen, Ministerien, Rundfunk, Bahnhöfe und Politiker als Geiseln nehmen. Bauer und Deutsch wussten aber auch, dass Theodor Körner immer wieder vor der „Kriegsspielerei" des Schutzbundes gewarnt hatte. Mit der Begründung, die überflüssige Reizung zu gewaltsamen Auseinandersetzungen würde zur Niederlage, zur Vernichtung der Partei führen. Theodor Körner – der spätere Bundespräsident – war mit der Materie bestens vertraut: als früherer k. u. k. Generalstabschef an der Isonzofront im Ersten Weltkrieg und als „Geburtshelfer“ des republikanischen Bundesheeres.

Aber seine Bedenken werden in den Wind geschlagen. Die Aufmarschpläne des Schutzbundes sind längst verraten. Der Aufruf zum Generalstreik greift nicht. Die Stromversorgung in Wien bricht zusammen, die Straßenbahnen stehen still. Doch die Eisenbahner machen nicht mit – die Züge fahren weiter, als wäre nichts geschehen. Heftig umkämpft sind die großen Wohnbaukomplexe wie der Karl-Marx-Hof in der Heiligenstadt. Kanzler Engelbert Dollfuß fordert Tränengas an. Aber das darf das Bundesheer laut Friedensvertrag von St. Germain nicht einsetzen. Also karrt man Kanonen und Haubitzen an, mit dem fadenscheinigen Argument, ihr Einsatz wäre unblutiger als ein Infanterieangriff, also ein Kampf Mann gegen Mann. Aber es kommt noch schlimmer: Schutzbundführer werden hingerichtet – auch schwer verletzte wie Karl Münichreiter. Aus Abschreckungsgründen, weil sonst ein Flächenbrand zu entstehen drohe, wird allen Ernstes behauptet. Bundespräsident Wilhelm Miklas wartet auf Begnadigungsanträge, aber Justizminister Kurt Schuschnigg, der spätere Kanzler, stellt keine.

Viel später, lang nach dem Zweiten Weltkrieg, kam Franz Olah (98) selten, aber doch zu den Sitzungen des „Komitees zur Rettung der Wiener Kalvarienbergkirche“ von Pfarrer Karl Engelmann. Er nahm Platz neben Altbundespräsident Rudolf Kirchschläger, der zu den Gesprächen immer mit der Tramway „angereist“ kam: mit schlohweißem Haar, bleich-wächsernem Gesicht, sarkastischem Humor und durchaus praktikablen Einfällen. Manche seiner Gedankenblitze erinnerten uns daran, dass er einer der mächtigsten SPÖ-Politiker der Zweiten Republik gewesen war: als ÖGB-Präsident, als Innenminister, der Spitzelakte vor laufenden Fernsehkameras gezeigt hatte. Und in seinem Gedächtnis ist die Geschichte der Republik, der Arbeiterbewegung wie in einem Computer gespeichert. „Beim Ausbruch des Bürgerkrieges 1934 war ich gerade in der Bau- und Holzarbeiter-Gewerkschaft in der Margaretenstraße 112“, schildert er. „Plötzlich ging das Licht aus. ‚Das ist das Signal für den Generalstreik‘, sagte ich. ‚Aber nein, das ist nur eine Stromstörung‘, verneinten meine Mitarbeiter. Wenig später wurde es aber zur Gewissheit.

Die Polizei hatte schon unsere Parteizentrale, den Vorwärtsverlag, umzingelt."

Franz Olah reagierte blitzschnell. „Der Strom war abgeschaltet, die Druckmaschinen funktionierten nicht mehr", erzählt er. „Ich bestellte ein Taxi zum Hintereingang, schnappte einen Gestetner-Abziehapparat samt Kurbel, eine Schreibmaschine, Matrizen, Papier, Farbtiegel und fuhr zur Privatwohnung einer Genossin in die Stöbergasse." Er wartete dort, bis „Bruno Kreisky mit dem Manuskript von Otto Bauer für den Kampfaufruf kam". Franz Olah versinkt in Gedanken. „Das Manuskript war viel zu lang und musste gekürzt werden", schildert er. „Wir haben den Aufruf vervielfältigt, verteilt – aber es war leider alles für die Katz'." Der größte Fehler der Sozialdemokraten sei es gewesen, so Franz Olah zur *Presse*, dass sie nicht schon nach der Selbst- bzw. Ausschaltung des Parlaments 1933 zugeschlagen haben.

Schon Rainer Maria Rilke schrieb in seinem *Cornet*: „Man hat zwei Augen zu viel, um zu sehen." Auf das Jahr 1934 übertragen heißt das: Christlichsoziale und Sozialdemokraten waren mit Blindheit geschlagen: Sonst hätte sie die aus Deutschland nach Österreich schwappende Terrorwelle zur Vernunft bringen müssen. Aber es gab keinen Grundkonsens wie in der Zweiten Republik – der Hass regierte. Engelbert Dollfuß wird nicht zu Unrecht als erster Staatsmann bezeichnet, der Adolf Hitler die Stirn geboten hat. Aber er ging dabei den falschen Weg, das Parlament, die Demokratie, den Verfassungsgerichtshof, die Meinungs- und Versammlungsfreiheit auszuschalten bzw. einzuschränken.

Blitzlichtaufnahmen

Die Anästhesistin Trude Unger (1921–2006), damals 13 Jahre alt, erinnert sich, in der Wiener Ursulinen-Volksschule sei plötzlich das Licht ausgegangen. „Die Lehrer schickten uns nach Hause. Es fuhren keine Straßenbahnen mehr", erzählt sie. „Mein Bruder wollte aber unbedingt zur Marokkaner-Kaserne. Dort sahen wir, wie gerade Soldaten mit gepanzerten Fahrzeugen ausrückten."

Der Ex-Verwaltungsgerichtshof-Richter Hubert Jurasek (84) sollte mit seinem Vater billige Kohle bei der Breitenfelder Kirche kaufen. „Plötzlich blieben die Straßenbahnen stehen, Polizisten patrouillierten mit Gewehren", schildert er: „Meine Tante beutelte ihr Staubtuch vom Wohnungsfenster aus. Soldaten hielten das für ein feindliches Signal und feuerten aus vollen Rohren. Aber sie kam mit dem Schrecken davon."

Der Enkel von Staatskanzler Karl Renner, Karl Deutsch-Renner, den ich knapp vor seinem Tod 2005 in Ottawa (Kanada) telefonisch erreichte, war im Februar 1934 mit der Stadtbahn nach Heiligenstadt gefahren. „Ich wollte mir die Kämpfe um den Karl-Marx-Hof aus nächster Nähe ansehen", gab er unumwunden zu. „Ich habe meinen Großvater dann im Straflandesgericht besucht und davon erzählt." Und lachend fügte Karl Deutsch-Renner hinzu: „Der Staatskanzler hatte zur größten Irritation des Wachpersonals in der Zelle Gedichte in Latein und Griechisch über das Gefängnisleben geschrieben."

Mord am Ballhausplatz

Vor 74 Jahren ermordeten NS-Putschisten Kanzler Engelbert Dollfuß. Sein Bild in der Geschichte ist bis heute sehr umstritten. Er war Täter und Opfer. Der Aufstand wurde blutig niedergeschlagen. Für Österreich nur eine Atempause – mehr nicht.

Langsam schälen sich die Konturen des Heeresgeschichtlichen Museums aus dem Schneegestöber heraus. Ein Rohziegelbau im maurisch-byzantinischen Stil mit mächtiger Kuppel im Arsenal, gleich vis-à-vis vom Wiener Südbahnhof. Hinter den Eingangstoren: 500 Jahre österreichische und europäische Geschichte. Im Saal „Republik und Diktatur" hängen sie friedlich vereint, in Öl gemalt oder auf Fotos: rote und schwarze Spitzenpolitiker, die einander im Bruderkrieg 1934 mit unversöhnlichem Hass gegenüberstanden – Otto Bauer, Karl Seitz, Kurt Schuschnigg, Engelbert Dollfuß usw. In der Mitte des Saales die Couch, auf welcher der christlichsoziale Kanzler vor 74 Jahren verblutet ist. Darüber ein Foto des Leichnams, die Totenmaske und Flugblätter.

„Die ehrliche Aufarbeitung der Zeitgeschichte liegt mir sehr am Herzen", versicherte Bundespräsident Heinz Fischer. Ein schwieriges Unterfangen in der Causa Engelbert Dollfuß. Für die SPÖ ist er ein „Arbeitermörder", für die ÖVP ein „Märtyrer-Kanzler". Tatsächlich war er Täter und Opfer. Die SPÖ hat ihm bis heute nicht verziehen, dass er Arbeiterführer hinrichten ließ. Die ÖVP verteidigt ihn bis heute damit, dass er damals als einziger Regierungschef Hitler die Stirn geboten habe.

Engelbert Dollfuß dachte knapp vor seinem Tod laut über zwei Projekte nach: die konstitutionelle Monarchie wieder einzuführen und sich mit der Arbeiterschaft zu versöhnen. Nur Absichtserklärungen oder mehr? Wir werden es nicht mehr erfahren.

Ein ungleiches Paar: „Duce“ Benito Mussolini (Mitte) und Engelbert Dollfuß (links) mit dem ungarischen Ministerpräsidenten Gyula Gömbös bei der Dreier-Konferenz in Rom 1934

„Dieser Mann wagt zu widersprechen“

„Dieser Mann wagt es, mir zu widersprechen. Ich werde ihn als Verräter hinrichten lassen“, tobte Hitler. Tatsächlich probte am 25. Juli 1934, einem drückend schwülen Tag, die illegale 89. SS-Standarte den Aufstand. Noch versuchte ein Mitverschwörer, Revierinspektor Johann Dobler, den Putsch im letzten Moment zu verhindern. Aus Gewissensbissen. Er alarmierte vom Café Weghuber aus regierungstreue Institutionen. Vergeblich. Viele Stunden verstrichen ungenützt. Das Dollfuß-Regime war eben eine Diktatur – gemildert durch Schlamperei.

Eine zwielichtige Rolle spielte der frühere Vizekanzler und Sicherheitsminister Emil Fey, der zum Minister ohne Portefeuille abgehalftert worden war. Er wusste seit Stunden, dass ein Putsch drohte, informierte Dollfuß aber erst zu Mittag im Kanzleramt. Dieser unterbrach den Ministerrat, aber das Verhängnis nahm wie in einer griechischen Tragödie seinen Lauf. 150 SS-Männer sammelten sich in einer Turnhalle bei der Stiftskaserne, zogen die Uniformen des Hoch- und Deutschmeisterregimentes Nr. 4 an und bewaffneten sich.

Die Putschisten fuhren in Lkws ungehindert zum Ballhausplatz, überrumpelten die Wache des Bundesheeres, deren Gewehre ungeladen waren, und stürmten das Kanzleramt. Der Amtsdiener Eduard Hedvicek wollte Engelbert Dollfuß durch eine Tapetentür über eine Wendeltreppe in das Staatsarchiv retten, aber im Ecksalon schnitten ihnen SS-Männer den Fluchtweg ab. Ihr Rädelsführer, Otto Planetta, feuerte aus kürzester Distanz einen Pistolenschuss ab.

Das Projektil trifft den Hals des Kanzlers, dringt durch die rechte Brusthöhle und tritt durch die rechte Achselhöhle wieder aus, so Friedrich Weissensteiner in *Der ungeliebte Staat*. (Bei der Obduktion wurde festgestellt, dass ein zweiter Schuss auf Engelbert Dollfuß abgegeben worden war.) Der sterbende Kanzler bat um einen Arzt und einen Priester. Vergeblich. Emil Fey nahm allen Ernstes das Angebot der Putschisten an, Sicherheitsminister zu werden. Er verkündete fälschlich, Engelbert Dollfuß sei zurückgetreten und habe Anton Rintelen zum Nachfolger bestimmt.

Der steirische Ex-Landeschef Anton Rintelen war von Engelbert Dollfuß als Gesandter nach Rom abgeschoben worden. Als er in die NS-Putschpläne eingeweiht wurde, witterte er die Chance, dessen Nachfolger zu werden. Er stieg im Wiener Hotel Imperial unter dem Pseudonym „Williams" ab – und wartete auf den Ruf ins Kanzleramt. Aber der kam nicht. Bundespräsident Wilhelm Miklas ernannte Justizminister Kurt Schuschnigg zum interimistischen Kanzler.

Erinnerungen von Robert Miklas

Eine geschmackvoll möblierte Eigentumswohnung in Wien-Hietzing. Mit Gemälden, Fotos, die an Bundespräsident Wilhelm Miklas erinnern. Sein Sohn Robert Miklas, Ministerialrat i. R., kramt in vergilbten Aktenstücken. „Mein Vater verbrachte im Juli 1934 seinen Urlaub mit uns in Velden am Wörther See", erzählt er. „Wir saßen gerade beim Mittagessen, als der Rundfunk meldete: ‚Kanzler Engelbert Dollfuß zurückgetreten, Anton Rintelen übernimmt die Nachfolge.' Ich fragte meinen Vater ‚Stimmt das?' Er sagte nur: ‚Davon weiß ich nichts. Das kann nur ein Witz sein.'"

Robert Miklas erlebte mit, wie sein Vater telefonisch die Wahrheit herauszufinden suchte. „Viele Leitungen waren tot, viele Beamte wussten nicht Bescheid. Erst die Polizeidirektion Wien schenkte ihm reinen Wein ein: NS-Putschisten hätten das Kanzleramt besetzt. Die Minister tagten im Regierungsgebäude." Wie sein Vater darauf reagiert habe? „Er war wütend, wieder einmal nicht informiert worden zu sein", schilderte Robert Miklas, „und erteilte Justizminister Kurt Schuschnigg telefonisch die Weisung, ‚mit allen Machtmitteln des Staates die gesetzliche Ordnung wiederherzustellen'."

Die Nationalsozialisten versuchten, an die Macht zu kommen. In Österreich flammten erbitterte Kämpfe auf: vor allem in Kärnten, der Steiermark und Oberösterreich. Aber das Bundesheer und freiwillige Wehrverbände schlugen den Aufstand energisch nieder. Die Bilanz des Putsches: 269 Tote, 600 Verletzte. Adolf Hitler hatte seine erste Niederlage erlitten. Was mit dem verhinderten Kanzler Anton Rintelen geschah? Er wurde nicht zum Tod verurteilt, sondern nur zu lebenslanger Haft – und schon 1938 amnestiert.

Zeitzeugen der dramatischen Stunden

Zeitzeugen für dieses dramatische Geschehen sind rar. Ich sprach 1992 mit der Tochter von Engelbert Dollfuß, Eva Nicoladoni-Dollfuß, in deren Wohnung im Oberen Belvedere. Wie sie – knapp sechs Jahre alt – den Mord vom 25. Juli 1934 miterlebt habe? Eva war damals mit Mutter Alwine und Bruder Rudolf beim Schutzpatron des autoritären Ständestaatsregimes in Wien, „Duce" Benito Mussolini, in Riccioni zu Gast.

„Ich spreche so wahnsinnig ungern darüber", erklärt die Kanzler-Tochter ganz leise. In ihren Augen stehen Tränen. Die Hände zittern kaum merklich. „Man musste es mir nicht sagen", erzählt sie tief atmend. „Ich wusste es schon. Ich habe in der Nacht davon geträumt." Eva Nicoladoni-Dollfuß schließt kurz die Augen. So als wollte sie die Bilder von damals wieder wachrufen. Aber das ist nicht notwendig. Die sind zeit ihres Lebens in ihrem Gedächtnis präsent. „Als mich meine Mutter weckte, sagte ich ihr: ‚Die Engel singen schon.'"

Die Wiener Privatklinik Rudolfinerhaus, Billrothstraße 78, Ende Juli 1994: Ein helles, freundliches Krankenhauszimmer. Hier liegt *Milan Dubrovic* – schlohweiße Haare, ein schmales, vom Tod gezeichnetes Gesicht. Eine journalistische Legende schon zu Lebzeiten: Chefredakteur der *Presse*, Herausgeber der *Wochenpresse* usw. Er war am 25. Juli 1934 hautnah am Schauplatz des Geschehens: als Redakteur des *Neuen Wiener Tagblattes*. „Ich habe vom 9. Stock des Hochhauses in der Herrengasse mit einem Feldstecher das Drama auf dem Ballhausplatz beobachtet. In der Wohnung einer Kunsthistorikerin, die ich kennen und lieben gelernt und später geheiratet habe."

Milan Dubrovic gab jede halbe Stunde telefonische Berichte an seine Redaktion durch. Sie sind noch heute im Archiv des Wiener Rathauses nachzulesen. Zu seinem 90. Geburtstag wurde ihm im roten Ecksalon des Kanzleramtes das Große Silberne Ehrenzeichen überreicht. Dabei fiel sein Blick auf eine Gedenktafel für Engelbert Dollfuß: „Ich habe mich daran erinnert, dass ich 1934 nach der Kapitulation der NS-Putschisten in das Kanzleramt gelangt war. Vorbei an den Polizeiabsperrungen, bis zu dem roten Ecksalon, wo ich noch das Blut auf dem Sofa gesehen hab, auf dem der sterbende Kanzler gelegen ist."

Die Ärztin Gertrude Unger (1921–2006) aus Admont: „Meine Eltern waren mit Dollfuß eng befreundet. Für mich war er der Onkel Engelbert. Plötzlich meldete der Rundfunk, Dollfuß habe Rintelen die Regierung übergeben. ‚Das gibt es nicht. Das tut dein Onkel nie', rief meine Mutter. ‚Da muss was passiert sein. Jetzt werden wir für ihn beten.' Es hat sich herausgestellt, dass wir genau in seiner Todesstunde für ihn gebetet haben."

Der frühere Berufsschullehrer Fritz Inkret (92) aus Leoben: „Ich bin im Bürgerkrieg 1934 neben dem Arbeiterführer Koloman Wallisch eingesperrt gewesen – und habe hautnah seine Hinrichtung miterlebt. Nach meiner Enthaftung kam es zum NS-Putsch, Nationalsozialisten besetzten Kirchen, das Bundesheer vertrieb sie aber wieder. Bei den Feuergefechten haben viele Sozialdemokraten an der Seite der Nationalsozialisten gekämpft – aus Hass gegen Engelbert Dollfuß, der unsere Arbeiterführer hängen ließ."

Brigadier Alfred Nagl aus Weiden: „Ich diente beim 5. Infanterieregiment. Am 6. Jänner 1934 musste ich erstmals Wache vor dem Kanzleramt schieben. Ich fragte den Vizeleutnant, warum unsere Gewehre nicht geladen seien. Er erklärte mir: ‚Das ist nicht notwendig. Erst gibt es Voralarm, dann Alarm – da laden wir die Gewehre.'" Beim Mord an Engelbert Dollfuß blieb dazu dann keine Zeit mehr. Nach dem KP-Putsch 1950 wurde ich zum Sicherheitsbeauftragten von Kanzler Leopold Figl bestellt. Mit der Begründung, damit nicht noch einmal ein Kanzler-Mord wie im Jahre 1934 passiert."

„Meine Eltern weinten um Österreich“

Kanzler Kurt Schuschnigg trat am 11. März 1938 nach Psychoterror durch Adolf Hitler zurück. „Wir weichen der Gewalt, Gott schütze Österreich!“, verabschiedete er sich via Rundfunk. Kurz darauf marschierten die deutschen Truppen ein. Eine Verhaftungswelle setzte ein. Der Name „Österreich“ verschwand für sieben Jahre von der Landkarte.

Es sind drei Jahreszahlen, die eine tiefe Zäsur in der Geschichte Österreichs, ja Europas bedeuten, immer mit einer Acht am Schluss – 12. November 1918 Ausrufung der Republik, 12. März 1938 der so genannte „Anschluss“ und 1968 die Niederwalzung des Prager Frühlings durch Sowjetpanzer.

Das Linzer IMAS-Institut erkundete in mehr als 1000 Gesprächen, was die Österreicher noch darüber wissen. „Die Kenntnis über die jüngere Zeitgeschichte ist bedrückend schwach“, konstatierte jedenfalls der IMAS-Chef Andreas Kirschhofer.

- 1918: 34 Prozent können die Vorgänge noch genau erklären, 36 Prozent nur noch ungefähr und 30 Prozent überhaupt nicht.
- 1938: 41 Prozent wissen sehr gut Bescheid, 39 Prozent nur noch recht vage und 20 Prozent haben keine Ahnung davon.
- 1968: 19 Prozent sind erstaunlich gut informiert, 35 Prozent nur sehr oberflächlich – und 46 Prozent überhaupt nicht.

„Sehen Sie – und genau da müssen wir gegensteuern“, erklärte der Leiter des Grazer Instituts für Kriegsfolgen-Forschung, Stefan Karner. „Es gibt nur mehr ganz wenige Zeitzeugen im Alter von 80 bis 90 Jahren, die ihr Wissen an Kinder und Enkelkinder weitergeben können. Unsere Aufgabe ist es, zu erklären, wie die Republik entstanden ist, welche Schicksalsschläge sie erleiden musste. Man muss aber auch sagen: Wir sind nicht der Nabel der Welt – aus der zerfallenden Monarchie sind viele Staaten entstanden."

Der Anschluss

Der Canossa-Gang

Seine engsten Vertrauten hatten Kanzler Kurt Schuschnigg eindringlich davor gewarnt, in diese plumpe Falle zu tappen. Er folgte aber dennoch am 12. Februar 1938 Hitlers Einladung auf den Berghof in Berchtesgaden. Über dem Untersberg und dem Watzmann hingen dunkle, bedrohlich wirkende Regenwolken. Die Straße auf den Obersalzberg war so vereist, dass auf einen Raupenschlepper umgestiegen werden musste. Auf dem Berghof marschierten, quasi als Begrüßungskomitee, hochdekorierte Generäle auf und ab. Adolf Hitler selbst deckte seinen Gast aus Österreich mit einer Kanonade von Beschimpfungen und Drohungen ein. „Ich sage Ihnen, ich werde die ganze so genannte österreichische Frage lösen – so oder so", tobte der deutsche Diktator. „Wer weiß, vielleicht bin ich über Nacht einmal in Wien wie der Frühlingssturm. Dann sollen Sie etwas erleben." Die Zugeständnisse, die Kurt Schuschnigg abgepresst wurden: Der Nationalsozialist Arthur Seyss-Inquart musste zum Sicherheitsminister ernannt, alle inhaftierten NS-Aktivisten freigelassen werden usw.

Letzte Rettungsversuche

Otto von Habsburg legte Kurt Schuschnigg am 17. Februar 1938 brieflich nahe, sich den Westmächten anzunähern, sich mit den Arbeitern zu versöhnen – und ihm die Kanzlerschaft zu übertragen, wenn er dem deutschen NS-Druck nicht mehr standhalten könne. „Nicht um die Monarchie wieder herzustellen, sondern weil ich den Standpunkt vertrat: Ein Land, das sich nicht wehrt, verliert seine Existenzberechtigung." Der Kanzler lehnte dennoch mit der Begründung ab, es wäre „geradezu mörderisch für den Gedanken der Dynastie", wenn sie sich eine Restauration mit „schweren Blutopfern" erkaufen sollte. Von Restauration war keine Rede, bekräftigte Otto von Habsburg: „Mein Einsatz wäre ein Selbstmordkommando gewesen." Tatsächlich hatte der Chef des österreichischen Generalstabs, Alfred Jansa, Verteidigungskonzepte gegen einen deutschen Angriff ausgearbeitet. Mit Verteidigungslinien an der Traun und an der Enns. Er räumte freilich ein, dass Munition nur für zwei, drei Kampftage vorhanden wäre. Bis dahin müssten ausländische Mächte Österreich zur Hilfe eilen, so Alfred Jansa. Übrigens: Adolf Hitler erzwang in Berchtesgaden von Kurt Schuschnigg die „Pensionierung" des Generalstabschefs.

Tatsächlich gab es einen Hoffnungsschimmer für die Zusammenarbeit der einstigen Bürgerkriegsgegner in dieser verzweifelten Situation. Kurt Schuschnigg empfing am 3. März 1938 eine Arbeiterdelegation mit dem Gewerkschafter Friedrich Hillegeist an der Spitze. Sie bot an, die Regierung im Kampf gegen den Nationalsozialismus zu unterstützen, vorausgesetzt, den Arbeitern würde ein Mindestmaß an Zugeständnissen gemacht: mehr Bewegungsfreiheit, Herausgabe einer Tageszeitung, verbesserte Sozialgesetze usw. „Uns trennen die offenen Gräben des Februar 1934", erklärte Friedrich Hillegeist dem Kanzler. „Aber Sie und wir wohnen in demselben Haus – und dieses Haus Österreich brennt. Wenn wir den Brand heute gemeinsam löschen, werden wir uns morgen darüber unterhalten, wie es eingerichtet werden soll." Friedrich Hillegeist fügte noch hinzu: „Vor uns liegt eine große Gefahr." Kurt Schuschnigg reagierte auf diesen flammenden Appell zurückhaltend, erklärte sich aber bereit, Verhandlungen aufzunehmen. Leider viel zu spät, wie sich sehr rasch zeigen sollte.

Der Kanzler spielt noch eine vermeintliche Trumpfkarte aus: Er kündigt am 9. März 1938 in Innsbruck („Mander 's ischt Zeit") eine Volksbefragung an: für ein „freies und deutsches, unabhängiges und soziales, für ein christliches und einiges Österreich". Adolf Hitler tobt, weil er nur zu gut weiß, dass eine überzeugende Mehrheit mit „Ja" stimmen würde. Er setzt alle Hebel in Bewegung, um die Volksbefragung zu verhindern und die Regierung in Wien zu stürzen.

Am 11. März 1938 ist es so weit: Der Kanzler wird um 5.30 Uhr durch einen Telefonanruf aus dem Schlaf gerissen. Starke Truppenbewegungen an der deutsch-österreichischen Grenze, meldet der Staatssekretär für das Sicherheitswesen, Michael Skubl. Kurt Schuschnigg eilt nach einem Gebet im Stephansdom zum Ballhausplatz, um das Ausland zu alarmieren. Paris ist vollauf mit seiner eigenen Regierungskrise beschäftigt. London setzt bereits auf Appeasement(Beschwichtigungs)-Politik, Rom lässt ausrichten, keinen Rat erteilen zu können. Benito Mussolini, einstiger Schutzherr des Ständestaates, hatte die Fronten gewechselt.

Die Lage spitzt sich zu

Im Kanzleramt liegen die Nerven blank. Es herrschen Hektik, Panik und Chaos. Ein Ultimatum aus Berlin jagt das andere: zunächst die Absetzung der Volksbefragung, dann der Rücktritt der Regierung Schuschnigg. Immer mit der Drohung: Sonst marschieren deutsche Truppen ein. 11. März 1938, 19.50 Uhr. Die laufende Rundfunksendung wird abrupt unterbrochen. Eine Direktschaltung zum Ballhausplatz erfolgt. „Wir weichen der Gewalt", sagt Schuschnigg mit vor Erregung bebender Stimme. Und verabschiedet sich mit seinem Herzenswunsch: „Gott schütze Österreich!" Untermalt mit Variationen des Kaiserquartetts von Joseph Haydn. Der Ballhausplatz hat sich in einen brodelnden Hexenkessel verwandelt. Tausende illegale NS-Mitglieder schreien sich die Kehle wund: „Ein Volk, ein Reich, ein Führer!" Auf dem Balkon des Kanzleramtes weht schon eine Hakenkreuzfahne. Aber noch hält ein Mann eisern die Stellung, dem man das nie zugetraut hätte, weil er bei der Ausschaltung des Parlaments 1933 und beim Bürgerkrieg 1934 kläglich versagt hatte: Bundespräsident Wilhelm Miklas.

Er sucht verzweifelt einen Nachfolger für Kurt Schuschnigg. Aber alle akzeptablen Kandidaten sagen dankend ab. Keiner will das Himmelfahrtskommando übernehmen. Und den von Berlin präsentierten Kandidaten Arthur Seyss-Inquart lehnt Wilhelm Miklas ab. Viele Stunden hindurch – bis Mitternacht, bis die Nationalsozialisten in den meisten Städten die Macht an sich gerissen haben. Adolf Hitler will aber noch mehr: den völligen Anschluss Österreichs an Deutschland. Doch Wilhelm Miklas weigert sich energisch, seine Zustimmung, geschweige denn seine Unterschrift zu geben. Mit der Begründung: „Mein Eid ist dem deutsch-österreichischen Volk für einen unabhängigen Staat Österreich geleistet."

Der Ausweg aus dem „Dilemma": Wilhelm Miklas trat von seinen Funktionen als Bundespräsident zurück, übertrug sie nach Artikel 77,

Begeisterte „Heil-Hitler"-Rufe für die neuen Machthaber … und die schrecklichen Folgen:

Punkt 1 der Verfassung 1934 an Kanzler Arthur Seyss-Inquart. Und dieser unterzeichnete das Anschlussgesetz über die „Wiedervereinigung (?) Österreichs mit dem Deutschen Reich" …

„An diesem Abend brach die Hölle los", schildert der Dramatiker Carl Zuckmayer in seiner Biografie *Als wär's ein Stück von mir* über diese Zäsur. „Die Stadt verwandelte sich in ein Albtraumgemälde von Hieronymus Bosch: Lemuren und Halbdämonen schienen aus Schutzeiern gekrochen und aus versumpften Erdlöchern gestiegen. Die Luft war von einem unablässig gellenden, wüsten Geschrei erfüllt. Und alle Menschen verloren ihr Gesicht, glichen verzerrten Fratzen. Auf den Straßen werden jüdische Mitbürger zusammengetrieben und unter Spott und Hohn des Pöbels gezwungen, Straßen mit ätzender Lauge zu reinigen.

… Unter dem Hohn und Spott des Pöbels werden Juden gezwungen, Straßen zu reinigen.

Der Korrespondent der britischen Zeitung ‚Daily Telegraph', George Gedye, schreibt einen erschütternden Augenzeugenbericht: SA-Männer schleppten einen bejahrten jüdischen Arbeiter und dessen Gattin durch die Beifall klatschende Menge. Tränen rollten der Frau über die Wangen. Während sie starr vor sich hinsah und förmlich durch ihre Peiniger hindurchblickte, konnte ich sehen, wie der alte Mann, dessen Arm sie hielt, versuchte, ihre Hand zu streicheln."

Der Einmarsch deutscher Truppen

12. März 1938: Im Morgengrauen marschieren deutsche Truppen in Österreich ein. Es gibt keine Gegenwehr. Nicht einen Kanonenschuss. Im Gegenteil: Die Soldaten werden mit Blumen und Begeisterung empfangen. Drei Tage später verkündet Adolf Hitler auf dem Wiener Heldenplatz den „Eintritt meiner Heimat in das Deutsche Reich". Unter dem Jubel von Hunderttausenden. Die Fotos, die Wochenschauaufnahmen davon gehen um die Welt. Aber sie sind trügerisch: Es gibt kaum Bilder von den Menschen, die das NS-Regime vom ersten Tag an grausam verfolgt hat. Noch bevor der erste deutsche Soldat österreichischen Boden betritt, landet der Reichsführer-SS Heinrich Himmler auf dem Flugfeld von Aspern. Mit einer Namensliste von politischen Gegnern. Zehntau-

sende Menschen werden bei Nacht und Nebel verhaftet: Feinde von einst müssen jetzt die Zellen teilen: christlichsoziale und sozialdemokratische Spitzenpolitiker.

Am 1. April 1938 wird der erste „Prominenten"-Transport ins Konzentrationslager Dachau abgefertigt, mit den späteren Kanzlern Leopold Figl und Alfons Gorbach, den Landeschefs Josef Reither und Karl Maria Stepan, Franz Olah, Fritz Bock, Viktor Matejka usw. „Als wir auf dem Wiener Westbahnhof der Dachauer SS übergeben wurden, hörten wir auf, Menschen zu sein", erinnerte sich der Schriftsteller Rudolf Kalmar. „Man trat mit genagelten Stiefeln nach uns, stieß uns die Gewehrkolben in die Rippen, schlug uns mit geballten Fäusten mitten ins Gesicht." In den Zugabteilen wurde diese brutale Tortur fortgesetzt: „Wir mussten unter die Bänke kriechen, ins Gepäcknetz hinaufturnen, minutenlang ins elektrische Licht starren, ohne zu zwinkern, wenn wir nicht eine Tracht Prügel riskieren wollten. Wir mussten Hunderte Kniebeugen machen, unsere Gegenüber ohrfeigen und einander ins Gesicht spucken. Nur ein Vorgeschmack auf die Hölle Dachau." Aber: Aus den einstigen Bürgerkriegsgegnern wurden Leidensgefährten, Freunde. Und: Der legendäre Lagergeist entstand.

Man könnte leichthin sagen, dass zwei Seelen in der Brust von Hans August von Hammerstein-Equord (1881–1947) wohnten. Er schrieb romantisch-naturhafte Lyrik, historische Romane und Novellen. Gleichzeitig bekämpfte er aber als Sicherheits-Staatssekretär und Justizminister den Nationalsozialismus. „Der Österreicher wird erst merken, was er an Österreich hat, wenn er es verloren hat", sagte er voraus – und hatte Recht. Viele Politiker, egal, ob schwarz oder rot, haben es so empfunden – zu spät, um die Katastrophe abzuwenden, aber gerade noch rechtzeitig, um die Lehren daraus zu ziehen. Die Jahreszahlen 1933, 1934 und 1938 werden nicht nur bei runden Jubiläen thematisiert, sondern immer, wenn der Hut in der Zweiten Republik brennt. Und das ist gut so.

Erinnerungen an die Schicksalstage

Ich habe Politiker aller Couleurs immer wieder gefragt, was sie an den Schicksalstagen erlebt haben, was hängen geblieben ist.

Franz Olah (98), Ex-ÖGB-Präsident und Ex-Innenminister. Er wurde in der Nacht zum 24. Februar 1938 aus der Haft entlassen. Schon das dritte Mal seit dem Bürgerkrieg 1934. Unter gespenstisch wirkenden Begleitumständen. Knapp vorher – um Mitternacht – ließ ihn Polizeipräsident Ludwig Weiser zu sich rufen. „‚Die Regierung wird von den Nazis genug bedrängt, könnt ihr euch nicht etwas zurückhalten?', fragte er mich", erzählt Franz Olah. „Ich hörte, sogar für eine offizielle Funktion vorgesehen zu sein. ‚Ist er nicht dreimal eingesperrt gewesen – etwa wegen Gewaltdelikten?', wurde hinterfragt. ‚Aber nein, nur weil er illegal gegen die Regierung gearbeitet hat', wiegelte man ab. Die Reaktion darauf: erleichtertes Aufatmen. Die Sozialdemokraten waren bereit, bei Schuschniggs Volksbefragung mit Ja zu stimmen – für ein Mindestmaß an Zugeständnissen."

„Am Abend des 11. März hielt ich bei einer Betriebsräte- und Funktionärskonferenz das Hauptreferat, als der Anruf kam: Die Regierung ist zurückgetreten, die Deutschen marschieren ein", schildert Franz Olah. „Wir haben uns in alle Winde zerstreut. Mit der Vereinbarung, uns in der Früh im Westbahnhof zu treffen. Schon um vier Uhr Früh sind zwei Kriminalbeamte vor meiner Tür gestanden", erinnert er sich. „‚Ah, Sie sind schon auf?', ätzten sie. Ich wurde erst in die ‚Liesl', in das Polizeigefängnis, gebracht, dann ins Konzentrationslager Dachau."

Otto von Habsburg (95), ältester Sohn des letzten Kaisers, wartete am 11. März 1938 in Schloss Ham bei Brüssel gespannt darauf, ob sich in Österreich Widerstand gegen den deutschen Einmarsch regen würde. „Beim geringsten Anzeichen dafür wäre ich gekommen. Ein Flugzeug stand startbereit auf einem nahe gelegenem Flugfeld", schildert der Europapolitiker. Aber Kurt Schuschnigg wich der Gewalt. Er wollte kein Blutvergießen. „Als ich Mitte November 1977 an Schuschniggs Krankenlager eilte, wollte er mit mir darüber reden, ob er damals anders hätte handeln müssen", erinnert sich Otto von Habsburg. „Ich habe ihm gesagt, man kann das Rad der Geschichte nicht zurückdrehen. Es ist wenig sinnvoll, zu diskutieren, was gewesen wäre, wenn."

Kardinal Franz König (1905–2004) war an den Iden des März 1938 als junger Kaplan in der kleinen niederösterreichischen Stadt Scheibbs eingesetzt: alte Mauern, Türme, Stadttore, die Pfarrkirche St. Magdalena mit roten Rundsäulen und goldenen Barockkapitellen. „Ich hab's noch plastisch vor den Augen", schildert er. Als ich am Morgen nach dem Einmarsch der deutschen Truppen aus dem Fenster schau, waren alle Häuser und Geschäfte mit Hakenkreuzfahnen beflaggt." Kardinal Franz König versinkt in Gedanken. „Ein gespenstischer Anblick. Über Nacht hatte sich alles geändert", erklärt er. Der Scheibbser Pfarrer war als NS-Gegner bekannt, wurde aber nicht behelligt. Er sagte mir, froh zu sein, dass ich seine moralische Stütze sei. Ich kann mir das nur so erklären, dass ich wegen meines Studiums in Rom eine gewisse Reputation hatte – und er vielleicht deshalb in Ruhe gelassen wurde."

Tatsächlich bewies Franz König 1944/45 als Domkurat in St. Pölten Zivilcourage. Er bot nicht nur den Nationalsozialisten die Stirn, sondern auch den Kommunisten – und gewann vor allem die Herzen der katholischen Jugend.

Bruno Kreisky (1911–1990) bereitete sich am Karfreitag der Ersten Republik, dem 11. März 1938, auf die letzten Prüfungen seines Jusstudiums vor. Er hörte im Rundfunk, dass die Volksbefragung abgesagt worden war und wie Kurt Schuschnigg am Abend kapitulierte. „‚Jetzt ist alles verloren', dachte ich, trat aber dennoch am darauf folgenden Montag zum Rigorosum an – mit Erfolg." Das war ein großer, aber schon der einzige Lichtblick. Die Haushälterin seiner Eltern erzählte ihm, dass die Polizei schon nach ihm gesucht und gedroht habe: „Wenn wir ihn nicht finden, halten wir uns an seiner Familie schadlos." Also stellte sich Bruno Kreisky der Polizei. Er wurde in Haft genommen – nicht zum ersten Mal: Im autoritären Ständestaat hatte er viele Monate hinter Gittern verbringen müssen. Wegen Hochverrats. Der so genannte Sozialisten-Prozess 1936 machte Schlagzeilen im Ausland. So mutig traten die Angeklagten auf. „Einer der Verteidiger, Heinrich Steinitz, zitierte Philipp II. aus Schillers *Don Carlos*: ‚Wenn solche Köpfe feiern, welch ein Verlust für meinen Staat'", erinnerte sich Bruno Kreisky. Er erreichte im September 1938 das rettende Ufer: im schwedischen Exil.

Ex-Bundespräsident Rudolf Kirchschläger (1915–2000) studierte 1938 ebenfalls Jus, stand aber „eindeutig" auf Seite der Regierung. „Nach Schuschniggs Abschiedsrede habe ich mich mit Kollegen in einem Zimmer des Studentenheims ‚Porzellaneum' eingesperrt", erzählt er. „Am späten Abend wurde heftig gegen die Tür geschlagen: ‚Aufmachen, ihr schwarzen Schweine!' Wir haben das Licht abgedreht, sind still geblieben. In den nächsten Tagen bin ich nicht auf die Straße gegangen – aus Furcht, angerempelt, verprügelt zu werden." Rudolf Kirchschläger musste das Studium an den Nagel hängen. Er hatte sich geweigert, einer NS-Vorfeldorganisation beizutreten. Und verlor damit alle Vergünstigungen: Heimplatz, Freitisch in der Mensa usw.

„Bei meinem Abschiedsbesuch in der Universität sagte mir der Dekan der Juridischen Fakultät: ‚Ich bin froh, dass endlich ein Student ohne Hakenkreuz-Abzeichen zu mir kommt.' Er fügte noch hinzu: ‚Sie haben gute Noten, könnten bald fertig sein. Ich verschaffe Ihnen einen Mensa- und Heimplatz.'" Aber Rudolf Kirchschläger lehnte dankend ab: „Ich brauche keine Almosen." Als er sich um einen Posten bei der Linzer Volkskreditanstalt bewarb, lautete die erste Frage: „Waren Sie ein Illegaler?" „‚Wenn ich einer gewesen wäre, würde ich noch an der Universität sein – und nicht hier', warf ich ein", erinnert sich Rudolf Kirchschläger. Parteibuch hin, Parteibuch her: Er bekam dennoch einen Job als Bankangestellter.

Ex-Handelsminister Josef Staribacher (87) stand mit dem austrofaschistischen Ständestaatregime „auf Kriegsfuß". Deshalb wollte er möglichst rasch in die Tschechoslowakei übersiedeln. „Aber diese Pläne wurden durch den Einmarsch der deutschen Truppen zunichte gemacht", erklärt er. Knapp vor Ausbruch des Zweiten Weltkrieges 1939 wurde Josef Staribacher verhaftet und ins Konzentrationslager Buchenwald eingeliefert. „Nach meiner Entlassung 1940 musste ich vor die Musterungskommission, mit kahl geschorenem Kopf. Und wurde für wehrunwürdig erklärt", so Josef Staribacher. Ein Jahr später musste er dennoch zum Militär – als Hilfskrankenpfleger – und wurde schwer verletzt.

In der Zweiten Republik zählte er zu den beliebtesten Politikern, wie die Spitznamen „Happy Pepi" und „Pickerl-Joe" beweisen.

Der Ex-Landeshauptmann von Oberösterreich, Josef Ratzenböck (78), weiß noch genau, wie es beim so genannten Anschluss zugegangen ist. „Ich habe den Einmarsch der deutschen Truppen als Neunjähriger in Neukirchen am Walde miterlebt. Es ist eigenartig: Ich erinnere mich noch, dass damals schönes Wetter herrschte und ich eine Lederhose trug. Mein Vater, den die Annexion zutiefst erschüttert hatte, sagte leise zu mir: ‚Jetzt haben wir unser Vaterland verloren.'" Josef Ratzenböck schlägt die Stirn nachdenklich in Falten. „Meine Eltern weinten um Österreich. Ich begriff nur, dass etwas Gewaltiges geschehen war. ‚Jetzt kommt der Krieg', seufzte meine Mutter, als sie die deutschen Panzer vorbeirollen sah. ‚Gut, dass der Pepi noch so klein ist', fügte sie hinzu. ‚Da braucht er nicht einrücken.'"

Josef Ratzenböck wurde zu Kriegsende noch zum Volkssturm eingezogen und im Umgang mit Panzerfäusten, einem MG 42 und einem Karabiner 98 ausgebildet.

Ex-Industriellen-General Herbert Krejci (86). Er besuchte 1938 die fünfte Klasse des Gymnasiums in Wien-Döbling. „Ein Riss ging damals quer durch viele Familien. Die Luft war wie elektrisch geladen", erzählt er. „Meine Familie ist gespannt um das Radiogerät gesessen, als Kanzler Kurt Schuschnigg seine Abschiedsrede hielt. ‚Das ist ein historischer Augenblick, da muss man einfach dabei sein', rief meine Großmutter." Gesagt, getan. „Menschenlawinen wälzten sich zum Ballhausplatz, wo ununterbrochen gebrüllt wurde: ‚Ein Volk, ein Reich, ein Führer!'", schildert Herbert Krejci seine damaligen Eindrücke. Und: „Meine Großmutter hat mir eine Fackel gekauft. Als ich nach Hause kam, war die wichtigste Radiomeldung für mich, dass die Schule für die nächsten Tage ausfällt", erzählt der Ex-Industriellen-General schmunzelnd. Und: „Am nächsten Morgen ist dann die deutsche Luftwaffe im Tiefflug über Wien gebraust."

Ex-ÖGB- und Nationalratspräsident Anton Benya (1912–2001). „Ich war erschüttert, als ich in einem Parteilokal in Wien-Penzing erfuhr, dass die Volksbefragung abgesagt worden war", erinnert er sich. „Ich war fest davon überzeugt, dass trotz aller Gegensätze die überwältigende Mehrheit mit ‚Ja zu Österreich' stimmen würde." Anton Benya schüttelt traurig den Kopf. „Meine Freunde und ich wussten nur zu gut, was der Nationalsozialismus mit sich bringen wird – Krieg! Wir machten uns schleunigst auf den Heimweg. Keine Minute zu früh. Auf den Straßen fuhren schon Lkws mit johlenden Nazis", erzählt er. „Tage später hab ich auf dem Hernalser Gürtel gesehen, wie Juden auf dem Gehsteig kniend Schuschnigg-Parolen wegbürsten mussten. Ich wollte helfen, konnte aber nicht. Zu groß, zu aggressiv war die Menschenmenge, die johlend um sie stand."

Ex-Nationalbankpräsident und Finanzminister Stephan Koren (1919–1988) stand knapp vor der Matura, als die Deutschen einmarschierten. „Das hatte für mich unangenehme Folgen", erinnert er sich. „Bei mir wurde eine Hausdurchsuchung durchgeführt, weil ich einer christlichen Studentenverbindung angehörte. Damit nicht genug, wollte man mich nicht zur Matura antreten lassen. Aber meine Mitschüler setzten sich für mich ein – mit Erfolg." 1938 wurde Stephan Koren zur Luftwaffe eingezogen, als Pilot für Aufklärungsflüge eingesetzt. Und 1941 bei Leningrad abgeschossen. „Dabei verlor ich eine Hand", erzählt er. „Ich konnte Volkswirtschaft an der Wiener Universität studieren und noch im Jahre 1945 meine Diplomarbeit schreiben."

Ex-Innenminister und Landeshauptmannstellvertreter von Niederösterreich, Hans Czettel (1923–1980). „Ich kann mich noch erinnern, wie deutsche Kampfflugzeuge über Wien kreisten und der bayrische Hilfszug eintraf", kramt er in Erinnerungen. „Ich kam mit 15 Jahren zur Hitler Jugend. Ich red' mich nicht auf Zwang aus – ich war halt dabei." Hans Czettel steht auf, geht in seinem Büro einige Schritte auf und ab. „Im April 1942 musste ich einrücken, wurde nach Stalingrad abkommandiert und so schwer verletzt, dass ich seitdem 50 Prozent invalid bin", schildert er. „Ich wurde als einer der Letzten aus dem Kessel von Stalingrad ausgeflogen, kam in ein Lazarett in der Stadt Dresden – und erlebte deren Untergang in einem flammenden Inferno mit." Hans Czettel kam vor Kriegsende erneut als Leutnant in Einsatz. Und geriet im Waldviertel in Gefangenschaft. „Aber nur für einige Stunden", erzählt er. „Dann ergriff ich die Flucht."

Der oberösterreichische Ex-Landeshauptmann Heinrich Gleißner (1893–1984). „Ich habe die dramatischen Stunden im März 1938 direkt am

Ballhausplatz miterlebt", sagt er. „Ich bin Zeuge gewesen, wie verzweifelt Kurt Schuschnigg London und Paris telefonisch gebeten hat, etwas zu unternehmen. Aber man hat ihm nur versichert, Österreich große Sympathie entgegenzubringen – geholfen hat aber niemand." Und mit leicht erhobener Stimme fügt er hinzu: „Wenn man kritisiert, Kurt Schuschnigg hätte bewaffneten Widerstand leisten sollen, kann ich nur sagen: Damit wäre die Situation nur noch schlimmer geworden. Der Kanzler hat Gewalt zutiefst verabscheut und zeit seines Lebens darunter gelitten, dass es 1934 zum Blutvergießen gekommen war." Heinrich Gleißner wurde nach dem Einmarsch deutscher Truppen verhaftet, erst in das KZ Dachau und dann in das KZ Buchenwald überstellt. Seine Ehefrau Maria erreichte durch eine „abenteuerliche Aktion" bei der Mutter des Reichsführers-SS Heinrich Himmler die Freilassung. Seine politisch schwerste Niederlage erlitt der ÖVP-Politiker bei der Bundespräsidenten-Wahl 1951 gegen Theodor Körner (SPÖ).

Der Mitbegründer der ÖVP und Schriftsteller Johannes Eidlitz (1920–2000) war als 17-jähriger Gymnasiast Fähnleinführer eines regierungstreuen Freikorps. „Wir haben am 11. März den Befehl bekommen, Am Hof Waffen auszufassen und zum Ballhausplatz zu marschieren", erzählt er. „Wir wurden allerdings schon bald von einer Polizeikette gestoppt. ‚Aber Buam, macht's keinen Blödsinn. Es ist alles vorbei. Der Schuschnigg ist zurückgetreten', sagte väterlich ein Beamter. Als ich nach Hause kam, wurde noch einmal Kurt Schuschniggs Abschiedsrede im Rundfunk ausgestrahlt. Meine Eltern haben geweint", erinnert sich Johannes Eidlitz. „Wir haben vis-à-vis vom Hotel Imperial am Ring gewohnt, wo Adolf Hitler abgestiegen ist. Bei seiner Ankunft durften wir vom Balkon aus zusehen. Aber, so Eidlitz mit heiserer Stimme, „hinter jedem von uns stand ein Mann der Geheimen Staatspolizei mit gezückter Waffe".

Der Ex-Verkehrs-, Innen- und Außenminister Erwin Lanc (77). „Ich befand mich in den Märztagen 1938 auf Krankenkassenurlaub in Niederösterreich. Mir ist im Gedächtnis haften geblieben, dass ich damals als Konfessionsloser Grußschwierigkeiten hatte", erzählt er schmunzelnd. „Eine Dame des Hauses versuchte krampfhaft, mir beizubringen, ‚Grüß

Gott!‘ zu sagen. Aber von einem Tag auf den anderen verlegte sie ihre Anstrengungen nahtlos auf ‚Heil Hitler‘-Lektionen. Als ich sie geradeheraus fragte, warum ich plötzlich statt ‚Grüß Gott‘ ‚Heil Hitler‘ sagen sollte, wurde sie sehr verlegen.“ Überflüssig zu erwähnen, dass Genossen einander mit „Freundschaft“ zu begrüßen pflegen.

Ex-Vizekanzler und ÖVP-Klubchef Hermann Withalm (1912–2003) – auch „eiserner Hermann“ genannt. „Der 11. März 1938 gehört sicherlich zu den traurigsten Tagen in meinem ganzen Leben. Ich musste zusehen, wie an diesem Abend jüdische Freunde in Poysdorf aus einem Lokal geworfen wurden“, schildert er. „Sie fragten mich bedrückt, was nun aus ihrem Leben werden solle. Ich versuchte, ihnen Mut zu machen.“ Hermann Withalm verlor bald seinen Job als Notariatsaspirant, „weil ich der Vaterländischen Front angehört hatte. Meinem Vorgesetzten wurde die Pistole an die Brust gesetzt: Entweder feuern Sie den Aspiranten oder Sie können Ihre Kanzlei zusperren“, erinnert sich Hermann Withalm. „Ich war lange Zeit arbeitslos, kam aber dank meiner Grundbuchkenntnisse bei der Reichsautobahn unter.“

„Dein Vater wurde verhaftet!“

Der Sohn von Bundeskanzler Kurt Schuschnigg hat die dramatischen Stunden im Jahre 1938 miterlebt und seinen Vater bei der Gestapo und im KZ besucht.

Es ist ein Trauma – auch nach 70 Jahren im Kopf und im Herzen. 12. März 1938, Kalksburger Kollegium in Wien. Generalpräfekt Pater Hugo Montjoye ruft den elfjährigen Schüler Kurt Schuschnigg zu sich. „Ich habe eine schlechte Nachricht für dich“, sagt er mit heiserer Stimme. „Dein Vater wurde verhaftet!“ Der Schüler wusste noch nicht, dass am Vorabend sein Vater, Kanzler Kurt Schuschnigg, zurückgetreten war. Der Elfjährige bekam aber mit, wie sich Schüler der Maturaklasse vor seinem Schlafsaal mit Waffen postierten, um sein Leben zu schützen. Die Annexion Österreichs war voll im Gange.

Der Wintersportort Kitzbühel im Hochsommer 2007. Bizarre Berggipfel, grüne Almen, Liebfrauenkirche, Schloss Lebenberg. Ein typisches Tiroler Haus mit breitem Dach, blumenverzierten Balkonen, schattigem

Garten. Hier verbringt der New Yorker Kunsthändler Kurt Schuschnigg (81) mit seiner Frau Jeanette den Urlaub. Schreibt an seiner Biografie *Der lange Weg nach Hause*, blättert in Alben mit vergilbten Fotos. Erinnerungen werden wach – an die dramatischen Ereignisse vor 70 Jahren. Etwa daran, dass er seinen Vater im Wiener Gestapo-Hauptquartier am Morzinplatz besuchen durfte. Und dabei eine unheimliche Begegnung hatte – mit dem Reichsführer-SS Heinrich Himmler.

„Der Führer und ich wollen, dass du dich nicht um deinen Vater sorgst und ein guter Hitlerjunge wirst", sagte der NS-Bonze. „Blödsinn, dachte ich", erzählt Kurt Schuschnigg junior, „und verabschiedete mich mit ‚Grüß Gott'." Sein Vater wurde erst ins Wittelsbacher Gefängnis in München und dann ins KZ Sachsenhausen bei Berlin verlegt. Mit seiner zweiten Frau Vera, die freiwillig sein Schicksal teilte – und ihm eine Tochter schenkte. Der Junior durfte ihn auch hier besuchen. „Mein Vater war nur mehr Haut und Knochen, sein Haar weiß und sein Gesicht zerfurcht wie das eines 80-Jährigen", erinnert er sich. „Das KZ war ein Blick in die Hölle. Gestank, Stöhnen, Schreie, die einem das Blut in den Adern gefrieren ließen."

In diesem Inferno gab es Gespräche über die schweren Vorwürfe, die gegen Kanzler Kurt Schuschnigg erhoben wurden. Er hatte als Justizminister den autoritären Kurs seines Vorgängers Engelbert Dollfuß voll mitgetragen: die Ausschaltung des Parlaments 1933, die blutige Niederschlagung des Bürgerkrieges 1934 und die Hinrichtung schwer verletzter Arbeiterführer. „Die Regierung hat befürchtet, dass sich der Bürgerkrieg wie ein Flächenbrand ausweitet", erklärt Kurt Schuschnigg junior. „Mein Vater hat ein Leben lang darunter gelitten, die Todesurteile nicht mehr revidieren zu können. Und er ärgerte sich, dass er nicht schon nach dem Dollfuß-Mord eine Volksabstimmung für ein unabhängiges Österreich hatte durchführen lassen."

Kurt Schuschnigg junior galt im NS-Regime als „politisch unzuverlässig". Er meldete sich 1944 zur Marine, um nicht zur SS abkommandiert zu werden. Nach seiner Einberufung auf den schweren Kreuzer „Prinz Eugen" erklärte ihm dessen Kapitän: „Ich dulde keine Politik an Bord. Sollte Ihnen jemand Schwierigkeiten bereiten, haben Sie mir das sofort zu melden." Schuschniggs Marinekarriere fand knapp vor Weihnachten 1944 in Gotenhafen ein abruptes Ende. Bei sowjetischen Luftangriffen wurde eine 50-Kilo-Bombe direkt in den Hauptschornstein der „Prinz Eugen" geworfen.

„Es folgte eine ohrenbetäubende Explosion und es herrschte sengende Hitze", schildert Kurt Schuschnigg junior. Eine Welle des Schmerzes durchfuhr ihn. Er hatte Verbrennungen erlitten, ein Lungenflügel war gerissen. Die Ärzte betäubten seinen Schmerz mit Morphium. Der Kadett musste aber sein Spitalsbett im ostpreußischen Königsberg bald räumen. Die russischen Truppen rückten immer näher. Eine abenteuerliche Flucht, eine Odyssee quer durch halb Europa begann. Nach Sachsenhausen, wo sein Vater mit Frau und Tochter in einer KZ-Baracke untergebracht war, über München, Südtirol und die Schweiz.

Kurt Schuschnigg junior stieß zum Widerstand. Knapp vor Kriegsende erfuhr er, dass die Amerikaner seine Familie befreit hatten. Wenige Wochen später gab es ein Wiedersehen in Capri, wo sich der Vater von den KZ-Strapazen erholte. Natürlich kreisten die Gespräche immer wieder um das verhängnisvolle Jahr 1938. Etwa um die Frage, warum Kanzler Schuschnigg nicht zum Widerstand aufgerufen habe. Dazu sein Sohn: „Mein Vater hat bis zuletzt versucht, andere Länder für die Unterstützung Österreichs zu gewinnen. Leider vergeblich. Völlig allein wäre Widerstand Selbstmord, ein Wahnsinn gewesen." Ein prominenter Zeitzeuge, Otto von Habsburg, ist da aber entschieden anderer Ansicht: „Wenn nur ein Schuss gefallen wäre, wäre Österreich anders dagestanden."

„Die Gräben nicht wieder aufreißen"

1918: Ausrufung der Ersten Republik. 1938: der Anschluss an das NS-Terror-Regime in Deutschland. Dazwischen die Ausschaltung des Parlaments 1933, der Bürgerkrieg 1934 – ein Trauma bis heute, bis zum Gedenkjahr 2008. Dementsprechend ruppig die Wortmeldungen: „Hetztiraden", „Brandstifter", „Faschismuskeule", und „Marxismuskeule" quer durch die Parteien.

„Ich möchte mit Friedrich Schiller sagen: ‚Freunde, nicht diese Töne'", mahnt der frühere Nationalratspräsident Andreas Khol. „Wir müssen gerade im Gedenkjahr 2008 Brücken bauen, nicht Gräben neu aufreißen."

Bundespräsident Heinz Fischer gibt zu bedenken: „Es hat in der Ersten Republik viel Leid gegeben, viele Irrwege, menschliche und politische Tragödien. Wir müssen die Geschichte vernünftig aufarbeiten. Natürlich gibt es immer noch sehr unterschiedliche Sichtweisen."

1933 traten die drei Nationalratspräsidenten zurück. Chaos brach aus. Kanzler Dollfuß hinderte die Mandatare mit Waffengewalt, wieder zusammenzutreten.

Heinz Fischer: „Die beschönigende Formulierung von der Selbstausschaltung des Parlaments wird der Realität nicht gerecht. Es war ein willkommener Vorwand, den Parlamentarismus auszuschalten. Ein Staatsstreich, der Übergang zu einem autoritären Regime."

Andreas Khol: „Man kann sich an 1933 nur mit Scham und Trauer erinnern. Das Regime hat autoritär, also ohne Parlament, weiterregiert – mit einer juristischen Notlüge: dem Kriegswirtschaftlichen Ermächtigungsgesetz."

1934 entbrannte der Bürgerkrieg in Österreich. Dollfuß ließ mit Kanonen auf Arbeiterwohnungen schießen, Arbeiterführer hinrichten.

Heinz Fischer: „Eine geteilte Schuld 50 : 50 gibt es nicht. Die größere Schuld liegt auf Seiten jener, die das Parlament ausgeschaltet, die Demokratie zerstört, das Kriegsrecht verhängt und Todesurteile vollstreckt haben."

Andreas Khol: „Ich sehe das differenzierter. Der Druck des Ständestaates auf die Sozialdemokratie war sehr groß. Der Aufstand mit der Waffe in der Hand war unangemessen, aber auch die Härte und Brutalität des autoritären Regimes. Jeder muss vor seiner Türe kehren."

Warum ging die Erste Republik 1938 unter?

Heinz Fischer: „Die Tragödie war, dass Christlichsoziale und Sozialdemokraten einander bekriegten, statt gemeinsam den Todfeind Österreichs, den Nationalsozialismus, zu bekämpfen."

Andreas Khol: „Das Dilemma: Die einen waren zu wenig Demokraten, die anderen zu wenig Patrioten."

Kanzler Schuschnigg verabschiedete sich 1938 mit den Worten: „Wir weichen der Gewalt. Gott schütze Österreich." Historiker behaupten, wir wären 1945 viel besser dagestanden, wenn wenigstens ein Kanonenschuss abgefeuert worden wäre.

Heinz Fischer: „70 Jahre später ist es leicht zu theoretisieren. Der berühmte Kanonenschuss hätte nichts genützt, wäre eine Alibihandlung gewesen. Man hätte den Versuch unternehmen müssen, drei Tage Widerstand zu leisten – aber der hätte vermutlich bis zu 3000 Tote gefordert."

Andreas Khol: „Ich möchte nicht leichtfertig urteilen. Aber wenn man sich gewehrt hätte, wäre wahrscheinlich vieles anders gekommen."

Österreichs Rolle im Zweiten Weltkrieg – wieder die Frage: War es Opfer oder Täter?

Heinz Fischer: „Österreich wurde 1938 als souveräner Staat durch den Einmarsch deutscher Truppen von der Landkarte ausradiert. Viele Österreicher haben leider an der nationalsozialistischen Kriegs- und Vernichtungsmaschinerie mitgewirkt."

Andreas Khol: „Die Republik Österreich hat es nicht mehr gegeben. Viele Landsleute waren Opfer, Täter und Irrende. Ich breche über niemandem leichtfertig den Stab. Aber es waren Österreicher bei SS- und KZ-Einheiten."

Warum hat die 2. Republik vertriebenen jüdischen Mitbürgern nicht Rückkehr und Entschädigung angeboten?

Heinz Fischer: „Vielleicht dachte man damals, die erste Sorge muss den Menschen gelten, die ausgebombt sind, die nichts zu essen, anzuziehen haben. Vielleicht gab es auch Opportunismus, um Wähler (aus dem nationalen Lager) zu gewinnen."

Andreas Khol: „Der SPÖ-Innenminister Helmer hat gesagt: ‚Die Sache muss in die Länge gezogen werden – aus ökonomischen Gründen.'"

„Die Geschichte lehrt ständig, findet aber keine gelehrigen Schüler", sagte Ingeborg Bachmann. Wird es 2008 anders sein?

Krieg und Widerstand

In der Moskauer Deklaration von 1943 schrieben die Alliierten fest, Österreich solle wieder als unabhängiger Staat entstehen. Sie forderten aber auch, dass Österreich einen Beitrag dazu leisten müsse – und das tat es auch. Nur ist das viel zu wenig bekannt. Enquete über „Widerstand in Österreich" 2005 im Parlament. Der Grazer Historiker Stefan Karner nennt erschreckende Zahlen: 65 000 Juden und 9000 Roma aus Österreich wurden ermordet. Tausende Österreicher starben in KZs, Gestapo-Haft, Zuchthäusern. Und 2000 Widerstandskämpfer wurden zum Tod verurteilt und hingerichtet. Wolfgang Schüssel zitierte aus dem „Gebet in den Wind" von Emile Cioran: „Rette mich von den hasserzeugten Welten. Schleudere einen Strahl in diese Nacht und lass die in meinem dichten Seelennebel verlorenen Sterne aufgehen."

Kardinal Theodor Innitzer – Licht und Schatten

Erzbischöfliches Palais, Wollzeile 2. Im Schatten des Stephansdoms. Ein Kreuzganghof mit Wandbrunnen und Arkaden. Eine Feststiege mit Cäsarenbüsten und Barockengeln. Im Vorraum die Bildergalerie früherer Kardinäle. Im Konsistorialsaal ein Kreuzigungsbild mit großer Symbolkraft. Durchbohrt von Dolchen der Hitler-Jugend. Beim Sturm auf das Erzbischöfliche Palais 1938.

Vor 53 Jahren – am 9. Oktober 1955 – starb Kardinal Theodor Innitzer, 79. Er wurde vor dem Kreuzigungsbild im Konsistorialsaal aufgebahrt. Der Kreis eines dramatischen Lebens mit viel Licht- und Schattenseiten schloss sich. Noch heute scheiden sich die Geister an diesem Wiener Erzbischof. Die Urteile schwanken von einem Extrem zum anderen: von Verachtung bis zu Bewunderung.

Widerstand leisten oder sich arrangieren?

Café Prückel, Stubenring 24. Die Fenster sind beschlagen. Man sieht nur noch Konturen: „Lueger"-Denkmal, Stadtpark, Akademie für angewandte Kunst. Gleich beim Eingang sitzt Erika Haala bei einer Melange. Schmales Gesicht, widerborstige Haare, sprechende Augen. Eine Filmkritikerin, die drehbuchreif zu erzählen weiß: über sich, ihre Familie – und den Widerstand der Kirche.

Familienangehörige schleusten 1938 jüdische Freunde schwarz über die Grenze: von der Tschechoslowakei in die Ostmark, wie Österreich damals hieß. „Aber alles flog auf, alles wurde verraten", schildert Erika Haala mit brüchiger Stimme. „Meine Mutter kam mit ein paar Tagen Gefängnis glimpflich davon. Aber meine Tante Marianne wurde zum Tod verurteilt – und enthauptet."

Filmkritiker träumen davon, selbst einmal Filme drehen zu können – vermutlich auch Erika Haala. Sie hätte mit der Kamera nur die zeitgeschichtliche Dramatik des so genannten Anschlusses einfangen müssen. 11. März 1938, 19.50 Uhr. „Wir weichen der Gewalt", sagt Kanzler Kurt Schuschnigg. Die Bischöfe wissen, was auf sie zukommt. Sie haben schon 1933 die rassistische NS-Ideologie scharf verurteilt, weil sie mit dem christlichen Glauben unvereinbar sei.

Dennoch versuchten die Bischöfe, sich mit den neuen Machthabern zu arrangieren, „um zu retten, was zu retten ist". Kardinal Theodor Innitzer rief dazu auf, bei der Volksabstimmung am 10. April 1938 über den so genannten Anschluss mit „Ja" zu stimmen. Und unterschrieb den Begleittext dazu mit „Heil Hitler". Zum Entsetzen von Papst Pius XI., der den Wiener Erzbischof in den Vatikan zitierte, um ihn wegen seines unglaublichen Verhaltens zur Rechenschaft zu ziehen.

„In der Kirchengeschichte gibt es keine beschämendere Episode", empörte sich Kardinal-Staatssekretär Eugenio Pacelli, der spätere Papst Pius XII. Theodor Innitzer musste eine Erklärung unterschreiben, wonach die österreichischen Bischöfe nichts billigen, was mit dem „Gesetz Gottes, der Freiheit und den Rechten der Kirche" unvereinbar wäre. Nach einer Audienz bei Pius XI. erklärte er: „Der Papst ist von großer Bitterkeit und stärkstem Misstrauen wegen der zahlreichen Wortbrüche des NS-Regimes erfüllt."

Rosenkranzfeier im Stephansdom

„Der volksnahe, aber politisch naive Kardinal“ (Erika Haala) musste nur zu bald dieselben Erfahrungen machen. Alle Versprechen wurden gebrochen: kirchliche Feiertage aufgehoben, Klöster enteignet, katholische Schulen geschlossen, der Religionsunterricht untersagt usw. „In dieser verzweifelten Situation wurde die Idee geboren, die katholische Jugend zur Rosenkranzfeier am 7. Oktober 1938 in den Stephansdom einzuladen“, erzählt ein Zeitzeuge, der Organist Alois Holzacker.

„Wir haben damit gerechnet, dass 2000 bis 2500 Jugendliche kommen werden, aber es waren 8000 bis 10 000“, erinnert er sich. „Es herrschte eine unglaubliche Aufbruchsstimmung, als Kardinal Theodor Innitzer im vollen Ornat auf die Kanzel stieg und den Jugendlichen zurief: ‚Man hat uns alles genommen. Nur eines kann man uns nicht nehmen: den Glauben.‘“ Er appellierte an sie, sich „gerade jetzt umso fester und standhafter zum Glauben zu bekennen, zu Christus – unserem Führer“.

Jugendkaplan Martin Stur hatte erfahren, dass inzwischen Hitler-Jugend (HJ) und SA-Männer mit „Heil Hitler“-Rufen vor dem Dom provozierten. Er wollte die katholische Jugend auffordern, rasch nach Hause zu gehen. Und winkte dem Organisten zu, Schluss zu machen. „Ich hab das aber nicht gesehen und wie vereinbart ‚Auf zum Schwure, Volk und Land, hebt zum Himmel, Herz und Hand‘ gespielt, also alle Register gezogen“, erzählt Alois Holzacker. „Der Funke sprang über. Tausende Jugendlichen sangen mit erhobenen Schwurfingern begeistert mit.“

Sturm auf das erzbischöfliche Palais

„Es war die größte Manifestation des geistigen Widerstandes gegen das totalitäre NS-Regime“, erklärt Kardinal Christoph Schönborn. „Eine Kampfansage“, bestätigt der Grazer Kirchenhistoriker Maximilian Liebmann. Und als solche wurde sie auch verstanden. Schon einen Tag später schlugen die neuen Machthaber zurück. Stoßtrupps der HJ-Jugend stürmten das Erzbischöfliche Palais. Die Nonnen versteckten sich auf dem Dachboden, der Kardinal im Matrikenarchiv. Seine engsten Mitarbeiter, Franz Jachym und Jakob Weinbacher, „verzehrten die Hostien in der Hauskapelle, um sie vor Verunehrung zu bewahren“.

Jesuitenpater Ludger Born im Kreis von Caritas-Socialis-Schwestern, die später selbst größtenteils in KZs umkamen

Die Hitler-Jugend schlug mit Messingstangen alles kurz und klein: Fenster, Mobiliar, Plastiken usw. Sie stürzte Domkurat Johannes Krawarik von einem Fenster im ersten Stock des Churhauses in die Tiefe. Und nahm als „Souvenirs" Bischofsringe, Mitras, Brustkreuze usw. mit. Wenige Tage später, am 13. Oktober 1938, hetzte Gauleiter Josef Bürckel auf dem Heldenplatz schwer alkoholisiert gegen Kardinal, Klerus und Juden. In der riesigen Menschenmenge wurden Transparente mit den Aufschriften „Innitzer nach Dachau", „Pfaffen auf den Galgen" usw. geschwenkt.

Der „Stall des Kardinals"

„Mehr als erschlagen kann man mich nicht", ließ sich Theodor Innitzer nicht einschüchtern. Er installierte 1940 im dritten Trakt des Erzbischöflichen Palais die „Hilfsstelle für nichtarische Katholiken". Genannt „Der Stall", weil sie in einer alten Kutscherwohnung untergebracht war. „Hier wurde allen Verfolgten geholfen", so die Kirchenhistorikerin Annemarie Fenzl. Das „Stall"-Team arbeitete im Schatten der geheimen Staatspolizei Gestapo unter ständiger Lebensgefahr: der Jesuitenpater Ludger Born und 23 Mitarbeiterinnen – meist jüdischer Herkunft. Acht von ihnen kamen selbst im KZ um.

Zurück zur Ausgangssituation – zur Filmkritikerin Erika Haala im Café Prückel. Sie zeigt auf vergilbte Fotos und sagt: „Sehen Sie, so haben meine Freundinnen ausgesehen, die im ‚Stall' gearbeitet haben: Luise Unger-Perner und Gertrud Steinitz-Metzler. „Sie erzählten mir freudestrahlend, wenn sie jemandem zur Ausreise ins Ausland verhelfen konnten. Und sie weinten, wenn einer ihrer Schützlinge ‚auf Transport' – ins KZ – gehen musste. Einige bekamen Hostien in Puderdosen versteckt mit, um Kranke und Sterbende in einer Welt des Grauens trösten zu können. „Mir selbst hat Pater Born, der mein Beichtvater war, verboten, im ‚Stall' mitzuarbeiten, weil das viel zu gefährlich sei", erinnert sich Erika Haala. „Aber meine Freundinnen weihten mich in das gefährliche Unterfangen ein."

„Die Lage der Juden ist trostlos", heißt es in einem Bericht der „Hilfsstelle für nichtarische Katholiken", einem erschütternden Dokument. „Viele sind unterernährt, in großer materieller Bedrängnis. Es fehlt an Wäsche, Kleidern, Schuhen, Medikamenten. Fast alle sind sehr gedrückt, verzweifelt. Sie leben in ständiger Angst. Und Selbstmorde stehen auf der Tagesordnung." „Die Liebe, wie sie unsere Heilige Schrift lehrt, macht keinen Unterschied der Person", appellierte der Kardinal in einem Hirtenbrief, der aber auf Weisung der Gestapo nicht in den Kirchen verlesen werden durfte.

Theodor Innitzer ließ sich aber nicht entmutigen. Er schrieb Bettelbriefe an ausländische Bischöfe, Kardinäle – und Pius XII. Der Kardinal flehte ihn „aus ernstester Hirtensorge über herzzerreißendes Leid und namenloses Elend" an, alles zu tun, um die Juden dem furchtbaren Schicksal der Deportation zu entreißen. Die „Stall"-Mitarbeiterinnen setzten sich bis an die Grenzen ihrer psychischen und physischen Belastbarkeit ein. Sie versuchten das Leid ihrer Schützlinge zu lindern, die in einen Teufelskreis geraten waren: Arisierung der Wohnungen, Sammelwohnungen, Sammellager, Deportation, KZ.

Die Aushebungen zur Deportation erfolgten bei Tag und bei Nacht. Nur zwei, drei Stunden blieben Zeit, um die Habseligkeiten zusammenzupacken. Die „Stall"-Helferinnen konnten unendlich wenig und doch sehr viel tun. Sie steckten den verzweifelten Menschen etwas Lebensmittel, Wäsche und Medikamente zu. Standen ihnen in den schweren Stunden mit seelischem Trost bei. „Dass ihr da ward, hat uns aufrechterhalten, hat uns als Hoffnung, als Trost begleitet", hieß es in einem Brief aus dem KZ Theresienstadt an das „Stall"-Team.

Vor 1945 haben in Wien 190 300 Juden gelebt. Nach 1945 waren es nur noch 6000. „Zum Verzweifeln", erklärt die Wiener Kirchenhistorikerin Annemarie Fenzl. „Viele Menschen haben in ihrer furchtbaren Not in der Hilfsstelle Liebe, Zuwendung, Glauben erfahren, der über dem Grauen steht." Knapp vor Kriegsende wurde der dritte Trakt des Erzbischöflichen Palais durch eine Bombe in Schutt und Asche gelegt. Der „Stall", wo die Hilfsstelle untergebracht war, blieb wie durch ein Wunder unversehrt.

„Die Schoah, die Verfolgung und Ermordung der Juden durch das NS-Regime, war eine historische Katastrophe", sagte Kardinal Christoph Schönborn. „In dunkler Nacht haben aber einige beherzte Menschen Lichter der Nächstenliebe, Hilfe und Hoffnung entzündet. Dazu gehörten die Mitarbeiter der ‚Hilfsstelle für nichtarische Katholiken' und ihr Protektor Kardinal Innitzer."

„Für Christus und Österreich"

Diese Worte rief der Augustiner-Chorherr des Stiftes Klosterneuburg Roman Scholz knapp vor seiner Hinrichtung im Jahre 1944. Er hatte eine Widerstandsbewegung gegen Hitler gegründet, wurde aber von einem Burgschauspieler verraten und verhaftet. Hinter Kerkermauern schrieb der Geistliche Gedichte, Theaterstücke und skizzierte eine neue Weltordnung.

Die dunkle Nebeldecke über der Donau bricht langsam auf. Erste Konturen des Augustiner-Chorherren-Stiftes Klosterneuburg werden sichtbar. Schlanke Kirchtürme, ausladende Kuppeln. Mit dem österreichischen Erzherzoghut und der römischen Kaiserkrone – ganz von grüner Patina überzogen. Kaiser Karl VI., der Vater Maria Theresias, wollte hier den spanischen Escorial nachbauen.

Auf dem Deckenfresko der Stiftsbibliothek Pallas Athene, die Göttin der Weisheit. Ringsum Bücherregale mit 250 000 Bänden: Leopoldsbibel, Handschriften, Wiegendrucke, Inkunabeln. Der Kirchenhistoriker Floridus Röhrig zeigt mir auch Erinnerungsstücke an Roman Scholz, der 1944 hingerichtet wurde: Brevier, politisches Testament und Abschiedsbrief – in steiler, eigenwilliger Schrift: „Ohne Gottes Gnaden wäre es nicht leicht zu tragen. Vergnügen ist der Henkerstod ja keines."

Rasche „Bekehrung" – mit tragischen Folgen

Roman Scholz trat 1930 als Novize den Augustiner-Chorherren in Klosterneuburg bei. Er wurde 1936 zum Priester geweiht und als Kaplan, Religionsprofessor und Hochschuldozent eingesetzt. Seine Mitbrüder beurteilten ihn zwiespältig, so Floridus Röhrig: als „überdurchschnittliche Begabung mit unverständlichen Sympathien für das NS-Gedankengut". Aber davon sollte Roman Scholz 1936 beim Nürnberger Reichsparteitag gründlich kuriert werden. Hitler-Kult, Massenhysterie, Antisemitismus stießen ihn ab. Nach dem „Anschluss" 1938, der immer stärkeren Unterdrückung der Kirche, dem Sturm der Hitler-Jugend auf das Erzbischöfliche Palais in Wien gründete Roman Scholz die „Österreichische Freiheitsbewegung". „Nicht um Gewaltakte zu setzen, sondern um die Menschen über die NS-Gefahren aufzuklären", versichert Floridus Röhrig.

Ein Angehöriger der Bewegung drängte aber darauf, Anschläge zu verüben – etwa auf den Leopoldauer Gasometer: Burgschauspieler Otto Hartmann, ein kleiner Chargendarsteller, der sich das Vertrauen von Scholz erschlichen hatte. Er war ein *agent provocateur* der Geheimen Staatspolizei (Gestapo) und lieferte seine Freunde so zynisch ans Messer, dass selbst die Gestapo-Schergen Abscheu empfanden. „Da kommt das Schwein schon wieder", sagte etwa der abgebrühte Kriminalrat Johann Sanitzer. Am 22. Juli 1940 setzte schlagartig die Verhaftungswelle ein: Roman Scholz und mehr als 150 Gesinnungsfreunde landeten im Gefängnis. Roman Scholz schrieb nach drei Tagen qualvoller Einvernahmen auf einen abgerissenen Zettel das Gedicht

Gebet im Kerker
Du bist die Kraft, durch die ich alles trage.
Du bist die Wahrheit, die ich mutig sage.

Roman Scholz

Du bis das Leben, das ich sühnend gebe.
Du bist der Tod, aus dem ich ewig lebe.

Der Propst von Klosterneuburg, Alipius Linda, versuchte alles, um seinen Mitbruder zu retten. Er machte sogar geistige Unzurechnungsfähigkeit geltend, was aber angesichts der Intelligenz von Roman Scholz zum Scheitern verurteilt war. Die Gefängnisse in Österreich waren so überfüllt, dass der Augustiner-Chorherr und dessen Leidensgefährten ins so genannte Altreich verlegt werden mussten – zunächst nach Anrath am Niederrhein und dann nach Duisburg-Hamborn an der niederländischen Grenze.

Eine Schülerin von Roman Scholz erinnert sich

Die Wohnung der pensionierten Englisch- und Musikprofessorin Grete Huber-Gergasevics liegt nur wenige Minuten vom Stift Klosterneuburg entfernt. Ein Wohnzimmer mit Notenständer, Klavier, Cello, Goethe-Bild, Kredenz. „Roman Scholz war mein Religionsprofessor im Klosterneuburger Gymnasium", erzählt Grete Huber-Gergasevics. „Mit ihm wurden Mitte Juli 1940 viele Freunde von mir verhaftet – auch mein Cousin Viktor Aigner." Dessen Mutter ersuchte Grete, sie auf die lange Bahnreise zum Gefängnis von Duisburg-Hamborn zu begleiten, wo neben ihrem Sohn auch Roman Scholz inhaftiert war.

„Er schrieb hinter Kerkermauern Hunderte Gedichte über Berge, Heimat, Gefängnis, Tod und Gott", schildert Grete Huber-Gergasevics. „Aber auch Theaterstücke, wie über Francisco Pizarro, der im Macht- und Goldrausch zum Verbrecher wird – eine Parallele zu Hitler. Und er entwarf eine neue Weltordnung, die eine gerechte Verteilung der Reichtümer, die Installierung eines Weltgerichtshofes usw. vorsah." Die junge Frau fuhr immer wieder nach Duisburg-Hamborn, brachte Lebensmittel mit. Bekam entweder von Roman Scholz selbst oder verständnisvollen Justizbeamten wie Franz Beusch Gedichte zugesteckt, Verse, die – den Tod vor Augen – im Gefängnis geschrieben wurden, wie etwa

Törichtes Hoffen
Noch wehrt es töricht sich in mir
und will es nicht erkennen,
dass meines Lebens Lichter bloß
mehr für Momente brennen.

Die Dinge sagen mir Valet,
das eine nach dem andern.
Der Geist versteht. Und schickt sich an
zum letzten langen Wandern.
Und hebt die Hoffnung tausendmal
zum Himmel ihre Hände,
die Weisheit lächelt resigniert:
Zu Ende ist zu Ende.

Ende 1943 wurde der Augustiner-Chorherr ins Straflandesgericht Wien zurückverlegt und wegen Hochverrats angeklagt. „Dass man meinen Tod will, ist zur völligen Gewissheit geworden", schrieb er an Grete Huber-Gergasevics. „Ich bin ruhig und gefasst, bitte Gott, dass ich in meiner letzten Stunde auch so bin." In böser Vorahnung fügte er hinzu:

„Der Prozess wird die widerlichste Justizkomödie." Tatsächlich war der Prozess „furchtbar", so Grete. „Alles rot ausgeschlagen, Richter, Beisitzer und Staatsanwalt in roten Talaren."

Am 10. Mai 1944 war es dann so weit: Roman Scholz bereitete sich in der Todeszelle auf sein Ende vor: „Das Menschliche in mir weint um das verlorene Leben. Das Heilige in mir jedoch regt sich zum Flug ins große Licht." Knapp vor seiner Hinrichtung durch das Fallbeil sagte er noch: „Für Christus und Österreich!"

Was aus dem Denunzianten Otto Hartmann wurde? Das Burg-Ensemble weigerte sich, mit ihm noch einmal aufzutreten. Burg-Direktor Lothar Müthel verlängerte seinen Schauspieler-Vertrag nicht mehr. Mit der Begründung, dass Otto Hartmann ein Nichtskönner und ein widerlicher Spion sei. Der Gauleiter von Wien, Baldur von Schirach, akzeptierte das. Man liebt den Verrat, nicht den Verräter. Otto Hartmann wurde nach dem Zweiten Weltkrieg zu lebenslanger Haft verurteilt, aber schon 1957 begnadigt.

Trafikantin wird zur seligen Nonne

Es ist schon unkonventionell – die Seligsprechung einer ehrwürdigen Schwester mit Bier und Gulasch zu feiern. Noch dazu, wo sie vor mehr als 60 Jahren in Wien von NS-Schergen zum Tod verurteilt und hingerichtet wurde. Die „Franziskanerinnen von der christlichen Liebe" inszenierten das aber, ganz im Sinne von Schwester Restituta. Johannes Paul II. erhob diese Märtyrerin am 21. Juni 1998 auf dem Wiener Heldenplatz zu den „Ehren der Altäre": bei glühender Hitze, unter dem Jubel Zehntausender Katholiken. Nachher schenkten die Ordensfrauen im Franziskanerkloster eigens gebrautes Restituta-Bier aus, servierten dazu ein saftiges Gulasch und erzählten, dass ihre selige Mit- bzw. Operationsschwester diesen Mix geliebt habe: Nach jedem schweren chirurgischen Eingriff im Mödlinger Krankenhaus sei sie im rustikalen Gasthaus „Mader" eingekehrt. „Brevier und Bier" sind gar nicht so unvereinbar, scherzte Restituta: 100 Kilo schwer, 1,58 Meter groß und voller Humor.

Schwester Restituta

Niemand hätte der lebenslustigen Helene Kafka, wie Maria Restituta mit bürgerlichem Namen hieß, vorausgesagt, dass sie einmal ins Kloster gehen würde. Tatsächlich verdiente die waschechte Wienerin aus Brünn ihre ersten Kreuzer als Trafikantin in der Leopoldstädter Schiffamtsgasse. Als sie einmal kurzfristig im Lainzer Krankenhaus aushalf, lernte sie die „Franziskanerinnen von der christlichen Liebe“ kennen. Helene Kafka fühlte sich plötzlich berufen, kranken Menschen zu helfen, und trat 1915 – gegen den Willen ihrer Eltern – in den Orden ein.

Maria Restituta kam als Operationsschwester im Mödlinger Spital zum Einsatz, wo sie wegen ihrer Vitalität taxfrei den Spitznamen „Schwester Resoluta“ verliehen bekam. Aber wie das oft so ist: Zwei Seelen wohnten in ihrer Brust. Ärzten und Mitschwestern gegenüber konnte sie recht ruppig sein, für Schwerkranke hingegen opferte sie sich geradezu auf, wachte nächtelang an ihrem Bett, bis der Primarius Entwarnung gab.

Nach dem so genannten Anschluss Österreichs 1938 änderte sich das Klima im Mödlinger Krankenhaus schlagartig. Schwester Restituta eckte wiederholt mit einem SS-Arzt an, der sie als „schwarze Brut“ beschimpfte: Die ehrwürdige Schwester war keine Diplomatin, nahm sich kein Blatt vor den Mund. Sie bezeichnete Adolf Hitler immer nur als den „Narrischen“. Sie hängte trotz Verbots in einer neuen Abteilung des Krankenhauses Kruzifixe auf und weigerte sich beharrlich, sie wieder abzunehmen.

Warnungen schlug sie mit dem Argument in den Wind: „Einer Wienerin kann man nicht den Mund verbieten.“ Zum Verhängnis wurde ihr ein „ketzerisches Soldatenlied“ aus der „Österreichischen Freiheitsbewegung“, das sie im Krankenhaus vorlas und vervielfältigen wollte:

> Erwacht Soldaten und seid bereit,
> gedenket eures ersten Eids:
> Für das Land, in dem ihr gelebt und geboren,
> für Österreich habt ihr alles geschworen!

Der Leidensweg beginnt

Am 18. Februar 1942, einem Aschermittwoch, begann Restitutas Kreuzweg: Sie wurde durch besagten SS-Arzt denunziert, vom Operationssaal weg verhaftet. Nach qualvollen Gestapo-Verhören verurteilte ein Volksgerichtshof die Ordensfrau am 29. Oktober 1942 „im Namen des Deutschen Volkes“ zum Tode. Wegen „Feindbegünstigung und Vorbereitung zum Hochverrat“. Weil sie Katholiken gegen das NS-Regime aufgehetzt und ostmärkische Soldaten aufgefordert habe, für die Wiederherstellung eines selbstständigen österreichischen Staates zu kämpfen.

Im Gefängnis des Straflandesgerichtes Wien zollten alle Schwester Restituta Respekt und Anerkennung, weil sie den anderen Häftlingen im Geist christlicher Nächstenliebe half, Trost spendete. Kardinal Theodor Innitzer und viele andere versuchten, Restitutas Begnadigung durchzusetzen. Aber alle Bemühungen scheiterten letztlich an Hitlers rechter Hand, Martin Bormann, der dekretierte: „Ich halte den Vollzug der Todesstrafe aus Abschreckungsgründen für unbedingt erforderlich.“

Am 30. März 1943 trat Schwester Restituta ihren letzten Gang an. In ihrem Abschiedsbrief dankte sie für die „vielen Gebete, die für mich täglich in den Himmel steigen“, verzieh allen – auch dem SS-Arzt, der sie denunziert hatte. In der Todeszelle bekam sie ein weißes Papierhemd, Holzpantinen und die Hände auf den Rücken gefesselt. Auf dem Gang zur Hinrichtung traf sie den Gefängnisgeistlichen Ivanek, der ihr ein Kreuz auf die Stirn zeichnete und sie tröstete.

„Für Christus hab ich gelebt, für Christus sterbe ich. Ich gehe zum Fest“, lauteten Schwester Restitutas letzte Worte vor der Enthauptung. Die Gestapo forderte in einem Schnellbrief, dass ihre Leiche nicht freigegeben werden dürfe. Die zum Tode Verurteilte könnte als Märtyrerin verherrlicht werden, gab man zu bedenken. Das NS-Regime hat die Ordensfrau auch nach deren Tod zu Recht gefürchtet, wie die Seligsprechung beweist.

Am 19. November 1997 beschloss das Straflandesgericht Wien auf Antrag ihres Ordens, das Todesurteil des NS-Volksgerichtshofs „als nicht erfolgt“ aufzuheben …

„Nur der Himmel geht nicht vorüber“

24. November 1996, 9 Uhr, Rom. Erste Sonnenstrahlen blinzeln hinter der mächtigen Kuppel des Petersdoms hervor. Sie tauchen den Petersplatz, die Heiligenfiguren, die Säulen in ein rötliches Licht. Der

Herbstwind treibt bunt verfärbtes Laub vor sich hin. Erste Pilger mit gelb-weißen Vatikanfahnen und Papstbildern strömen herbei. Auch aus Österreich. Eine Regierungsdelegation, die gesamte Bischofskonferenz, Tausende Gläubige. Johannes Paul II. spricht zwei Tiroler Priester als „Märtyrer des Glaubens" selig: den Marianistenpater Jakob Gapp und Pfarrer Otto Neururer. Unter den Pilgern ist auch eine Nichte von Pater Gapp, Josefine Schreck, zu sehen. „Ich kann mich noch gut an meinen Onkel erinnern", erzählt sie frisch von der Leber weg. „Er war lebhaft, humorvoll – ich hab ihn gern mögen." Und nach einer kurzen Pause ganz leise: „Ich werde nie vergessen, wie mein Vater seinen Abschiedsbrief vorgelesen hat. Wir haben alle geweint."

Jakob Gapp – „Ich bin Sozialist und will Priester werden"

Jakob Gapp, 1897 als siebentes Kind einer Arbeiterfamilie in Wattens geboren, trat 1920 („Ich bin Sozialist und will Priester werden") den Marianisten bei. Er versuchte als Kaplan in Wien und als Religionslehrer in Graz durch karitative Aktionen das Arbeitslosen-Elend der Zwischenkriegszeit zu lindern. Nachdem Papst Pius XI. 1937 in seiner Enzyklika *Mit brennender Sorge* vor den NS-Gefahren gewarnt hatte, begann Jakob Gapp Hitlers Gewaltregime anzuprangern. Von der Kanzel, bei Veranstaltungen, in den Schulen trommelte er unentwegt: „Die NS-Ideologie ist Betrug, ihr Geist abstoßend, mit dem Glauben unvereinbar."

Die Gestapo jagte den unbeugsamen Tiroler („Ich hoffe auf die Gnade, für Jesus sterben zu dürfen") quer durch Europa, bis sie ihn an Spaniens Grenze verhaften konnte. Hitlers Blutrichter Roland Freisler verurteilte Jakob Gapp am 2. Juli 1943 vor dem Berliner Volksgerichtshof mit der zynischen Begründung, der Priester habe „planmäßig gegen das NS-Wesen des Deutschen Reiches gehetzt und damit in volksverräterischer Gesinnung den Kriegsfeinden geholfen". Wenige Stunden vor seiner Hinrichtung, am 13. August 1943, schrieb Jakob Gapp in einem Abschiedsbrief an seine Familie: „Um sieben Uhr abends gehe ich zum Heiland. Seid nicht traurig. Alles geht vorüber – nur der Himmel nicht. Unser Mutterle wartet schon auf mich."

In einem Protokollvermerk über die Hinrichtung des Priesters in der Strafanstalt Berlin-Plötzensee steht noch heute nachzulesen: „Der Verurteilte, der ruhig und gefasst war, ließ sich ohne Widerstand auf das Fallbeilgerät legen, worauf der Scharfrichter die Enthauptung durchführte. Die Vollstreckung dauerte von der Vorführung bis zur Vollzugsmeldung nur neun Sekunden." Der Chef der NS-Sicherheitspolizei verhinderte, dass Jakob Gapps Leiche an dessen Familie in Wattens zur Beerdigung freigegeben wurde. „Unter der konfessionell gebundenen Bevölkerung", gab er zu bedenken, „könnte der Priester als Märtyrer seines Glaubens angesehen werden."

Betrieben hat Jakob Gapps Seligsprechung der Marianistenpater Josef Levit. Wenige Wochen vor der Seligsprechung bekam er vom Landesgericht Berlin einen Beschluss zugestellt: Darin hieß es unter dem Aktenzeichen 517 AR 8/9t, dass auf Antrag der Staatsanwaltschaft das Urteil des Volksgerichtshofes vom 2. Juli 1943 als rechtswidrig aufgehoben worden sei. Mit der Begründung, der Volksgerichtshof habe Jakob Gapp als politischen Gegner zum Tode verurteilt. Und: Er sei durch sein konsequentes Christentum in Widerspruch zu den NS-Machthabern geraten.

Pfarrer Neururer – qualvoller Tod

Und nun zur zweiten Seligsprechung, zu Pfarrer Otto Neururer aus Piller im Obermurtal. Er riet einer jungen Frau ab, einen aus der Kirche ausgetretenen, fanatischen SA-Mann zu heiraten. Die Gestapo verhaftete den Geistlichen wegen „Verhinderung einer deutschen Ehe" und lieferte ihn ins KZ ein. Dort schlich sich ein Gestapo-Spitzel in sein Vertrauen ein, spielte ihm vor, sich taufen lassen zu wollen, und bekam Religionsunterricht. Otto Neururer wurde zur Strafe dafür 1940 im berüchtigten Todesbunker eines KZs – mit dem Kopf nach unten hängend – qualvoll zu Tode gefoltert.

Karl Gröger – „Er wollte kein Held sein"

44 Jahre nach seiner Hinrichtung wurde der Wiener Karl Gröger posthum am 16. Dezember 1986 geehrt, weil er durch die Sprengung des Amsterdamer Zentralmeldeamtes Tausende Menschen gerettet hatte.

In der Zelle des Amsterdamer Polizeigefängnisses am Weteringschans schrieb der Wiener Medizinstudent Karl Gröger, 25, Ende Juni 1943 seinen Abschiedsbrief. Schrift, Inhalt und Diktion lassen kaum (oder doch?) erahnen, dass er tagelang an ein Eisenbett gefesselt und schwer gefoltert worden war:

> Innigstgeliebte Mutti! Innigstgeliebter Vati!
> Das Urteil wird morgen früh vollstreckt. Ich konnte nicht anders handeln.
> Gott hat mir die Kraft gegeben, das alles zu ertragen.
> Ich habe mich auf den Tod vorbereitet, mich vom Irdischen zu lösen getrachtet, vor allem aber Hass- und Rachegedanken vollkommen von mir gewiesen.
> Ich werde mit Gottes Hilfe stark bleiben und, wenn es Ihm gefällt, wie ein Mann sterben.
> Viele Busserln und Handküsse, Karl

Am 1. Juli 1943 meldete die *Deutsche Zeitung* in den Niederlanden, die von Adolf Hitlers Reichskommissar, dem gebürtigen Österreicher Arthur Seyss-Inquart, mit harter Hand regiert wurden: „Sühne für den Sprengstoffanschlag auf das Amsterdamer Bevolkingsregister (das Zentralmeldeamt). Die Todesurteile des SS- und Polizeigerichts Den Haag sind heute gegen zwölf Personen (unter ihnen Karl Gröger, geboren am 7. Februar 1918) vollstreckt worden. Von einem Kommando der Sonderpolizei in den Dünen von Amsterdam."

„Karl Gröger wollte kein Held sein", versicherte der Soziologieprofessor Walter Simon, einer seiner Klassenkameraden im Döblinger Bundesgymnasium: „Karl und ich waren beim Verein Sozialistischer Mittelschüler und haben bis zuletzt gehofft, dass Österreich seine Souveränität nicht kampflos aufgeben würde. Als Hitlers Truppen am 12. März 1938 einmarschierten, ohne dass ein einziger Schuss abgegeben wurde, floh Karl Gröger nach Amsterdam, um sein in Wien begonnenes Medizinstudium fortzusetzen."

Knapp zwei Jahre später ereilte ihn auch dort das Schicksal: Hitlers Truppen überrannten im Mai 1940 Holland. Karl Gröger musste zur deutschen Armee einrücken, wurde aber nach wenigen Monaten entlassen, weil er als Vierteljude „wehrunwürdig" war. Der Medizinstudent schloss sich der Widerstandsgruppe des Bildhauers Gerrit van der Veen an, arbeitete an der Untergrundzeitung *Rattenkruit* (Rattengift) mit. Und nahm in der Nacht auf den 28. März 1943 an dem Anschlag auf das Amsterdamer Zentralmeldeamt teil.

Dieser Anschlag hat unmittelbar kein Menschenleben gekostet, aber wahrscheinlich Tausenden holländischen Juden und Staatsbürgern das Leben gerettet. Karl Grögers Widerstandsgruppe drang als Polizeitruppe getarnt in das Gebäude ein, betäubte die Wachmannschaft, brachte diese in Sicherheit und eine geballte Sprengstoffladung zur Explosion. Tausende Karteikarten von Holländern, denen die Deportation in KZs oder zur Zwangsarbeit gedroht hatte, wurden ein Raub der Flammen. Durch die Detonation war ganz Amsterdam aus dem Schlaf gerissen worden – auch Anne Frank notierte dies in ihrem Tagebuch.

Karl Gröger konnte vorerst in einem Bauernhof untertauchen, brachte aber die SS durch ein Telegramm („Alles in Ordnung") an seine Freundin Truus van Essen auf seine Spur. Verteidiger Wijckerheld Bisdom schrieb Karl Grögers Eltern nach Wien: „Ihr Sohn hat knapp vor seiner Hinrichtung gesagt: ‚Ich hoffe, dass mein Einsatz später zu einem guten Verständnis zwischen Holland und Österreich führen wird. Vielleicht hat mein Leben so doch mehr genützt, als wenn ich Arzt geworden wäre.'" Und der Rechtsanwalt fügte noch sehr persönlich hinzu: „Ihr Sohn war ruhig, vollkommen aufs Ärgste gefasst. Er war bestimmt ein Charakter, eine Persönlichkeit, für die Sie sich nicht zu schämen brauchen." Zu schämen? Beschämend ist nur, dass wir Menschen mit dem Opfermut eines Karl Gröger aus unserem Bewusstsein, aus unseren Herzen verdrängt haben.

Nachtrag: 16. Dezember 1986: Ein menschlich und historisch berührender Festakt für Karl Gröger in der israelitischen Kultusgemeinde von Wien. Der israelische Geschäftsträger Gideon Yarden verleiht ihm posthum die höchste Auszeichnung der Holocaust-Gedenkstätte in Jerusalem: die Yad-Vashem-Medaille. Kardinal König stellt in einer Gedenkrede fest: „Irregeleiteter, tödlicher Hass ist letztlich der Ablehnung, der Verachtung preisgegeben. Die Nachwelt ergreift nur für das Gute, für heldenhafte Taten Partei und verewigt sie in ihrem Andenken."

Franz Jägerstätter – „Besser die Hände gefesselt als der Wille"

Die weißhaarige Frau mit dem schmalen Gesicht und den leuchtenden Augen, die am 26. Oktober 2007 in der ersten Reihe des Linzer Mariendoms sitzt, ist Franziska Jägerstätter (94). Sie hat Jahrzehnte darum gebetet, es noch selbst miterleben zu dürfen, dass ihr Mann Franz seliggesprochen wird. Und jetzt ist es so weit: Als Kardinalpräfekt José Saraiva Martins das päpstliche Dekret verliest, brandet Applaus im Linzer Dom auf. Franziska Jägerstätter kann ihre Rührung kaum verbergen.

Franz Jägerstätter wurde 1943 enthauptet, weil er sich geweigert hatte, mit der Waffe in der Hand zu kämpfen. Aus christlicher Überzeugung: Der Glaube und das verbrecherische NS-Regime waren für ihn „völlig unvereinbar". „Ein leuchtendes Beispiel in der dunklen Nacht dafür, wie Gewissen am Evangelium geschärft werden kann", erklärt Kardinal Christoph Schönborn. Er fügte nach einer Gedankenpause noch hinzu: „Die Anerkennung seines Martyriums bedeutet aber keine Verurteilung von anderen."

Wer war eigentlich Franz Jägerstätter? Ein Bauer, Mesner und dreifacher Vater aus St. Radegund an der Salzach. Er erzählte oft von einem Albtraum, den er vor der Annexion Österreichs 1938 gehabt habe. Er sah viele Menschen auf einen Zug zuströmen, hörte Stimmen rufen: „Dieser Zug fährt zur Hölle. Springt ab, bevor er in die Endstation einfährt – auch wenn es das Leben kostet." In dem zutiefst gläubigen Menschen reifte immer stärker der Gedanke heran, nicht für das NS-Regime zu kämpfen.

Franz Jägerstätter wurde am 1. März 1943 zur Kraftfahr-Ersatzkompanie nach Enns einberufen. Er lehnte den Dienst mit der Waffe ab, weil es seinem „religiösen Gewissen" widerspreche. Seine Hoffnung, als Sanitäter dienen zu dürfen, zerplatzte wie eine Seifenblase. Damit begann der Leidensweg, das Martyrium des Bauern aus St. Radegund. Er wurde in Untersuchungshaft genommen, in das Gefängnis Berlin-Tegel überstellt und am 6. Juli 1943 wegen Wehrkraftzersetzung zum Tod verurteilt.

Bis zu seiner Hinrichtung blieb Franz Jägerstätter rund um die Uhr gefesselt. Er schrieb seiner Frau Franziska dennoch – mit gefesselten Händen: „Immer noch besser, als wenn der Wille gefesselt wäre." Und fügte noch hinzu: „Es möchte einem fast schwindlig werden, wenn man an die ewigen Freuden des Himmels denkt." Am 9. August 1943,

Franz Jägerstätter

Punkt 16 Uhr, wurde Franz Jägerstätter in Brandenburg an der Havel enthauptet.

„Er war ein Anwalt der Gewaltlosigkeit, ein Warner vor Ideologien", erklärt der Linzer Diözesanbischof Ludwig Schwarz bei der Seligsprechung in Linz. Glockengeläut, Orgelklänge, 28 Bischöfe ziehen in den Dom ein. Über dem Hauptaltar wird ein riesiges Porträt von Franz Jängerstätter enthüllt. Und dann eine Szene, die ergreift, zu Tränen rührt: Diözesanbischof Ludwig Schwarz hält den Reliquienschrein in den Händen, der einen Knochensplitter des Märtyrer des Glaubens umschließt. Franziska Jägerstätter beugt sich über den Reliquienschrein und küsst ihn.

Der „Löwe von Münster"

Mattes Licht dringt durch die Kirchenfenster des Doms von Münster in Westfalen. Figuren der vier Evangelisten, ein bronzenes Taufbecken, eine mächtige Christophorus-Skulptur, eine astronomische Uhr aus dem

Spätmittelalter. Nur wenige Schritte davon entfernt: die Grabkapelle des Kardinals Clemens Graf von Galen (1878–1946), des „Löwen von Münster". Täglich frische Blumen, brennende Kerzen, stille Gebete. Die Seligsprechung dieser „Symbolfigur des Widerstandes gegen die NS-Diktatur" erfolgte durch Benedikt XVI. am 9. Oktober 2005.

„Ich war im Dom, als der Bischof 1940 von der Kanzel die Schließung von Klöstern, die Vertreibung von Mönchen verurteilte", erzählt mir Cläre Schraeder (82). „Wir hielten den Atem an. Es herrschte unglaubliche Spannung. Der Graf von Galen sprach das aus, was andere nicht zu sagen wagten. Wir wussten, dass Priester ins KZ verschleppt wurden, wenn sie gegen Übergriffe protestierten. Ich war damals Apotheker-Praktikantin in Münster und bei der Katholischen Jugend. Wir scharten uns um den Bischof, sangen und feierten mit ihm – die Texte seiner Predigten gingen von Hand zu Hand."

Ein Fels in der Brandung

Clemens Graf von Galen – Gymnasiast in Feldkirch, Priesterseminarist in Innsbruck – wurde 1933 zum Bischof von Münster ernannt. Also im selben Jahr, als Hitler in Deutschland an die Macht kam, Angst und Schrecken verbreitete. Ausschaltung des Parlaments, Zerschlagung der Parteien, Verfolgung politisch Andersdenkender und vor allem der jüdischen Mitbürger. Es herrschte absolute Diktatur – ein falsches Wort, ein Witz genügte, um als Volksverräter verhaftet, angeklagt und zum Tode verurteilt zu werden. In dieser Zeit des Terrors erhob der Bischof von Münster mutig die Stimme.

Der „Löwe von Münster" war eine moralische Autorität, eine charismatische Persönlichkeit von großer, wuchtiger Statur. Wenn er auf der Kanzel stand, scharten sich die Gläubigen im gesteckt vollen Dom um ihn. Auch meine Mutter, Marianne Freiin von Lukas-Kindermann. Der Bischof verurteilte das Kruzifix-Verbot in den Schulen scharf, den Rassenwahn des NS-Regimes, die Einschränkung der Gedanken- und Glaubensfreiheit, die Foltermethoden der Geheimen Staatspolizei Gestapo, die Errichtung der KZs. Atemlose Stille im Dom, zustimmendes Nicken, Tränen des Zorns, der Angst.

Keine Zeitung druckte diese Worte ab, kein Rundfunksender erwähnte sie – das Fernsehen gab es damals noch nicht. Dennoch wussten alle, dass der „Löwe von Münster“ wieder gebrüllt hatte. Die Predigten wurden mitgeschrieben – nicht nur von der Gestapo –, vervielfältigt, ins Ausland geschmuggelt und von den Alliierten als Flugblätter abgeworfen. Clemens Graf von Galen war ein Fels in der Brandung, ein unbeugsamer Gegner des menschenverachtenden NS-Regimes.

Die dramatische Auseinandersetzung erreichte 1941 ihren Höhepunkt. Der Bischof von Münster prangerte in drei Predigten das Euthanasie-Programm des NS-Regimes an, die vorsätzliche Tötung „lebensunwerten Lebens“ durch Injektionen, Tabletten, Nahrungsentzug. Clemens Graf von Galen erinnerte an das „heilige Gottesgebot ‚Du sollst nicht töten‘“, sprach von Mord an hilf- und wehrlosen Menschen. Die NS-Diktatur musste zähneknirschend das Euthanasie-Programm einstellen – zumindest offiziell, inoffiziell lief es weiter bis Kriegsende.

Es gab sogar Stimmen, die forderten, den „Bischof aufzuhängen“. Aber Adolf Hitlers engster Vertrauter, Martin Bormann, und Joseph Goebbels rieten davon ab, weil die westfälische Bevölkerung treu zu ihrem Bischof stehe und daher rebellieren würde. „Aber nach dem Krieg rechnen wir mit dem Grafen von Galen ab“, versprach zynisch der Propagandaminister. Als die Gestapo dem Bischof mit Gefängnis drohte, sagte er, so die Fama: „Ich bin bereit, aber nur im vollen Ornat.“

Ein steter Mahner

Nach der Kapitulation Deutschlands 1945 erhob der Bischof von Münster erneut seine Stimme – diesmal gegen die Alliierten. Er forderte sie auf, Übergriffe einzustellen, von dem Kollektivschuld-Gedanken abzugehen, die Not der Menschen zu lindern, fair und gerecht zu sein. Das Recht war für ihn eben unteilbar.

18. Februar 1946 auf dem Petersplatz in Rom: Papst Pius XII. setzte Clemens Graf von Galen das rote Kardinalsbirett auf. Zehntausende Römer jubelten dem „Löwen von Münster“ zu, der Hitler die Stirn geboten hatte. Aber es war Clemens Graf von Galen nicht lange vergönnt, diesen Triumph auszukosten. Zu sehr hatte der Kampf gegen den NS-Terror an seinen Kräften gezehrt. Er starb nur einen Monat später in Münster mit den Worten: „Alles wie Gott will.“

Kreuzweg zweier Fürstensöhne

Schloss Artstetten, westlich von Melk. Auf der anderen Donauseite. Linden, Koniferen. Und mittendrin: bizarre Zwiebeltürme. Überzogen mit grüner Patina. Unter der Schlosskirche die Gruft: brennende Kerzen, mystisches Licht. Die letzte Ruhestätte von Thronfolger Franz Ferdinand und seiner Frau Sophie, am 28. Juni 1914 in Sarajewo von serbischen Attentätern ermordet. Auf dem Sockel der Sarkophage stehen die Worte: „Verbunden durch das Band der Ehe, vereint durch dasselbe Schicksal."

Rechts vom Schlosseingang der Museumsshop: Franz-Ferdinand-Medaillen aus Bronze und Silber, Doppeladler-Wappen auf versilberten Dosen, Miniaturkanonen aus Messing, Bücher. Weiter links führt eine Treppe zur Sonderausstellung „Die verhinderte Dynastie" im Untergeschoss. „Hier wird das ungewöhnlich tragische Leben der Söhne von Franz Ferdinand aufgerollt", erklärt Fürstin Anita Hohenberg, „von Max Hohenberg (1902–1962) und Ernst Hohenberg (1904–1954), meinem Großvater und meinem Großonkel."

Der Kreuzweg der Fürstensöhne begann eigentlich schon vor ihrer Geburt. Mit einer gespenstischen Szene am 28. Juni 1900 in der Geheimen Ratsstube der Hofburg. Franz Ferdinand musste vor Kaiser Franz Joseph und dem Hofstaat den Renunziationseid ablegen. Er verpflichtete sich, dafür zu sorgen, dass seine Söhne nach ihm nicht den Thron besteigen. Nur unter dieser Bedingung durfte er Gräfin Sophie Chotek heiraten. Sie stammte zwar aus böhmischem Uradel, war aber nach den strengen Habsburger-Gesetzen unebenbürtig.

14 Jahre später. 28. Juni 1914. Das Attentat in Sarajewo. Die Kinder des Thronfolgerpaares sitzen gerade im südböhmischen Schloss Chlumetz beim Essen. Sophie (13), Max (11) und Ernst (10). Plötzlich ein Anruf aus Wien. Bestürzte Gesichter des Personals. Mitleidsvolle Blicke, Tränen in den Augen. Nur zögernd wird den Kindern beigebracht, dass ihre Eltern ermordet wurden, dass sie jetzt Vollwaisen sind. Nicht nur für sie bricht eine Welt zusammen. Auch für viele Österreicher, die gehofft hatten, dass Franz Ferdinand die Monarchie retten würde.

„Österreich ist die Versuchsstation des Weltunterganges", schrieb Karl Kraus. Tatsächlich brach das Inferno des Ersten Weltkrieges aus, wurden Millionen Soldaten zur Schlachtbank geführt. Sophie, Max und Ernst

Der Leidensweg zweier Fürstensöhne: die Brüder Max und Ernst von Hohenberg

lebten im Schloss Konopiště südlich von Prag. Unter der Obhut ihres Vormundes Graf Jaroslav Thun. Bis 1918, bis zum Zusammenbruch der Monarchie. Dann wurden die Kinder aus der neu entstandenen Tschechoslowakei vertrieben und enteignet. Prag befürchtete, Max Hohenberg könnte die böhmische Krone beanspruchen.

Max und Ernst von Hohenberg: Im Kampf gegen den NS-Terror

In der Zwischenkriegszeit engagierten sich die Brüder Hohenberg für die monarchistische Bewegung, für Otto von Habsburg, der ebenfalls enteignet und aus Österreich vertrieben worden war. Max war sozusagen seine rechte Hand, die Legitimisten eine Stütze des autoritär regierenden Ständestaatsregimes im Kampf gegen den NS-Terror. Als Kanzler Kurt

Schuschnigg seine Rede im Rundfunk am 11. März 1938 mit den Worten: „Wir weichen der Gewalt. Gott schütze Österreich“ schloss„ vertraute Max Hohenberg seiner Familie an: „Jetzt ist alles verloren.“ Erst versuchte er über die tschechoslowakische Grenze zu flüchten, dann verbrachte er zwei Nächte in der britischen Botschaft in Wien – keiner gewährte ihm Asyl. Und sein Bruder Ernst Hohenberg hatte mit seinem Sapzierstock das Schaufenster eines Reisebüros zertrümmert, das mit Hitlerbild und Hakenkreuzfahne dekoriert war.

1. April 1938, Wiener Westbahnhof: Der erste Häftlingstransport ins KZ Dachau bei München verlässt Wien. Unter den Gefangenen Politiker aus allen Lagern. Auch der spätere Kanzler Leopold Figl. Das Erste, was er in der Hölle von Dachau sieht, sind Max und Ernst Hohenberg. „Sie waren wie Tiere an Seilen vor einen Kloakenwagen gespannt“, so der Schriftsteller Rudolf Kalmar. „Ihr Sklaventreiber, ein Berufsverbrecher, schlug unbarmherzig auf sie ein, hetzte sie von Latrine zu Latrine, wo sie Exkremente in Kübel schaufeln und wegkarren mussten.“

Leopold Figl zollt den Söhnen von Franz Ferdinand und Sophie Chotek großen Respekt. „Entblößt von allen Titeln und Ämtern, stündlich den Tod vor Augen, ertrugen sie die qualvollen Demütigungen mit der unerschütterlichen Würde von Nachkommen eines alten Geschlechts, dem herrschen dienen und dienen herrschen bedeutet hatte“, charakterisiert sie der spätere Kanzler. Und: „Max und Ernst teilten mit uns den letzten Bissen, den letzten Tschik (Zigarettenstummel.) Alle gingen für sie durchs Feuer.“

Auch Elisabeth, die Frau von Max Hohenberg, besaß Zivilcourage. Sie drang im Hotel Imperial bis zu Generalfeldmarschall Hermann Göring vor. Er verhielt sich sehr ungehalten, aber: Max wurde nach sechs Monaten aus dem KZ entlassen. Sein Bruder Ernst jedoch erst nach fünf Jahren: nach einer Odyssee von einem KZ zum anderen – Dachau, Flossenbürg und Oranienburg.

Die Sowjets setzten Max Hohenberg 1945 zum provisorischen Bürgermeister von Artstetten ein. Er wurde in diesem Amt durch eine Wahl bestätigt und blieb fünf Jahre an der Spitze der Gemeinde. Die Brüder Hohenberg starben sehr früh: mit 50 und 60 Jahren – an den Folgen der Qualen und Entbehrungen im Konzentrationslager.

Österreichs Stauffenberg

Robert Bernardis beteiligte sich aktiv am Putsch gegen Hitler – und wurde grausam ermordet.

Es ist ein zutiefst aufwühlendes Dokument, das in der Ausstellung „Tyrannenmord – der 20. Juli 1944 und Österreich“ im Heeresgeschichtlichen Museum zu sehen war. Der Schwarz-Weiß-Film auf einem Monitor zeigt, wie sie einander Aug in Aug gegenüberstehen: Hitlers geifernder Blutrichter Roland Freisler und der aus Österreich stammende Oberstleutnant im Generalstab Robert Bernardis.

Einer der engsten Vertrauten des Hitler-Attentäters Oberst Graf von Stauffenberg in Zivil, gefesselt, von Folterungen gezeichnet. Er verteidigt seine Untergebenen, ihm nur aus „Befehlsnotstand“ gehorcht zu haben, und stellt klar: Durch den Putsch sollte das NS-Regime beseitigt und nicht die an der Front kämpfende Truppe sabotiert werden. Das Urteil war auf Adolf Hitlers Befehl längst schon gefällt: Die Verschwörer wurden „wie Schlachtvieh auf Fleischerhaken gehängt“. Sie sollten langsam und qualvoll sterben – auch Robert Bernardis.

Die Männer des 20. Juli 1944 gingen bewusst in den Tod. Sie befürchteten, dass der Anschlag auf Hitler scheitern könnte. Sie riskierten dennoch ihr Leben, um vor der Geschichte zu beweisen: Es gab Menschen, die versucht haben, diesem Verbrecher in den Arm zu fallen. Mehr als 60 Jahre nach seiner Ermordung wurde Robert Bernardis von der Republik Österreich geehrt. Mit der Enthüllung eines Denkmals 2004 in der Heeres-Unteroffiziersakademie Enns. Und mit einer Geste: Bundespräsident Heinz Fischer und Verteidigungsminister Günther Platter besuchten 2005 die Witwe Hermine Bernardis (95) in Linz. Eine weißhaarige Frau mit hellwachem Gedächtnis, die ihren Mann zeitlebens gegen alle Angriffe verteidigt hatte. Und derer gab es viele.

In einem Symposium wird die Rolle der Offiziere aus Österreich im Widerstand gegen Hitler, beim Attentat von 20. Juli 1944 erhellt. Es gibt auch dunkle Flecken: etwa, dass Robert Bernardis dem NS-Soldatenring angehört hatte und durch antisemitische Aussagen aufgefallen war. „Aber im Feldzug gegen die Sowjetunion kam es bei ihm zu einem völligen Umdenken, wie bei den meisten Männern des 20. Juli auch", erklärt der frühere Leiter des Heeresgeschichtlichen Museums, Manfried Rauchensteiner.

Bewusstes Risiko

Robert Bernardis wurde 1941 im Raum Baranowka-Shitomir Augenzeuge eines Massakers durch den Sicherheitsdienst SD an Juden. Der Historiker Karl Glaubauf zitiert in der Broschüre *Österreichs Stauffenberg* den Chauffeur von Robert Bernardis, Otto Mühl: „In einem mit hohen Stacheldrahtzäunen und Wachtürmen umgebenen Lager peitschten immer wieder Maschinengewehrsalven in die dicht gedrängte Menge der Gefangenen." Schreckliche Bilder, die Robert Bernardis nie wieder losgelassen haben, wie seine Witwe bestätigt.

Bernardis wurde 1943 in das Heeresamt des Oberkommandos nach Berlin versetzt. Bekam hautnah Kriegsgräuel, dilettantische Führung und katastrophale Verluste mit. Er schloss sich Oberst Graf von Stauffenberg an, der im Afrika-Feldzug ein Auge, eine Hand und zwei Finger an der anderen Hand verloren hatte. Und arbeitete mit ihm die „Operation Walküre" aus: Offiziell diente sie dazu, das Heimatheer gegen innere Unruhen oder alliierte Luftlandetruppen zu mobilisieren, inoffiziell aber dem Einsatz gegen das NS-Regime und Adolf Hitler.

„Robert vertraute mir an, der Krieg sei hoffnungslos verloren, jedes weitere Opfer völlig sinnlos – er putsche mit Stauffenberg", erinnert sich Hermine Bernardis. Die Mutter zweier Kinder fuhr eigens nach Berlin, um ihren Mann eindringlich zu warnen: „Der Putsch muss nicht gelingen." Vergeblich. „Als ich am 20. Juli 1944 von dem Attentat auf Hitler erfuhr, hab ich meine Kinder Lore und Heinz fest an mich gedrückt und gesagt: ‚Jetzt haben wir keinen Papa mehr.'" Sie musste erfahren, was Sippenhaftung ist: Ihre Kinder wurden ihr weggenommen und in ein Heim gesteckt. Sie selbst kam ins KZ Bad Sachsa.

Noch einmal zurück zur Ausstellung „Tyrannenmord – der 20. Juli 1944 und Österreich" 2004 im Heeresgeschichtlichen Museum im Wiener Arsenal: eine Bronzebüste von Oberst Graf Stauffenberg, dem Kopf der Verschwörung gegen Hitler, der Waffenrock seines engsten Mitarbeiters in Berlin, Oberstleutnant Bernardis aus Linz, das Modell des ost-

Die Familie Robert Bernardis': ein Bild aus unbeschwerten Tagen

preußischen Führerhauptquartiers Wolfsschanze, wo die Sprengladung gezündet wurde, eine Pistole von Hauptmann Carl Szokoll, der in Wien die „Operation Walküre" durchführte, erschütternde Abschiedsbriefe von zum Tode verurteilten Offizieren und Generälen.

„Operation Walküre" in Wien eingeleitet

20. Juli 1944, 12.42 Uhr, Führerhauptquartier Wolfsschanze in Rastenburg: Eine Sprengladung mit Zeitzünder explodiert, die Claus von Stauffenberg eingeschmuggelt hat. Riesige Stichflamme, ohrenbetäubender Knall, Schreie, Stöhnen, Tote, Verletzte. Adolf Hitler überlebt. Wien stöhnte an diesem Tag unter drückender Hitze. Im Wehrkreiskommando XVII. des Regierungsgebäudes am Stubenring herrscht normaler Dienstbetrieb. Am späten Nachmittag bricht plötzlich Hektik aus: Erste Meldungen über das Attentat treffen ein. Die Verschwörer in Berlin behaupten, „frontfremde Parteiführer" hätten versucht, die Macht an sich zu reißen, und leiten die „Operation Walküre" ein.

Der Wiener Hauptmann Carl Szokoll war in das Komplott voll eingeweiht: durch Robert Bernardis und Claus Schenk von Stauffenberg, den er kurz vor dem Attentat noch in Berlin besucht hatte. „Er riet mir, ihn nur über die Stiefelausgabe-Stelle anzurufen“, erinnerte sich Carl Szokoll. „Das hat mir das Leben gerettet. Alle, die direkt mit ihm telefoniert hatten, wurden hingerichtet.“ Am 20. Juli 1944 beeilte sich der Hauptmann, die „Walküre“-Befehle umzusetzen: Er ließ Bahnhöfe und Postämter besetzen, das Regierungsgebäude durch das Wachbataillon Groß-Wien sichern. Partei- und Gestapo-Bonzen wurden höflich, aber bestimmt ins Militärkreis-Kommando zitiert – und entwaffnet. „Ich habe angewiesen, scharfe Munition zu laden und von der Waffe Gebrauch zu machen, wenn einer der Parteibonzen das Gebäude zu verlassen versucht“, schildert Carl Szokoll.

Adolf Hitler übt grausame Rache

„Der Putsch in Wien hat vorerst völlig unösterreichisch 100-prozentig funktioniert“, erklärt der frühere Leiter des Heeresgeschichtlichen Museums, Manfried Rauchensteiner. Aber am Abend des 20. Juli 1944 brach im Militärkreiskommando Panik aus, als Generalfeldmarschall Wilhelm Keitel aus Berlin anrief: „Der Führer ist nicht tot.“ Tatsächlich erklärte Adolf Hitler kurz darauf im Rundfunk, eine „kleine Clique verbrecherisch dummer Offiziere“ habe ihn umbringen wollen. Die „Walküre“-Aktionen wurden sofort abgeblasen, die Partei- und Gestapo-Bonzen mit vielen entschuldigenden Worten freigelassen. Nur Carl Szokoll hielt noch die Stellung. Er erreichte nach Stunden Stauffenberg in Berlin. „‚Ihr werdet doch nicht auch schlapp machen‘, stöhnte ich verzweifelt auf. Dann brach die Verbindung plötzlich ab.“

20. Juli 1944, Mitternacht, Berlin. Der Innenhof des Kriegsministeriums ist in ein gespenstisches Licht getaucht. Ein Exekutionskommando des Wachbataillons „Großdeutschland“ bezieht Stellung. Vor ihnen Claus Graf Stauffenberg (36), der Hitler-Attentäter. Als das Kommando „Legt an!“, „Feuer!“ erfolgt, wirft sich sein Freund Hans-Bernd Haeften schützend vor ihn. Aber die Gewehrläufe suchen erneut ihr Ziel. Noch bevor die Salve ertönt, ruft Claus Graf Stauffenberg: „Es lebe das heilige Deutschland!“

Das Scheitern des 20. Juli 1944 gehört wohl zu den großen Tragödien des 20. Jahrhunderts. In der Zeit zwischen dem Attentat und der deutschen Kapitulation am 8. Mai 1945 kamen etwa 4 Millionen Deutsche, 1,5 Millionen Rotarmisten, Hunderttausende westalliierte Soldaten und KZ-Häftlinge ums Leben. Zahlen, hinter denen unfassbares Leid steckt, Zahlen, die großen Respekt für den Opfergang der Verschwörer abnötigen.

Der Meisterspion

Im hintersten Winkel eines Kaffeehauses in Wien-Gersthof. An der Wand ein Aquarell „Morgen in der Wachau". Auf dem Tisch der Sitzecke eine brennheiße Melange, davor der Historiker Gerhard Jagschitz. Er blättert in einem Album: mit der Aufschrift „Kaisermanöver" und vergilbten Fotos. Von seinem Großvater Maximilian Ronge (1874–1953), dem letzten Geheimdienstchef der k. u. k. Armee.

Zugegeben, dieser lebte in einer bizarren Schattenwelt: mit Verrätern, Geheimcodes, Abhören, Chiffrieren, Dechiffrieren. Aber er hat auch ein Stück Geschichte geschrieben: mit der Entlarvung von Oberst Alfred Redl als Spion, der die Aufmarschpläne der k. u. k. Armee an Russland verraten hatte; mit der Unterstützung des autoritären Ständestaatsregimes der Ersten Republik gegen Hitler; und mit dem Aufbau des Heeres der Zweiten Republik.

Gerhard Jagschitz nippt an seiner Melange. Er ist bei Ronges Beurteilung ein Nestroyscher Zerrissener: als Enkel und als Historiker. Deshalb haben sich auch zwei seiner Schüler an die Fersen des Meisterspions geheftet: Verena Moritz und Hannes Leidinger. Heraus kam ein zeitgeschichtlicher Thriller *Im Zentrum der Macht. Die vielen Gesichter des Geheimdienstchefs Ronge.*

Für Kaiser, Ständestaat und Zweite Republik – und gegen Adolf Hitler

Die Spionageaffäre um Oberst Redl wurde oft beschrieben, verfilmt und verkitscht. Nur wenige wissen, dass der Skandal letztlich von Ronge aufgedeckt wurde, und zwar 1913 als Leiter der Kundschaftstruppe im Evidenzbüro des Generalstabs. Er bekam den Wink, dass ein Brief mit

7000 Kronen im Wiener Hauptpostamt nicht behoben worden sei, und stellte dem Empfänger in spe eine Falle, die am Poste-Restante-Schalter zuschnappte.

Die Details des Spionagekrimis sind Geschichte: Klingelzeichen bei Behebung der Geldsendung, Verfolgung mit dem Taxi zum Hotel Klomser, das Brillenfutteral, das der Oberst im Generalstab Alfred Redl als seines erkannte. „Ich bin Opfer einer unseligen Leidenschaft", gestand er ein und bat um eine Waffe, um sich selbst zu richten. Ronge holte sie aus dem Panzerschrank seines Büros im Kriegsministerium.

Schwäche durch Härte zu kompensieren ist nur mit dem psychologischen Reflex zu erklären, die Schmach des Evidenzbüros des Generalstabs zu mildern. Ronge ging im Ersten Weltkrieg gegen vermutliche Verräter „mit unbarmherziger Strenge" vor. Die „Spionitis" war wie eine Massenpsychose: niedergebrannte Dörfer, viele Justifizierte auf Bäumen. Selbst Brieftaubenzüchter wurden mit dem Standrecht bedroht. Kaiser Franz Joseph rief zur Mäßigung auf, aber seine Worte verhallten ungehört.

Erste Republik. Justizpalastband, Bürgerkrieg, Ermordung von Kanzler Dollfuß. Ronge stellte sich in den Dienst des autoritären Ständestaatsregimes von Kanzler Engelbert Dollfuß und Kurt Schuschnigg. Er versuchte, den NS-Psychoterror gegen Österreich mit seinem Nachrichtendienst zu durchkreuzen. Vergeblich. Hunderttausende jubelten Adolf Hitler auf dem Heldenplatz zu. 70 000 wurden inhaftiert.

Auch Maximilian Ronge – am 13. März 1938 um 5.30 Uhr vom Bett weg. Er trat den dornenreichen Weg zum Polizeigefangenenhaus im franzisko-josephinischen Geist an. Mit Galauniform samt Zweispitz, Sporenstiefeletten, Säbel, Glacéhandschuhen und Orden. Eine Ironie, mit der die Schergen des NS-Regimes nichts anzufangen wussten. Der einstige k. u. k. Generalmajor wurde am 1. April 1938 mit dem ersten Prominententransport nach Dachau transferiert: mit Figl, Kunschak, Reither, Seitz, Vaugoin usw. Es war die Hölle auf Erden. Prügelorgien bei der Begrüßung durch die Dachauer SS am Bahnhof, brutalste Misshandlungen auf der Zugfahrt nach Bayern.

Aber schon nach zwei Wochen wurde Ronge dem Münchener Polizeigefängnis überstellt. Der k. u. k. General i. R. war eben ein Profi. Mit allen Wassern gewaschen: Er gratulierte aus der Zelle dem deutschen

Abwehrchef zur Beförderung zum Konteradmiral. Wilhelm Canaris, den Adolf Hitler 1945 grausam ermorden ließ, hatte das Signal verstanden. Von Meisterspion zu Meisterspion, versteht sich. Maximilian Ronge wurde aus der Haft nach Wien entlassen und betrieb hier im Kriegsarchiv wissenschaftliche Studien. Ein Zwischenfall dabei rührt seinen Enkel Gerhard Jagschitz noch heute.

Die NSDAP-Kreisleitung Gersthof zitierte Ronge zu sich, um ihn über seine Frau Elsa, eine Halbjüdin, zu befragen. Wie der einstige k. u. k. Geheimdienstchef darauf reagierte? Mit einer Vorwärtsstrategie! Er drohte den NS-Schergen, seine wissenschaftlichen Arbeiten im Kriegsarchiv einzustellen – und blieb samt seiner geliebten Frau ungeschoren. Die NS-Funktionäre fertigten freilich eine Aktennotiz an, in der sie das „anmaßende und freche Benehmen von Maximilian Ronge" anprangerten.

Nach 1945 half Ronge das Bundesheer mit aufzubauen. „Er war ein Mann mit vielen Gesichtern", so Jagschitz.

Die Moskauer Deklaration – Wiedergeburt Österreichs

1943 beschlossen die Außenminister der USA, Großbritanniens und der Sowjetunion in Moskau, dass unser Land wieder auf der Landkarte entstehen soll.

1943 nahm der Zweite Weltkrieg eine entscheidende Wendung: Die Deutschen kapitulierten in Stalingrad und in Nordafrika. Und erstmals fielen Bomben auch auf Österreich. Die alliierten Außenminister konferierten im Oktober 1943 in Moskau: Cordell Hull (USA), Anthony Eden (Großbritannien) und Wjatscheslaw Molotow (Sowjetunion). Es ging vor allem darum, den Krieg gegen Adolf Hitler zu verkürzen und ein Reglement zur Aburteilung von Kriegsverbrechern zu entwickeln.

Aber es wurde auch darüber diskutiert, wie Europa nach dem Zweiten Weltkrieg, nach der bedingungslosen Kapitulation Deutschlands, aussehen sollte. Und da tauchte in der Tagesordnung erstmals unter der Ziffer 7 B/litera 7 b der Name „Austria" in einer Klammer auf. Und so entstand quasi als „Nebenprodukt" der alliierten Konferenz die „Moskauer Deklaration" vom 31. Oktober 1943:

- Österreich, das erste freie Land, das Hitlers Aggression zum Opfer gefallen ist, soll von der deutschen Herrschaft befreit werden, hieß es darin.
- Der Anschluss, der Österreich am 13. März 1938 von Deutschland aufgezwungen wurde, ist null und nichtig.
- Ein freies und unabhängiges Österreich soll auf der Landkarte wieder entstehen.
- Österreich wird aber erinnert, dass es für die Teilnahme am Krieg an der Seite Hitler-Deutschlands Verantwortung trägt, der es nicht entgehen kann, und dass bei der endgültigen Regelung sein eigener Beitrag zur Befreiung berücksichtigt wird.

„Eine januskopfartige Erklärung“, findet der Grazer Historiker Stefan Karner, „weil Österreich als Opfer bezeichnet und gleichzeitig für die Kriegsteilnahme verantwortlich gemacht wird.“ Tatsächlich hat es damals den Staat Österreich nicht gegeben, also konnte er auch nicht zur Rechenschaft gezogen werden. Unser Land war nach dem Anschluss zur Ostmark degradiert worden. Es steht aber außer Streit: Während des NS-Regimes waren viele Österreicher Opfer, viele aber auch Täter.

„Was den eigenen Beitrag zur Befreiung betrifft, sollten Österreicher zu Widerstandsaktionen ermuntert werden“, erklärt Manfried Rauchensteiner. „Flugzettel mit der Moskauer Deklaration wurden aus sowjetischen Flugzeugen über der Ostfront abgeworfen“, erzählt Stefan Karner: „Mit einem Abreißzettel als Übertrittsschein für Deserteure. Soldaten war es aber bei Todesstrafe verboten, so ein Flugblatt bei sich zu tragen.“

Manfried Rauchensteiner bezeichnet die Moskauer Deklaration als „wichtigstes Dokument in der Entstehungsgeschichte der Zweiten Republik“, Stefan Karner dagegen als „ein in der Diktion sehr unverbindliches, vages Dokument, das ganz verschieden interpretiert werden konnte. Was die Österreicher daraus gemacht haben, war hohe Staatskunst.“ Tatsache ist, dass die Alliierten lange Zeit völlig unterschiedliche Vorstellungen über die Zukunft Österreichs hatten.

– Der sowjetische Diktator Stalin drängte von Anfang an auf ein freies, unabhängiges Österreich – nicht ohne Hintergedanken. Er verfocht, schreibt Hellmut Andics, die Selbstständigkeit der einzelnen Völker im Donauraum, um sie dann einzeln zu vereinnahmen, also eine eigene Föderation von Satellitenstaaten zu schaffen.
– Großbritannien und die USA wiederum waren besorgt, dass ein freies, unabhängiges Österreich zu schwach und daher ein möglicher Gefahrenherd wäre. Der britische Premier Winston Churchill wollte eine Konföderation mit Österreich, Ungarn, der Tschechoslowakei und Polen schaffen, um den Einfluss der Sowjetunion auf Mitteleuropa zurückzudrängen. „US-Präsident Franklin D. Roosevelt ging 1943 davon aus, dass Mitteleuropa – auch Österreich – nach dem Krieg in den Einflussbereich der Sowjetunion fallen würde“, erklärt Stefan Karner. „Er glaubte, nur die Habsburger könnten Mitteleuropa durch eine Thronbesteigung in Ungarn-Österreich vor dieser Umklammerung bewahren.“

Otto von Habsburg musste zu Beginn des Zweiten Weltkrieges in die USA flüchten, weil Adolf Hitler ihn steckbrieflich als Hochverräter suchen ließ. In Washington war er oft zu Gast im Weißen Haus. „Roosevelt konnte sich sowohl mit der Idee eines selbstständigen Österreich als auch mit einer Donauföderation anfreunden", erzählt der älteste Sohn des letzten Kaisers. „Aber zu der kolportierten Thronbesteigung in Ungarn kann ich nur sagen: Es wurde in Washington viel gequatscht." Roosevelt zeigte Otto von Habsburg bei der Konferenz von Quebec 1944 eine Landkarte Österreichs, auf der erstmals die Besatzungszonen eingezeichnet waren. „Österreich war darauf in eine britisch-amerikanische und eine sowjetische Zone geteilt", erinnert sich Habsburg. „Ich war schockiert und beschwor Roosevelt, die Verwirklichung des Plans zu vereiteln."

Tatsächlich wurde Österreich 1945 in vier alliierte Zonen geteilt. Von da war es ein langer, dorniger Weg bis zum Staatsvertrag zwölf Jahre nach der Moskauer Deklaration.

Bomben auf Österreich

Wien 1945: Nach 53 Bombenangriffen der Alliierten bot die Stadt ein Bild des Schreckens: 6214 Häuser wurden völlig zerstört, 40 648 teilweise. Aus ihren Trümmern mussten 8769 Tote geborgen werden. Die Zahlen österreichweit: 20 000 Tote, 57 000 Verwundete, 75 579 zerstörte Wohnungen. Der folgenschwerste Bombenangriff auf Wien erfolgte am 12. März 1945. Ihm fielen bedeutende Kunstwerke und Baudenkmäler zum Opfer. Die Stimmen der Zeitzeugen, mit denen ich darüber sprach, klangen brüchig, als sie dieses Inferno schilderten.

Die Oper in Flammen

„Helft! Helft!"

„In die Oper geh ich immer wieder. Vor allem in Ballettaufführungen – als frühere Elevin. Aber daran habe ich nicht mehr gedacht. Es ist doch schon so lange her", erzählt die Schauspielerin Elvira Neustädtl. „Dabei war es ein tiefer Einschnitt in meinem Leben, wie für viele andere auch. Die Oper war ein Stück Heimat für mich. Hier habe ich als Ballettelevin fast täglich trainiert." Elvira Neustädtl wirft einen Blick von ihrem Dornbacher Haus aus auf den verschneiten Wienerwald. Erinnerungen an die Stadt zu Kriegsende werden wach: Sirenengeheul, Luftschutzkeller, Ziegelstaub, Rauschschwaden, Brandgeruch, zerstörte Häuser, immer längere Opferlisten.

Und am 12. März 1945 fielen Bomben mitten in das Herz von Wien: Albertina, Spanische Hofreitschule, Kunsthistorisches Museum wurden schwer getroffen – und die Oper stand in Flammen. Elvira Neustädtl und ihre Freundin Annamaria Ziegler saßen im Luftschutzkeller, drei Stockwerke unter dem Zuschauerraum: „Erst wurde es unheimlich still. Dann schleuderte uns eine irrsinnig starke Druckwelle zu Boden“, schildert sie. „Ein Luftschutzwart rief uns zu: ‚Die Oper brennt. Bindet euch nasse Tücher um die Nasen.‘ Wir hatten schreckliche Angst, liefen um unser Leben. Durch Gänge, über Treppen, bis wir endlich einen Lichtstrahl sahen, ein Kellerfenster, durch das wir uns hinauszwängten.“

„Draußen taumelte uns ein Mann entgegen – am ganzen Körper weiß, das Gesicht, die Haare, der Anzug“, erinnert sich Elvira Neustädtl. „Er stammelte immer wieder: ‚Alle sind verschüttet. Helft, helft!‘ Aber in diesem Augenblick war wieder das Dröhnen der Bomber zu hören. Ich wusste: Wenn es pfeift, schlägt es nicht direkt, sondern etwas weiter weg ein.“ Und nach einer kurzen Pause: „Annamaria und ich sind die Kärntner Straße entlanggelaufen. Beim Gerstner hinunter in den Keller und wieder herauf, beim Bally erneut hinunter und wieder herauf. Weiter atemlos auf die Rotenturmstraße bis zum Donaukanal. Aber es gab keine Brücke mehr, nur mehr Rauch, Feuer, Trümmer.“

Annamaria Ziegler ist mit 81 Jahren das älteste Mitglied der Staatsoper. Sie betreut noch immer als Gouvernante die Balletteleven und die Chorkinder. Woran sie sich erinnert? „Einen Tag nach dem Bombenangriff kehrte ich zur Oper zurück. Es bot sich ein Bild der Zerstörung“, erzählt sie. „Die Decke eingestürzt, Bühne und Zuschauerraum ausgebrannt. Ich bin in die rauchenden Trümmer hineingestapft, um die Klavierauszüge des Kammersängers Klein zu bergen. Und ich hab von der Galerie“, fügt sie schmunzelnd hinzu, „ein Souvenir mitgenommen, das ich heute noch besitze: ein verbeultes, angebranntes Schild, auf dem zu lesen steht: ‚Im Zuschauerraum haben sowohl Herren als auch Damen die Hüte abzunehmen.‘“

Der Sturm auf Wien

„Es hat sich in Wien wie ein Lauffeuer herumgesprochen, dass die Oper brennt“, erinnert sich Kammersänger Ljubomir Pantscheff. „Ich war damals Volksopern-Eleve, aber in einem Rüstungsbetrieb dienstverpflichtet. Als ich von der Katastrophe hörte, lief ich zur Oper, wie viele andere auch.“ Dem Opernsänger steigen auch nach so vielen Jahren noch die Tränen in die Augen: „Aus dem Gebäude schlugen hell lodernde Flammen, dicke Rauchschwaden stiegen zum Himmel“, schildert er sichtlich

Die nach dem schweren Luftangriff am 12. März 1945 völlig ausgebrannte Wiener Staatsoper

bewegt. „Die Menschen standen fassungslos vor den Trümmern und weinten. Auch mein Traum, einmal an der Staatsoper zu singen, schien vorbei zu sein." Ljubomir Pantscheff lacht kurz auf: „Es wurden dann doch 4800 gezählte Vorstellungen."

Nur wenige Wochen nach dem Opernbrand setzten die Sowjettruppen zum Sturm auf Wien an. Waffen-SS und Volkssturm errichteten vor dem Haus des Künstlers am Neubaugürtel Panzersperren. „Wir sind im Keller gesessen, haben gehungert und gefroren", schildert Pantscheffs Frau Eugenie. „Durch einen Luftschacht hörten wir, wie junge Burschen bettelten: ‚Lasst uns in den Keller. Wir wollen nicht sterben.' Darauf Schreie: ‚Ihr Feiglinge!' Schüsse folgten."

Zwei Tage tobten die Kämpfe am Neubaugürtel. Dann sprengten Sowjetsoldaten mit Jeeps unser Haustor auf. Sie suchten nach SS-Soldaten, Alkohol – und Frauen. „Unseren Frauen ist aber nichts passiert", erzählt Ljubomir Pantscheff. „Wir haben sie auf dem Dach versteckt, wenn die Russen angerückt sind."

Übrigens: Seine erste Opernrolle nach dem Kriegsende war der Don Fernando in *Fidelio*.

In der größten Angst schreit man nicht

Die große Charakterschauspielerin Gusti Wolf hat 2006 mit 93 Jahren die Bretter, die die Welt bedeuten, für immer verlassen. Tief betrauert, weil sie die Gabe, ja die Gnade hatte, Menschen zum Lachen und zum Weinen zu bringen. Noch in ihren letzten Jahren war sie in vielen Rollen zu sehen: In *My Fair Lady* in der Volksoper, in *Der Narr und seine Frau heute Abend in Pancomedia* und in *Dame der Gesellschaft* im Burgtheater. Vor ihrem Tod erinnerte sie sich an alle Höhen und Tiefen ihres Lebens: vor allem an den 12. März 1945, an dem sie fast einem Bombenangriff auf Wien zum Opfer gefallen wäre.

Schon in jungen Jahren war Gusti Wolf eine begehrte Schauspielerin. Ein Engagement jagte das andere – in Wien, München, Berlin usw. Das hörte sich aber am 11. September 1944 schlagartig auf. Alle Theater mussten kriegsbedingt ihre Pforten schließen. „Mein Schauspielkollege Horst Caspar überließ mir seine Wohnung im 4. Stock des Heinrichshofes gleich vis-à-vis von der Staatsoper", erzählt Gusti Wolf. Am 12. März 1945 verständigte ein Freund die grippekranke Schauspielerin telefonisch, dass im Rundfunk vor einem Bombenangriff auf Wien gewarnt worden sei. „Aber es wird diesmal nicht so arg. Du kannst im Bett bleiben", beruhigte er sie. Ein schrecklicher Irrtum.

„Knapp zehn Minuten später erschütterte eine ohrenbetäubende Detonation den Heinrichshof in den Grundfesten", erinnert sich Gusti Wolf. „Fenster zersplitterten, Mauern barsten, Türen sprangen aus den Angeln. Ich rannte um mein Leben – vier Stockwerke hinunter in den Luftschutzkeller. Sekunden später rissen gekoppelte Bomben die Hälfte des Hauses, meiner Wohnung, der Stiege weg." Gusti Wolf atmet tief, als sie die „gespenstischen Szenen" im Luftschutzkeller schildert. „Alles war grau vor Staub und Asche. Viele Menschen lagen bewusstlos auf dem Boden. Viele suchten verzweifelt den Ausgang. Und es war still wie in einer Gruft."

„Normalerweise müsste man in so einer schrecklichen Situation wie am Spieß brüllen, hysterische Anfälle bekommen", wundert sich die Schauspielerin. „Aber es hat niemand geschrieen, niemand geheult. Alle waren starr vor Entsetzen. In der größten Angst schreit man nicht." Als Gusti Wolf durch ein Mauerloch ins Freie gelangte, wurde sie mit einem Inferno konfrontiert: Die Oper brannte, der Philippshof, unter dem noch heute 200 Menschen begraben liegen, viele andere Häuser. „Menschen krochen wie Maulwürfe aus den rauchenden Trümmern hervor", erinnert sie sich mit Schaudern. Das waren die apokalyptischen Reiter des Krieges.

Gusti Wolf begreift noch immer nicht, woher sie damals die Kraft, den Mut nahm, um mit einem Soldaten in ihre halb zerstörte Wohnung zu klettern. „Vielleicht deshalb, weil ich von der fixen Idee besessen war, zu retten, was zu retten war", meint sie. „Sie müssen wissen, dass ich schon vorher zweimal ausgebombt worden bin: einmal in München und einmal in Berlin. Also hab ich aus dem Fenster eine Sitzbank, einen Teppich, einen Schrankkoffer geworfen. Bis ein Polizist gerufen hat: ‚Holt doch die Verrückte herunter.'" Gusti Wolf schleppte mit dem Soldaten noch einen Wäschekorb voller Bücher über brennende Balken auf die Straße."

Nachtrag: 50 Jahre später, am 12. März 1995, wurde in der Staatsoper der Zerstörung und des Wiederaufbaus gedacht: mit Beethovens *Fidelio*, mit einer Ansprache von Direktor Ioan Holender, mit einer Ausstellung in der Loggia. Dabei waren zwei Figuren aus der alten Hofoper, die Michael Fritthum im tiefsten Keller entdeckt hatte, zu sehen. Aber auch der „Bombenplan" mit allen Einschlägen in Wien und das Einnahmenjournal der Oper, in dem unter der Rubrik „Besondere Vorstellung" am 12. März 1945 die Zerstörung des Gebäudes vermerkt ist.

Bomben ins Herz von Wien

Österreich war zunächst von Bombenangriffen verschont geblieben, weil die Flugdistanz noch zu groß war, erklärt der Leiter des Instituts für Kriegsfolgenforschung in Graz, Stefan Karner. Es galt deshalb als „Luftschutzkeller" des Dritten Reiches, in das viele Unternehmen verlagert wurden: Heinkel, Siemens, die Produktion von U-Booten, der V2-Raketen, das deutsche Atombombenprojekt usw.

Das änderte sich aber nach der Eroberung Siziliens und Unteritaliens durch die alliierten Streitkräfte schlagartig. Ab 1944 lagen der süddeutsche und österreichische Raum wie auf dem Präsentierteller vor den Bombergeschwadern. Die Flakgeschütze wurden größtenteils an die Ostfront verlagert. Die deutschen Jagdflugzeuge konnten wegen Treibstoffmangels kaum mehr aufsteigen.

Die Bomber flogen fast ungehindert ihre Ziele an, beschreibt der frühere Direktor des Heeresgeschichtlichen Museums, Manfried Rauchensteiner, die Situation. So auch am 12. März 1945 – beim folgenschwersten Angriff der 15. US-Luftflotte auf Wien. Das Bodensichtradar fiel im entscheidenden Moment aus. Dennoch warfen 225 B-17 und 522 B-24 1667 Tonnen Bomben ab. Laut Befehl sollten die Floridsdorfer Ölraffinerie und andere Industrieanlagen zerstört werden.

Warum dann aber Oper, Albertina, Spanische Hofreitschule, Heinrichshof usw. getroffen wurden, darüber gibt es nur Spekulationen. Die Amerikaner behaupteten, Wien habe damals unter einer geschlossenen Wolkendecke gelegen. Während des Angriffs wurden von einem B-24-Bomber aus Fotos aufgenommen. Darauf sind aber nur Wolkenfetzen zu erkennen – jede Einzelheit der Stadt ist deutlich zu erkennen, erklärt Manfried Rauchensteiner.

Die Wiener verloren selbst in dieser verzweifelten Situation nicht ihren Humor, wie folgender Luftschutzreim beweist:

Zwischen Graz und Steinamanger
fliegt ein Kampfverband, ein langer,
vorn ka Jäger, hint ka Flak,
vielleicht bricht er sich selbst das Gnack.

„Frau Kuckuck" schlägt Alarm

Für die Wiener gab es ein untrügliches Zeichen dafür, dass ein Bombenangriff unmittelbar bevorstand: Gauleiter Baldur von Schirach raste jeweils mit seinem Stab in einem Autokonvoi auf der „Heldenavenue zum Heldenberg": vom Gauamt, dem heutigen Parlament, über die

Thaliastraße zum Gaubefehlsstand auf dem Gallitzinberg in Ottakring. Einem bombensicheren Luftschutzbunker, 30 Meter tief, mit dicken Betonmauern umgeben und durch eine bewaldete Kuppe getarnt. Von hier aus wurde die Bevölkerung via Rund- bzw. Drahtfunk vor Bombern gewarnt: durch Kuckucksruf-Signale und eine Frauenstimme, die „Luftlagemeldungen" durchgab.

„Ich war die Frau vom Kuckuck", erzählt Traudl Lessing, dreifache Mutter, achtfache Großmutter und Journalistin, die heute auf dem Wiener Schafberg lebt. „Ich betreute im Bunker 66 Mittelschülerinnen, die als Telefonistinnen usw. Dienst versahen. Die Luftlagemeldungen sollte erst die Schauspielerin Grete Zimmer durchgeben. Aber ihre Stimme klang zu dramatisch. Meine wirkte beruhigend tief – also fiel die Wahl auf mich." Traudl Lessing schlägt die Stirn in Falten, presst die Fingerkuppen aufeinander und erzählt: „Ich saß in einem Kammerl vor einer Milchglaswand mit der Landkarte von Ostösterreich. Auf ihr wurden mit Filzstiften anfliegende Bombenverbände eingezeichnet. Ich gab diese Informationen via Drahtfunk weiter: ‚Achtung, Achtung, hier der Luftschutzsender Wien.'"

Als die Sowjets Anfang April 1945 zum Sturm auf Wien ansetzten, suchte Gauleiter Baldur von Schirach das Weite. „Aber ich habe die Stellung bis zuletzt halten müssen, um die Luftlagemeldungen durchzusagen", seufzt Traudl Lessing auf. „Die Bombenangriffe wurden immer massiver. Wir konnten nicht mehr darauf warten, bis die Flugbewegungen auf der Glaskarte eingezeichnet waren. Also stieg ich auf den Aussichtsturm des Gallitzinberges. Mit Wien-Karte und Kehlkopfmikrofon bewaffnet. Plötzlich rief ein Offizier: ‚Schau, was da raufkommt!' Ich traute meinen Augen nicht: Kleine graue Dinger krochen durch den Wienerwald – Sowjetpanzer."

Mit einem VW raste Traudl Lessing auf der Thaliastraße stadteinwärts. Tiefflieger! Raus aus dem Wagen, rein ins nächste Haustor. Schließlich landete Lessing im Keller der Hofburg, wo sie Zeugin einer gespenstischen Szene wurde: Der Stab des Gauleiters Baldur von Schirach feierte bei Champagner und Kaviar – die Niederlage vor Augen. So nach dem Motto: „Nobel geht die Welt zugrunde." Makaber, grotesk.

Wie sie es als Kinder erlebten

Alfred Stingl: Im Grazer Luftschutzstollen

„Eine der am häufigsten angegriffenen Städte Österreichs war Graz – vor allem gegen Kriegsende. Es diente als Drehscheibe für den deutschen Nachschub an die Ostfront“, erklärt der Historiker Stefan Karner. „Graz lag aber auch an der Rückflugschneise der Bomberverbände und wurde oft als Ausweichziel angeflogen.“

Der frühere Grazer Bürgermeister Alfred Stingl war bei Kriegsende erst sechs Jahre alt. Aber die dramatischen Ereignisse haben sich tief in seinem Gedächtnis eingegraben. „Meine Mutter hat mich immer ganz angezogen schlafen gelegt. Wenn die Vorwarnsirenen zu heulen begannen, hat sie mich aufgeweckt und ist mit mir in die Luftschutzstollen gelaufen“, erinnert er sich. „Am Tag in die Schlossbergstollen, ein weit verzweigtes Stollensystem, in dem rund 30 000 Menschen Zuflucht finden konnten, in der Nacht in den Kalvarienbergstollen.“

„Einmal mussten wir drei Tage in dem Stollen verbringen“, schildert Alfred Stingl. „Es hat nichts mehr zu trinken gegeben. Wir haben deshalb mit nierenförmigen Wehrmachtsschalen Kondenswasser von den Felsen aufgefangen.“

Zu Ostern 1945 erfolgte der schwerste Bombenangriff auf die steirische Metropole. 166 B-17 und 121 B-24 warfen 753 Tonnen Bomben ab. Nord- und Hauptbahnhof, aber auch wichtige Industriebetriebe wurden schwer getroffen: die Puch-Werke, die Simmering-Graz-Pauker-Werke usw. Nur die historische Innenstadt blieb wie durch ein Wunder verschont.

Der Bombenangriff zu Ostern war der Karfreitag für Graz. Die Ouvertüre bildete der Abwurf von so genannten „Christbäumen“ (Leuchtsätzen). Sie erleuchteten das Zielgebiet taghell. Alfred Stingl lief um sein Leben, erreichte aber nicht rechtzeitig den Kalvarienbergstollen. „Ein Luftschutzwart hat mich in eine Nische gesetzt“, erinnert er sich. Mit heiserer Stimme fügt er noch hinzu: „Nach dem Bombenangriff habe ich gesehen, dass Straßenbahnschienen bis zum 2. Stock hinauf gebogen waren. Ganze Häuserzeilen lagen in Trümmern. Viele Nachbarn waren tot – auch Kinder, mit denen ich gespielt hatte.“

1945: Wien liegt in Schutt und Asche.

Nachtrag: Die Grazer Gemeinderäte diskutierten im Jahr 1996 heftig darüber, ob ein Kulturstollen errichtet werden soll. Bürgermeister Alfred Stingl schilderte seine dramatischen Erlebnisse bei den Bombenangriffen 1945. Er zog dabei eine Parallele zwischen Krieg und Frieden einerseits und Luftschutz- und Kulturstollen andererseits. Eine starke Mehrheit des Gemeinderats stimmte darauf für sein Projekt.

Heinz Fischer: Kohlenstaub in der Nase

Kriegsende, alliierte Bombenangriffe auf Wien, „Kuckucksruf"-Warnungen im Rundfunk. Familie Fischer suchte oft Zuflucht im Kohlenkeller der Jagdschlossgasse 18. Flakgeschütze am Roten Berg schossen aus vollen Rohren: Explosionen, Erschütterungen. „Wir haben Kohlenstaub in der Nase gehabt", erzählt Bundespräsident Heinz Fischer. „Oft ist die Beleuchtung ausgegangen. Wir sind im Finstern gesessen. Das waren schon tiefe Eindrücke."

Die russische Front rückte immer näher an Wien heran. Heinz Fischer wurde mit seiner Mutter und Schwester nach Loich evakuiert. In eine Gemeinde 20 Kilometer südlich von St. Pölten. „Wir fanden Unterschlupf in einem Kellerstöckl – knapp 20 m^2 groß, gleichzeitig Wohn- und Schlafraum, Küche und Bad", erinnert sich Heinz Fischer. Bei der Bäuerin Anna Saupriegl, heute Posch. Ihr erster Mann ist 1945 während eines Gefangenentransports nach Sibirien gestorben. Sie hat ein zweites Mal geheiratet.

„Ich hab Heinz Fischer im Fernsehen gesehen und war neugierig, ob er 1945 als Bub bei mir war", erzählt Anna Posch schmunzelnd. „Mein Sohn Josef hat ihm geschrieben. Und er hat sofort geantwortet: ‚Ja, ich bin es.'" 2004 war es so weit: Heinz Fischer macht einen Abstecher nach Loich: Zu Annas Bauernhof, aber auch zur Schule, die er hier besucht hat. Ein Blick in das Klassenbuch 1944/45 bestätigt das. Nach Kriegsende kehrte Fischer auf recht abenteuerlichen Wegen wieder nach Wien zurück: in die Wohnung seiner Tante.

Der Bezirk Hietzing ist 1945 Sowjetzone. Doch nur kurz, bis die Briten das Kommando übernehmen. „Meine Mutter und meine Tante haben sich gefürchtet, aber es ist zu keinen Übergriffen gekommen", erinnert sich Heinz Fischer. „Russische Soldaten haben uns Kinder nett behandelt, auf Lenkstangen von Fahrrädern spazieren geführt. Vermutlich gestohlenen bzw. sabralisierten Rädern, wie die Wiener spöttelten." Heinz Fischers Familie fuhr oft zu Verwandten nach Graz. „Das war schon unheimlich", räumt er ein. „Grenzkontrollen am Semmering durch Sowjets. Identitätskarte, Wartezeiten, Gerüchte, dass Menschen aufgegriffen, verhaftet und verschleppt würden."

Wolfgang Schüssels Mutter: Nach Bombenangriff verschüttet

Knapp vor Kriegsende wurde das Wohnhaus der Eltern von Wolfgang Schüssel durch Bomben zerstört – und seine hochschwangere Mutter Elfriede im Keller verschüttet. Erst nach zwei Nächten konnte man sie bergen.

Eine symbolhafte Verbindung von gestern und heute: Auf dem Torbogen des Hauses Mariahilfer Straße 88 schimmert golden das Bundeswappen. Darüber in Stein gemeißelt die Initialen von Franz Joseph „F. J." und die österreichische Kaiserkrone. Links ein Juweliergeschäft, rechts eine Lederwarenhandlung. Ein tiefer, lang gestreckter Hof führt zum „Kaiserlichen Hofmobiliendepot". Zu einer versunkenen Welt – zu Robert Musils „Kakanien": mit Funeralkronen, Thronsesseln, Mosaikintarsien, Gemälden, Skulpturen, Biedermeiermöbeln usw.

Die Nostalgie, der k. u. k. Traum, schlägt im 2. Stock auf Ebene 4 des Museums zum Albtraum um. Auf gestochen scharfen Schwarz-Weiß-Fotos in einer Vitrine ist zu sehen, wie knapp vor Kriegsende Bomben Teile des Wohntraktes auf der Mariahilfer Straße und des Hofmobiliendepots zerstört haben. Ein breiter Riss spaltete den Gebäudekomplex vom Dachboden bis zum Keller. Auch die Wohnung der Eltern des früheren Kanzlers und jetzigen ÖVP-Klubobmannes, Elfriede und Ludwig Schüssel, war davon betroffen.

In der offiziellen Schadensmeldung heißt es nur: Das „Staatsgebäude" wurde bei einem „Feindangriff" am 21. Februar 1945 um 13.26 Uhr durch zwei Bomben getroffen. „500-lbs-Bomben amerikanischer Provenienz" durchschlugen Gehsteig und Kellermauer und explodierten im Kellergewölbe. Der darin liegende Sanitätsraum fiel in Schutt und Asche, vier Menschen starben unter den Trümmern. Die hochschwangere Lehrerin Elfriede Schüssel wurde ebenfalls verschüttet, konnte aber nach zwei Nächten lebend geborgen werden.

„Der ganze vordere Teil des Hauses war eingestürzt", schildert Wolfgang Schüssel. „Meine Mutter und ich haben dann im hinteren Teil der Wohnung gelebt. Wenn wir die Tür zu den vorderen Zimmern geöffnet haben, sahen wir direkt in den Schuttkegel tief unten."

Der Zweite Weltkrieg ist längst vorbei. Viele Wunden – nicht alle – sind vernarbt, verheilt. Die Familie Schüssel wohnt weiter in der Wohnung, zumindest die Tochter. „Ich erzähle diese Geschichten nicht gern", hebt Wolfgang Schüssel abwehrend die Hände.

Jänner 2005: Das Kanzlerbüro am Ballhausplatz. An den Wänden abstrakte Bilder von Max Weiler, ein schwarzer Schreibtisch in Form einer gebogenen Schiene, der Blick aus dem Fenster zum Volksgarten. Wolfgang Schüssel trommelt mit den Fingern auf den Schreibtisch. Über Familiäres spricht er nicht gern. „Ich hab mich als Bub immer davor gefürchtet, aus dem Keller Kohlen oder Briketts zu holen", erinnert er sich. Verständlich bei dem Schicksal seiner Mutter, die er als „sehr lieb, warmherzig und verständnisvoll" beschreibt.

Kriegsende

Mutiger Widerstand

Unmittelbar vor Kriegsende fielen die Masken endgültig. In Zeiten existenzieller Bedrohung schälten sich die Charaktere heraus: Es gab Menschen mit Zivilcourage, Endsieg-Fanatiker, Opportunisten, Feiglinge, Mörder. Diese Geschichte muss immer wieder geschrieben werden. Schon damit wir wissen, wo Menschlichkeit und Unmenschlichkeit angesiedelt waren. Es sind tiefe Wunden, die bis heute nicht verheilt sind. Aber es gibt leuchtende Vorbilder: Gräfin Helene Trauttmansdorff und Domkurat Franz König, der später als Kardinal ein Stück Kirchengeschichte schrieb.

Josef und Helene von Trauttmansdorff

Ein Gestapo-Sonderkommando drang, kurz bevor die Sowjettruppen St. Pölten eroberten, in das Wasserschloss Pottenbrunn ein. Die Bewohner wurden mit MPs in die Bibliothek getrieben: das Grafenehepaar Josef und Helene Trauttmansdorff, deren Kinder Monika (12), Johannes (10) und Eleonore (7), das Gesinde. Verhöre, Hausdurchsuchung. „Mutter sagte uns: ‚Vater ist verhaftet. Ich bringe ihm Wäsche in die Polizeidirektion'", erzählt Johannes Trauttmansdorff. „Meine Schwester hat noch gesehen, dass Mutter vom Rad gestiegen, einige Schritte zurückgelaufen ist und uns zugewinkt hat." Und: „Wir haben unsere Mutter, unseren Vater nie wieder gesehen."

Der Historiker Franz Weisz hat sich mit dieser Tragödie, die alle kommen sahen, aber keiner verhindern konnte, intensiv auseinandergesetzt. Das Ehepaar Trauttmansdorff gehörte, wie der stellvertretende Polizeidirektor von St. Pölten, Otto Kirchl, und dessen Frau Hedwig, einer Widerstandsgruppe an. Sie wollten St. Pölten kampflos übergeben,

NS-Funktionäre verhaften, SS-Verbände entwaffnen, lebenswichtige Einrichtungen wie E-Werk, Brücken usw. vor der Zerstörung bewahren. Die Pläne wurden bei Geheimtreffen, als Bridge- und Nähabende getarnt, im Schloss Pottenbrunn geschmiedet, aber von einem Spitzel unter dem Decknamen „Adam" verraten.

Viele Angehörige der Widerstandsgruppe waren von Misshandlungen schwer gezeichnet, als ihnen am 13. April 1945 – ohne Verteidiger, wohlgemerkt – der Hochverratsprozess gemacht wurde. Etwa Otto Kirchl, den SS-Schergen brutal gefoltert und ihm beide Arme gebrochen hatten. Das Standgericht verhängte in einem jedem Rechtsstaat spottenden Verfahren zwölf Todesurteile mit der Begründung: Wegen der unmittelbaren Frontnähe müsse eben ein „Exempel statuiert" werden. Die Exekution erfolgte noch am selben Abend im St. Pöltner Hammerpark durch ein SS-Kommando, nachdem sich die Schutzpolizei geweigert hatte, daran teilzunehmen.

In Kriegsverbrecherprozessen nach 1945 wurden erschreckende Details über die immer wieder durch Tiefflieger-Angriffe unterbrochene Exekution bekannt: Helene von Trauttmansdorff war nicht gleich tot – man hat noch zwei Nachschüsse abgeben müssen. Die angeklagten SS- und Gestapo-Schergen erklärten, sie seien von der „mutigen Haltung" der Gräfin vor Gericht und bei der Hinrichtung zutiefst beeindruckt gewesen. Ein Polizeiwachtmeister hatte, stellte sich heraus, ukrainische Luftschutz-Polizeihelfer aufgefordert, sich etwas von den Leichnamen zu nehmen, also Leichenfledderei zu begehen. Doch die Ukrainer lehnten das sofort entschieden ab.

Zwei Tage vor dem Sowjeteinmarsch in St. Pölten waren die Grafen-Kinder Vollwaisen. „Großmutter hat es nicht übers Herz gebracht, uns zu sagen, dass Mutter und Vater ermordet worden sind", schildert Johannes Trauttmansdorff. „Der ganze Ort hat dichtgehalten. Erst Wochen später haben wir die ganze schreckliche Wahrheit erfahren."

Kardinal König: Zum Schlussgebet kamen die Russen

„Ich habe die dramatischen Stunden, als die Russen kamen, in St. Pölten als Domkurat miterlebt", erzählt Kardinal Franz König. „Die Stadt lag lange unter schwerem Artilleriebeschuss. Kleine russische Kampfflugzeuge beschossen Straßen und Häuser. Vom Dom rasselten Dachziegel herunter." In den Morgenstunden des 15. April wurde es unheimlich still. „Ich zelebrierte gerade im Kellergewölbe des Doms, wo 600 Menschen Zuflucht gefunden hatten, die heilige Messe", erinnert sich Franz König. „Als ich zum Schlussgebet kam, setzte ein Raunen ein: ‚Jetzt sind die Russen da!'"

„Die sowjetischen Kampftruppen haben sich korrekt verhalten", bestätigt der Kardinal nachdenklich. Aber der Tross danach habe sich auf die Frauen gestürzt. „Weil ich einigermaßen Russisch spreche, wurde ich gebeten, in der Kommandantur zu protestieren", erzählt Franz König. „Ein junger Offizier versicherte mir: ‚Das sind nur momentane Übergriffe, die streng bestraft werden.' Die Realität sah freilich anders, schrecklich aus." Bei einer weiteren Vorsprache in der Kommandantur bekam Franz König allen Ernstes zu hören: „Ein Frauenverbot würde die Kampfkraft unserer Soldaten schwächen …"

Der Domkurat griff zur Selbsthilfe, versteckte Mädchen im kastenförmigen Raum unter den Orgelpfeifen, begleitete täglich Krankenschwestern von der Rotkreuz-Station zum Spital. „Die Krankenschwestern haben mich gebeten: ‚Bleiben Sie am Abend da, damit uns nicht die Russen holen.' Ich hab mich auf die erste Pritsche im Kellergewölbe des Doms gelegt. Um Mitternacht hat mich ein Sowjetsoldat aus dem Schlaf gerissen, auf die Pritsche neben mir gedeutet: ‚Ich will diese Frau.' Wie reagiert man in so einer Situation? ‚Das ist meine Frau', hab ich in meiner Verzweiflung gesagt", schildert Franz König. „Der Russe entschuldigte sich und ging."

Franz König konnte umso glaubwürdiger gegen Übergriffe der Russen protestieren, als er auch dem NS-Regime die Stirn geboten hatte. Seine Glaubensstunden für die Katholische Jugend in der Domsakristei waren der Gestapo ein Dorn im Auge. Schikanen setzten ein: Prozessionen wurden verboten, Gottesdienste durch SA-Kapellen vor dem Dom gestört. Einmal musste der Domkurat in die berüchtigte Gestapo-Zentrale am Wiener Morzinplatz. „Ich hab schon befürchtet, verhaftet zu werden, durfte aber heimgehen", erzählt Franz König.

„Nach dem Krieg erfuhr ich, dass meine Briefe von der Gestapo zensuriert und meine Telefonate abgehört worden waren." Nach einer kurzen Pause lachend: „Ich wusste es nicht, ahnte es aber und hab mich darauf eingestellt – indem ich etwa mit anderen Priestern auf Latein plauderte."

In Zeiten großer Bedrängnis sprach Franz König mit der Katholischen Jugend immer wieder das Gebet von Kardinal John Henry Newman:

Oh Gott! Die Zeit ist voller Bedrängnis,
Die Sache Christi liegt wie im Todeskampf.
Und doch: Nie schritt Christus mächtiger durch die Erdenzeit.
Nie war sein Kommen deutlicher,
Nie seine Nähe spürbarer als jetzt!

Zeitenwechsel

Wien knapp vor Kriegsende im April 1945. Weltuntergangsstimmung: Chaos, Angst, aber auch Hoffnung regieren. Die deutsche Wehrmacht errichtet einen letzten Brückenkopf. Hungrige Menschen stürmen die Ankerbrot-Fabrik. Widerstandskämpfer sollen als NS-Werwölfe exekutiert werden. Und im Josefstädter Theater wird die Komödie Hofrat Geiger *gespielt.*

Treibriemen zum Schuhdoppeln

„So was vergisst man ein Leben lang nicht", sagt Walter Fritsch mit heiserer Stimme – heute Pensionist, damals Lehrling in der Wiener Ankerbrot-Fabrik. „Ich hab mit eigenen Augen gesehen, wie Hunderte Menschen das Vierer-Tor der Fabrik aufgesprengt und die Mehlmagazine gestürmt haben. Kinder, Frauen und Männer mit Leiterwagerln, Scheibtruhen und Kinderwagen", erzählt er so, als wäre es erst gestern oder jetzt geschehen. „Es ist mir schon klar: Das Motiv war Hunger. Jedenfalls wurden Millionen Kilo Mehl weggeschleppt."

„Auch Treibriemen für Teigteilmaschinen", erinnert sich Walter Fritsch schmunzelnd. „Sie waren besonders begehrt, weil man sich mit ihnen die Schuhe doppeln konnte. Wir haben in Aufrufen an die Plünderer appelliert, die Treibriemen zurückzubringen. Mit dem Hinweis, dass wir sonst kein Brot backen können." Walter Fritsch lacht hell auf: „Das hat seine Wirkung nicht verfehlt. Tatsächlich sind viele der begehrten Beutestücke beim Vierer-Tor der Ankerbrot-Fabrik wieder zurückgegeben worden."

Handgranate in der Koppel des Generals

Der letzte Brückenkopf der zurückflutenden deutschen Truppen bei der Floridsdorfer Brücke lag unter schwerem Beschuss der Sowjetartillerie. „Ich hatte unter dem ersten Brückenpfeiler einen Notverbandplatz für 50 Verwundete eingerichtet", schildert Medizinalrat Hans Peter Klettenhammer, damals junger Truppenarzt. „Wenige Meter vor mir stand der Kampfkommandant von Wien, General von Bünau. Mit abgewetztem Mantel, einer Handgranate in der Koppel, um sich jederzeit in die Luft sprengen zu können, wenn die Russen kommen."

„Es waren dramatischen Minuten, als die Patienten in Sicherheit evakuiert wurden", erinnert sich Hans Peter Klettenhammer. „Bei Einbruch der Dunkelheit ließ das Artilleriefeuer nach. Jeweils vier Mann trugen einen Schwerverletzten über die Floridsdorfer Brücke", erzählt er. General von Bünau flüchtete gegen Mitternacht als Letzter über die Brücke. Dann wurde sie von einem deutschen Sprengkommando in die Luft gejagt. Der Wahnsinn hatte also Methode: Bis zuletzt verheizte man völlig sinnlos Menschen, zerstörte wichtige Verkehrseinrichtungen.

Sturm auf das Polizeipräsidium und Gründung der ÖVP

Etwa zur selben Zeit, als Klettenhammer bei der Floridsdorfer Brücke im Artilleriefeuer lag, stürmte Johannes Eidlitz mit der Widerstandsgruppe 05 das Polizeipräsidium am Wiener Schottenring. „Wir sprengten das Tor auf. Berge von Waffen und Munition lagen herum", erzählte der Schriftsteller im Gedenkjahr 1995. „Ich setzte mich an den Schreibtisch des Polizeipräsidenten, der längst das Weite gesucht hatte. Während ich zu telefonieren versuchte, rasselten unter meinem Fenster auf dem Ring Sowjetpanzer vorbei."

Johannes Eidlitz hätte dieses Abenteuer fast mit seinem Leben bezahlt: „Plötzlich stürzten mongolische Sowjetsoldaten herein, trieben mich und meine Gefährten mit vorgehaltenen MPs in den Hof", erinnerte er sich in seiner Bibliothek. Russische Offiziere beschuldigten uns, NS-Werwölfe zu sein. Erst als einem meiner Freunde das Codewort ‚Moskwa' wieder einfiel, glaubten uns die Sowjets, dass wir Widerstandskämpfer sind. Wir hatten Todesängste ausgestanden."

Johannes Eidlitz war am 17. April 1945 dabei, als die ÖVP in der Prälatur des Schottenstifts gegründet wurde. Ein historisches Ereignis: mit Leopold Kunschak, Leopold Figl, Felix Hurdes, Alois Weinberger usw. Der Schriftsteller bekam dabei einen Auftrag, um den ihn niemand beneidete: Er sollte die ÖVP Tage später in der Sowjetkommandantur, dem heutigen Palais Epstein, als politische Partei anmelden.

Ein Himmelfahrtskommando! „Ich wurde von einem General und Politkommissaren scharf ins Verhör genommen, welche Ziele die ÖVP verfolgt", erzählt Johannes Eidlitz. „Als ich Organisation und Programm skizzierte, bemerkte ich, wie mein Dolmetscher Schuh kalkweiß im Gesicht wurde – und am ganzen Körper zu zittern begann." Johannes Eidlitz fragte nach der Prozedur, die rund 20 Minuten gedauert hatte, den Dolmetscher, ob ihm schlecht geworden sei: „Sie wissen gar nicht, wie die Politkommissare Ihre Aussagen kommentiert haben", schluchzte dieser. „Das ist ein Kryptofaschist, ein bourgeoiser Faschist, der sofort an die Wand gestellt gehört."

Kolbenhiebe gegen das Bühnenportal

Wer erinnert sich nicht an den Josefstadt-Schauspieler Hans Holt? Er war eine Institution, ein Meister der Zwischentöne, mit seiner einprägsamen melodiösen Stimme: Als Anatol in Arthur Schnitzlers gleichnamigem Einakter-Zyklus, als Hans Karl Bühl in Hugo von Hofmannsthals *Der Schwierige* usw. Knapp vor seinem Tod erzählten Hans Holt und seine Frau Renate mir, was sie zu Kriegsende erlebt hatten. In seiner Bibliothek mit Schreibtisch, Briefwaage, Löschwiege, Stehlampe mit breitem Schirm.

„Ich bin im März 1945 auf ärztliches Anraten mit unserer Tochter Nina aufs Land, nach St. Andrä an der Traisen gefahren", erzählt Renate Holt. „Als die Sowjettruppen vordrangen, haben uns die Bauern in einem Weinkeller versteckt. Die ersten Russen haben nur gefragt: ‚Wo geht es nach Bayern?' Aber dann sind andere gekommen, haben zu essen, zu trinken – und nach Frauen verlangt. ‚Du kommen mit, du und du auch.' Es war schrecklich." Nach einer kurzen Pause: „Sie haben mich nur deshalb verschont, weil ich bei meinem Kind und dem meiner Schwester gelegen bin." Und: „Ich wusste von meiner Mutter, einer gebürtigen Russin, dass sich ihre Landsleute vor Kranken fürchten. Ich hab mir schwarze Ringe um die Augen gemalt und bin mager genug gewesen, um wie schwindsüchtig auszusehen."

Anfang April 1945 war am Wiener Stadtrand schon schweres Geschützfeuer zu hören. „Ein Blockwart drängte mich im Luftschutzkeller meines Wohnhauses, zum letzten Aufgebot, zum Volkssturm zu gehen", erzählt Hans Holt. „Das wollte ich natürlich um keinen Preis. Ich packte meine Siebensachen – und übersiedelte ins Josefstädter Theater. Kurz darauf erzwangen Sowjetsoldaten mit Kolbenhieben auf das massive Bühnenportal den Eintritt." Hans Holt seufzte leicht auf, als er weitererzählte: „Die Uhren waren sofort weg. Ein Soldat verlangte eine ‚Garmonika'. Mit dem Gewehrlauf im Rücken führte ich ihn zur Requisitenabteilung, wo nur die Attrappe einer Harmonika lag. Wütend schleuderte er sie weg."

Ein Sowjetoffizier befahl Hans Holt, in der Josefstadt müsse möglichst rasch wieder gespielt werden. Der Schauspieler eilte zu Regisseur Rudolf Steinboeck ins Stadtzentrum: vorbei an Leichen, Pferdekadavern, geplünderten Geschäften, brennenden Häusern. Tatsächlich ging am 4. Mai der Vorhang wieder auf. Gespielt wurde *Hofrat Geiger*, eine Komödie von Martin Costa. Ohne Hans Holt, der mit seiner Frau Renate zutiefst den Tod ihrer Tochter Nina betrauerte. Sie war an Blutunverträglichkeit, an Mangel an Medikamenten – letztlich am Krieg gestorben.

Der Hippokratische Eid

Die Chirurgin Trude Unger rettete 1945 im Wiener AKH einen schwer verletzten US-Offizier vor der SS. Weil sie ihn operiert und versteckt hatte, sollte sie knapp vor Kriegsende exekutiert werden. Die Ärztin besuchte ihren Patienten oft in Florida. Und blieb bis zuletzt mit seiner Familie in Kontakt.

Von wegen betagter Dame! Dr. Trude Unger (1921–2006) ritt noch im Februar 2004 täglich aus. Vom Gutshof des ehrwürdigen Benediktinerstiftes Admont. Im Schritt, im Trab, auch im Galopp. Auf ihrem Warmblütler „Othello" entlang der Enns im Schneegestöber. Die frühere Chirurgin und Anästhesistin war eine ungewöhnliche, couragierte Frau. Das weiß man in Florida, wo man sie als „Engel des Wiener AKH“ würdigt – nicht aber in Österreich.

Ein „Hetzgedicht“ gegen die NS-Führung

Daran war Trude Unger aber selbst schuld. Sie kramte nicht gerne in der schmerzlichen Vergangenheit. Ihre Familie wurde 1939 von der Geheimen Staatspolizei Gestapo in Wien verhaftet: wegen Kontakten zum britischen Sender BBC, also Verdachts des Hochverrats. Trude Unger selbst musste auf die Anklagebank, weil sie durch ein „Hetzgedicht“ versucht habe, das „Vertrauen in die NS-Führung zu untergraben“.

Ich gehe in denselben Wäldern,
auf denselben Bergen umher.
Ich sitz’ in der Stube der Mutter,
doch ist es die Heimat nicht mehr.

Ich sprech’ mit denselben Leuten,
die ich als Kind schon gekannt.
Sie grüßen mit fremdem Gruße,
sie haben das Alte verbannt.

Sie sprechen von fremden Göttern
und wähnen sich Göttern gleich.
Ich fühl’ mich arm und verlassen
und wein’ um mein Österreich.

In der abstrusen Anklagebegründung (Aktenzeichen: Js 532/40) ist die Rede von „böswilligen, gehässigen, hetzerischen und von niedriger Gesinnung zeugenden Aussagen“. Und davon, dass die Beschuldigte laut Gestapo-Erhebungen eine entschiedene Gegnerin des NS-Regimes – also eine aufrechte Österreicherin – sei.

Nach fünfeinhalb Monaten „gesiebter Luft“, sprich Haft, durfte Trude Unger 1940 das Medizinstudium und 1943 das Praktikum an der II. Chirurgischen Universitätsklinik im AKH aufnehmen. „Ich bin als politisch unzuverlässig eingestuft – christlich-sozial“, gestand sie offen ein. „Das ist auch meine Linie“, versicherte ihr Klinikchef Wolfgang

Denk. (Er kandidierte übrigens 1957 für die ÖVP bei den Bundespräsidenten-Wahlen.)

Trude Unger arbeitete sich sehr rasch ein, nahm Bluttransfusionen, kleinere Operationen usw. vor. Sie sollte 1944 zum „studentischen Kriegseinsatz" in ein Lazarett abkommandiert werden. Aber Denk wusste das zu verhindern. Fräulein Unger leistet vollen ärztlichen Dienst", schrieb er dem Roten Kreuz. „Sie ist vor allem wegen ihrer chirurgischen Fähigkeiten für die Klinik unentbehrlich."

Die alliierten Luftangriffe auf Wien wurden 1944/45 immer heftiger. „Jedes Mal, wenn die Kuckucks-Warnrufe im Rundfunk ertönten, mussten wir die Patienten in den Luftschutzkeller bringen", erinnert sich Trude Unger. „Nach der Entwarnung wurden uns neue Verletzte gebracht, sodass wir bis tief in die Nacht operierten." So war es auch nach einem schweren Angriff am 22. März 1945. Unter den Verwundeten befand sich diesmal der US-Leutnant Kern McIlhenny. „Seine ‚B-24 Liberator' war abgeschossen worden. Er hatte sich mit dem Fallschirm retten können, war aber mit dem Oberschenkel in den Propeller geraten. Er musste sofort operiert werden", erzählt die Chirurgin.

Ein Feind darf nicht operiert werden

„‚Das kommt nicht in Frage. Das ist ein Feind. Der darf nur notdürftig verarztet werden', brüllte ein SS-Oberarzt", erinnert sich Trude Unger. „‚Aber das ist doch ein Patient wie jeder andere. Sie haben den hippokratischen Eid geschworen. Da ist es doch egal, ob der Patient blau, grün oder schwarz ist', empörte ich mich damals." Trude Unger ließ sich von den Gestapo- und KZ-Drohungen des SS-Oberarztes nicht einschüchtern. Sie nahm bei dem schwer verletzten US-Offizier eine Bluttransfusion vor, amputierte sein rechtes Bein – und rettete sein Leben.

Trude Unger sitzt vor der Bibliothekswand in ihrer Wohnung in Admont. Eine Pendeluhr, ein Leopold-Figl-Foto, eine Madonnen-Statue; ein Vogelkäfig mit Zebrafinken. Zu ihren Füßen ihr Sheltie-Hütehund Hemingway. „Stationsschwestern, die genauso wie ich dachten, haben den US-Leutnant vor der Gestapo versteckt", schildert die Ärztin. „In der Frauenabteilung, im Keller, auf den Gängen. Alles mit voller Deckung des Klinikchefs Wolfgang Denk."

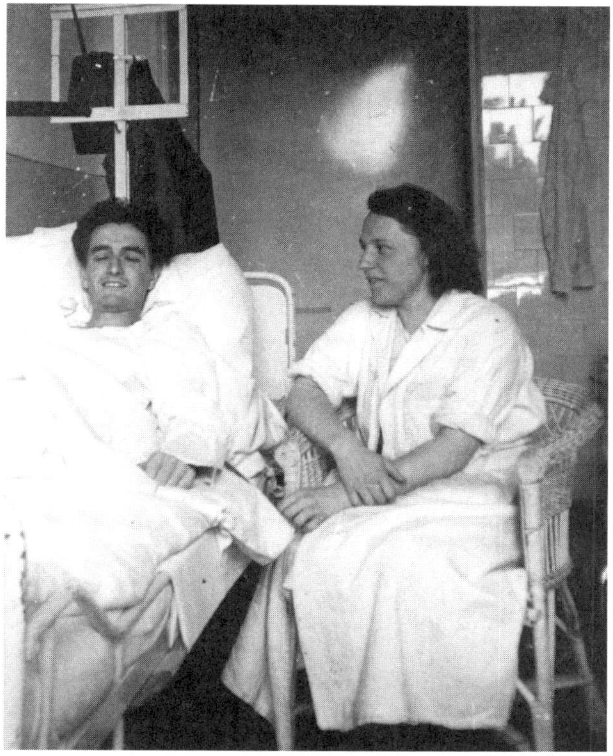

US-Leutnant Kern McIlhenny mit seiner Lebensretterin Trude Unger

Die Front rückte immer näher. Die Sowjets standen Anfang April vor den Toren Wiens. „Eine SS-Kompanie wollte im AKH eine Verteidigungsstellung aufbauen", erinnert sich Trude Unger. „‚Das kommt nicht in Frage', erklärte der Vorstand der I. Chirurgischen Universitätsklinik, Leopold Schönbauer, mit der Begründung: ‚Wir haben die Verantwortung für 2500 schwer verletzte Patienten zu tragen.' Der Universitätsprofessor verwies noch auf seinen höheren Rang als Oberstarzt. Die SS murrte: ‚Das ist Hochverrat', zog aber ab." Später zeigte Schönbauer Trude Unger eine Exekutionsliste der SS, auf der sie wegen „Hochverrats und Feindbegünstigung" stand.

Auch die Russen wollten den US-Offizier

Wenige Tage später war die Schlacht um Wien geschlagen und der NS-Spuk vorbei. Aber die Chirurgin musste noch einmal um ihren US-Patienten kämpfen. Diesmal nicht gegen die SS, sondern gegen die Sowjets, die ihn in eines ihrer Lazarette transferieren wollten. Auch das konnte Trude Unger verhindern. Kern McIlhenny kehrte schließlich in seine Heimat nach Florida zurück. Aber der Kontakt zu seiner Lebensretterin riss nie ab. „14-mal habe ich ihn, seine Frau Gladys, seine Tochter Cherie und seinen Sohn Gery in Orlando besucht. 1990 kam er noch einmal nach Wien. Erinnerungen an dramatische Ereignisse wurden wach. Ein Jahr später ist er an Herzversagen gestorben."

Trude Unger blieb mit seiner Familie weiter in Verbindung. Alle 14 Tage rief seine Witwe Gladys an. Geschenke wurden zu Geburtstagen und zu Weihnachten ausgetauscht. Diese tiefe Verbindung hielt bis zum Tod von Trude Unger an. Sie starb 2006 an einem schweren Krebsleiden. Bei der Trauermesse wurde wie bei der Rosenkranzfeier zu St. Stephan 1938 das Kirchenlied „Auf zum Schwure Volk und Land, hebt zum Himmel Herz und Hand" angestimmt. Auf der Trauerparte für Gertrude Unger stand: „Treu dem Glauben. Treu dem über alles geliebten Österreich."

Bergknappen retten Milliarden-Schätze

Das legendenumrankte, wildromantische Ausseerland. Im Altausseer See spiegelt sich die extrem steile Trisselwand. Ringsum schroffe, schneebedeckte Felsen. Vom Loser (1838 m) überragt. Mit einer Steinkrone als Gipfel. Imposant wie die Kaiserkrone des Heiligen Römischen Reiches. In engen Serpentinen schlängelt sich die Straße zum Salzbergwerk in Altaussee.

Das Steinberghaus mit dem so genannten Mundloch, dem Stolleneingang, aufgeschlagen im Jahre 1319. Links die Salzkammer mit Salzprodukten: Natursalz, weißes Salz, Salzmühlen, Salzfässer, Kräutersalz, Salzlampen – rötlich schimmernd. Rechts der Umkleideraum. Die Besucher zwängen sich in weiße Schutzanzüge aus Leinen.

Der Stollen führt tief in den Berg hinein. Mannshoch, 8 Grad Temperatur, 70 Prozent Luftfeuchtigkeit, entlang der schmalen Gleise für die Förderhunte. Salzmalereien, riesige Salzsteine, „Salz – geronnenes Licht", wie die Alchemisten des Mittelalters schrieben. Die Bergknappen sind ein gottesfürchtiges Volk. „Glaube und Religion sind das Salz der Erde“, predigt Papst Benedikt XVI.

Mitten im Salzbergwerk die Barbara-Kapelle. Ein Madonnenbild, ein Gemälde des „heiligen Florian, der 1710 einen Großbrand in Bad Aussee gelöscht hat. Die Altarwand aus beleuchteten Salzsteinen rot, gelb, braun, schwarz, Kruzifix, Apostelbilder, Kerzenständer, Chorstühle. Mystik. „Hier wurde 1945 ein dramatisches Stück Zeit- und Kunstgeschichte geschrieben“, erklärt Hannes Androsch, der Aufsichtsratspräsident der „Salinen Austria“.

Zweiter Weltkrieg 1943. Die alliierten Bombenangriffe auf Österreich verstärken sich. Experten stellen fest, das Salzbergwerk ist für die Aufbewahrung von Kunstgütern ideal: bombensicher, Klima, Luftfeuchtigkeit. Kunstschätze aus ganz Europa werden hierher verlagert. Vor allem von NS-Bonzen gestohlene, geraubte und erpresste Werke. Von Leonardo da Vinci, Michelangelo, Rubens, Rembrandt, Tizian, Raffael, Velázquez, Dürer, Cranach, Brueghel, der Genter Altar der Brüder van Eyck usw.

„Das größte Museum Europas. 6755 Gemälde, Zeichnungen, Grafiken, Gobelins, Skulpturen, Kunstmöbel im geschätzten Wert von 3,5 Milliarden Dollar“, erklärt Salinen-Tourismus-Geschäftsführer Stefan Stögner.

Szenenwechsel: das Springer-Werk, in dem die Kunstschätze eingelagert waren. Ein Holzpodest, eine Multivisionsshow. Filme, Bilder von beklemmender Realität: Bombenangriffe, brennende Häuser, flüchtende Menschen, Detonationen, rollende Züge und Raupenfahrzeuge, mit denen die Kunstwerke in das Salzbergwerk gebracht werden.

Der „Nero-Befehl“: „Alles zerstören!“

Die Rote Armee schlug Anfang April 1945 die Schlacht um Wien. Widerstand regte sich gegen die NS-Diktatur. Weiße Fahnen wurden gehisst. Aber im Ausseerland gingen die Uhren noch anders. Es gab völlig widersprüchliche Befehle aus dem Führerbunker unter der zerstörten Reichskanzlei in Berlin: den berüchtigten „Nero-Befehl“, alles zu zerstören, was dem Feind nützlich sein könnte, und den Befehl, die Kunstwerke im Salzbergwerk zu verschütten, aber nicht zu zerstören.

Der Gauleiter von Oberdonau, wie Oberösterreich damals hieß, Adolf

Eigruber, befahl, das Salzbergwerk zu sprengen. Er ließ am 10. April 1945 acht Kisten mit der Aufschrift „Vorsicht, Marmor, nicht stürzen“ in die Saline bringen. Der Inhalt: Bomben mit jeweils 500 Kilo Sprengstoff. Als die Front, d. h. die US-Truppen immer näher rückten, setzte Adolf Eigruber ein Sprengkommando in Marsch.

Jetzt schlug die große Stunde der Bergknappen: Sie holten den Sprengstoff aus der Tiefe des Berges. Im Einverständnis mit den Salinen-Managern Emmerich Pöchmüller, Otto Högler und Alfred Jud. Bei Nacht und Nebel. Alle riskierten dabei Kopf und Kragen. Hohe NS-Funktionäre hatten mit KZ und Exekution gedroht. Am 17. Mai 1945 wurden die Kunstschätze den anrückenden US-Truppen übergeben.

Mancher Bergkumpel wischte sich verstohlen eine Träne aus dem Gesicht. Eine offizielle Anerkennung gibt es für sie bis heute nicht. Ein typisch österreichisches Schicksal.

Jalta – die Teilung der Welt

Die Halbinsel Krim liegt in der südlichen Ukraine am Schwarzen Meer. Salzseen, Steppen, Weingärten, Wälder, Gebirge. Die Burg Schwalbennest auf schroffen Felsen, der botanische Garten Nikitskij, die Küstenstadt Jalta. Und der Livadia-Palast, die Sommerresidenz von Zar Nikolaus II. im Renaissancestil aus marmoriertem Stein. Hier teilten vor 63 Jahren – vom 4. bis 11. Februar 1945 – die Alliierten die Welt in Einflusssphären auf, entschieden über das Schicksal von Hunderten Millionen Menschen: US-Präsident F. D. Roosevelt, Sowjet-Diktator Josef Stalin und der britische Premier Winston Churchill.

Die letzte Offensive Hitlers in die französischen Ardennen war gerade gescheitert. Alliierte Streitkräfte stießen rasch in das Herz Deutschlands vor. Roosevelt und Churchill flogen gesondert von Malta auf die Krim. Eskortiert von je sechs Jagdflugzeugen, 1400 Meilen, sieben Stunden. Auf dem Flughafen Saki zur Begrüßung: Sowjet-Außenminister Molotow, Ehrenkompanien, Fahnen, Hymnen. Roosevelt, infolge Kinderlähmung an den Rollstuhl gefesselt, wirkte „alt, verfallen“, so Churchills Leibarzt Lord Moran. Auf der Fahrt nach Jalta deutliche Kriegsspuren: ausgebrannte Kirchen, Häuser, Panzer, Waggons, Autos.

Europas Schicksal auf einem Zettel

In Jalta selbst ein Wechselbad der Gefühle. Nicht nur der machtpolitischen. In den Speisesälen Kaviar, Stör, Räucherlachs, Spanferkel, Krimsekt, Wodka. In den Betten der Schlafzimmer DDT-Großeinsätze gegen Wanzen, Läuse und Kakerlaken. In einem der „feudalen Salons“ Winston Churchill mit seiner legendären Zigarre. In die Erinnerungen an seinen Moskau-Besuch vom 9. bis 17. Oktober 1944 versunken.

Damals hatte er Stalin formlos einen handgeschriebenen Zettel übergeben. Der Inhalt: die Aufteilung Südosteuropas in Einflusszonen zwischen der Sowjetunion und Großbritannien: Rumänien 90 : 10, Bulgarien 75 : 25, Jugoslawien 50 : 50, Ungarn 50 : 50 (später geändert auf 75 : 25) und Griechenland 10 : 90. „Stalin hat sich an diese Vereinbarung im Großen und Ganzen gehalten. Schon deshalb, weil es von Vorteil für die Sowjetunion war“, resümiert der Grazer Historiker Stefan Karner.

In der früheren Zarenresidenz jagt eine Konferenz die andere: über Deutschlands Kapitulation, die Aburteilung der Kriegsverbrecher, Besatzungszonen, Reparationen und vor allem über Polen. So kontroversiell, dass der Abbruch der Verhandlungen droht. Man stelle sich vor: Ein ganzer Staat wird auf der Landkarte in den Westen verschoben. Die Sowjets bekommen dafür Ostpolen bis zur Curzon-Linie zuerkannt, Polen als Entschädigung wiederum die deutschen Ostgebiete bis zur Oder-Neiße-Linie.

Sprengstoff: Polens politische Zukunft

Stalin will die Moskau-hörige „Lubliner“-Regierung installieren, Churchill die westlich orientierte polnische Exilregierung. Es kommt zu einem faulen Kompromiss. Mitglieder des Exilkabinetts sollen in die „Lubliner“-Regierung integriert werden.

„Josef Stalin hat sein Versprechen, freie Wahlen abzuhalten, aber gebrochen“, so Stefan Karner. Die von den Sowjets besetzten Länder wurden Satellitenstaaten, durch den Eisernen Vorhang von der freien Welt getrennt. Das war die „Büchse der Pandora".

Auch das Thema Österreich wurde am Rande der Konferenz von Jalta angeschnitten. Die Alliierten hatten schon 1943 mit der Moskauer Deklaration beschlossen, dass es wieder auf der Landkarte entstehen soll. Auf der Halbinsel Krim wurde erstmals die Zonenaufteilung andiskutiert.

Apokalypse Hiroshima

Im August 1945 fielen die ersten Atombomben: auf die japanischen Städte Hiroshima und Nagasaki. Blankes Entsetzen, Hunderttausende Opfer radioaktiver Strahlung – eine Zäsur in der Geschichte der apokalyptischen Reiter des Krieges.

In der japanischen Hafenstadt Hiroshima beginnen alljährlich am 6. August um 8.15 Uhr die Friedensglocken zu läuten. Im Friedenspark versinken Zehntausende Menschen mit brennenden Kerzen in den Händen im Gebet. Unter einem großen Steinquader die Bücher mit den Namen aller Opfer – 140 000. Die Inschrift: „Ruhet in Frieden. Wir dürfen diesen Fehler nicht mehr wiederholen." Durch den darüber gewölbten Betonbogen ist der „Atombomben-Dom" zu sehen. Die Kuppel ein Stahlskelett, das Gebäude selbst eine Ruine.

Hiroshima, 6. August 1945, 8.15 Uhr: strahlende Sonne, tiefblauer Himmel. Tausende Schülerinnen helfen gerade beim Anlegen so genannter Feuerschneisen. Tausende Soldaten sind gerade in den Kasernen bei der Morgengymnastik. In 10 000 Meter Höhe ist plötzlich ein silbrig glänzender Bomber der US Air Force zu sehen. Eine B-29 mit dem Namen „Enola Gay". Oberst Paul W. Tibbets befiehlt, die Atombombe „Little Boy" abzuwerfen. 3,05 Meter lang, 4400 Kilo schwer, mit einer Sprengkraft von 12 500 Tonnen TNT. Sie explodiert 85 Meter über dem Shima-Hospital nahe der Aioi-Brücke.

Überlebende Opfer haben immer wieder unter Tränen diese Apokalypse, dieses Inferno geschildert. Gleißendes Licht, heller als 1000 Sonnen, ein glühender Feuerball, der sich zu einer riesigen pilzförmigen Rauchwolke formt. Zehntausende Menschen verdampfen in Sekundenbruchteilen. Oder schrumpfen zu kleinen, dunklen Bündeln, die auf Straßen, Plätzen, Brücken kleben. Tausende irren wie Geister durch eine graue Aschenwüste. Mit versengten Gesichtern, aufgequollenen Körpern, von denen die Haut in Fetzen hängt.

Ungeheure Druckwellen knicken alles wie Spielzeug. Schwarzer, radioaktiv verseuchter Regen fällt vom Himmel. Die Menschen trinken davon in ihrer Verzweiflung. Mit katastrophalen Folgen bis in die zweite, dritte Generation hinein: Leukämie, Lymphdrüsenkrebs, Leberzirrhose usw.

„Mein Gott, was haben wir getan?"

„Mein Gott, was haben wir getan?", notiert später der Kopilot der „Enola Gay", Robert L. Lewis. Kein Militärschlag hat die Geschichte der Menschheit so verändert. War er überhaupt notwendig? Japans Kriegsmarine lag schon auf dem Grund des Meeres. Die Luftwaffe konnte infolge Treibstoffmangels kaum noch aufsteigen. Bis heute streiten die Historiker über diese hochbrisante Frage.

Tatsache ist, dass Japan den Krieg im Pazifik entfesselt hatte. Durch den Angriff auf den US-Flottenstützpunkt Pearl Harbor am 7. Dezember 1941. Natürlich hätte der Krieg auch mit konventionellen Mitteln beendet werden können. Aber um welchen Preis? US-Präsident Roosevelt befürchtete, dass bei der Eroberung Japans noch 500 000 US-Soldaten fallen könnten. Er drängte die Sowjets bei der Konferenz von Jalta im Februar 1945, nach der Kapitulation Deutschlands Japan den Krieg zu erklären. Dafür machten die USA Moskau bedeutende territoriale Zugeständnisse: die Halbinsel Sachalin, die Kurilen und den Hafen Port Arthur.

Die Wurzeln des Kalten Krieges

Nun, das NS-Terrorregime in Deutschland kapitulierte am 9. Mai 1945 bedingungslos. Die vier Alliierten berieten bei der Potsdamer Konferenz über die Zukunft der Welt. Dabei informierte der Nachfolger des verstorbenen US-Präsidenten Roosevelt, Harry S. Truman, Sowjetdiktator Stalin am 24. Juli 1945: „Wir besitzen eine neue Waffe mit ungewöhnlicher Zerstörungskraft.“ Stalin zeigte sich äußerlich unbeeindruckt, ließ aber eine Million Sowjetsoldaten aus Europa nach Fernost verlegen.

Das dramatische Finale an der pazifischen Front war von Misstrauen zwischen den Verbündeten geprägt. Moskau fürchtete um seine Machtansprüche im Fernen Osten. Washington wiederum, dass Stalin auch auf Japan zugreifen könnte. Die Führung in Japan war gespalten – in Tauben und Falken. Sie wies Trumans ultimative Kapitulationsforderung zurück. Aber der „Tenno“, Kaiser Hirohito, ließ Friedensfühler nach Moskau ausstrecken.

Sowjet-Außenminister Molotow zitierte am 8. August 1945 den japanischen Botschafter Naotake Sato zu sich. Statt Vermittlungsdienste anzubieten, wie von Tokio erhofft, erklärte er Japan den Krieg. Einen Tag später, am 9. August 1945, zerstörte die US-Plutoniumbombe „Fat Man“ Nagasaki. Der Kriegsrat ersuchte Kaiser Hirohito angesichts der Katastrophe, eine Entscheidung zu fällen. Das tat er auch. „Wir müssen das Unerträgliche ertragen, die Kapitulation“, stellte er fest.

Inzwischen überrannten Sowjettruppen die Mandschurei und drangen tief auf die Halbinsel Korea vor – bis zum 38. Breitengrad. Hier prallten nach Japans Kapitulation am 2. September 1945 zwei Supermächte aufeinander: die USA und die Sowjetunion. Aus der Höllenglut Hiroshima entstand der Kalte Krieg. Lange drohte ein Nuklearkrieg.

Die Auferstehung Österreichs

Klostermarienberg, eine Katastralgemeinde von Mannersdorf an der Rabnitz, Burgenland, an der ungarischen Grenze, im Jahr 2005. Zisterzienserabtei, Barockkirche mit gelb-verwaschener Fassade. Viele Tauben auf dem Turm. Dreifaltigkeitssäule, Gedenktafel auf dunklem Vulkanstein. Mit der Aufschrift: „29. März 1945. Beginn der Wiedererstehung Österreichs.“ Und dieser war schmerzlich. Im Frühling ist Klostermarienberg ein Blütenmeer – in Weiß, Rosa und Rot. 100 Hektar weit: Äpfel-, Pfirsich-, Kirschen- und Zwetschken-Plantagen

Aber die Spuren der Vergangenheit sind noch nicht endgültig verwischt. Auf der Feldriede Publitzka Laufgräben, Verteiler, Gefechtsunterstände. Überwachsen von Gras, Sträuchern, Wurzelwerk. Makabre Relikte des Südostwalls. Dieser war von Tausenden KZ-Häftlingen und Zwangsarbeitern errichtet worden. An der Grenze zu Ungarn. Hunger, Schläge, Typhus, keine Medikamente, Tod. Aber es sollte noch schlimmer kommen: Am 28. März 1945 der Befehl zum Abmarsch – in das KZ Mauthausen. Wer zu schwach ist zu gehen, wird erschossen: Hunderte, Tausende Leichen säumen die Straßen.

Regenverhangener Himmel. Ein holpriger Feldweg zur Staatsgrenze. Langgestreckte Rapsfelder, windschiefe Hochstände, biegsame Pappeln. „Hier haben am 29. März 1945 erstmals sowjetische Truppen österreichischen Boden betreten“, erklärt der damalige Ortsvorsteher von Klostermarienberg, Walter Kuntner. Einheiten des IX. Garde-mech. Korps mit T-34-Panzern und aufgesessener Infanterie, wie in Manfried Rauchensteiners *Der Krieg in Österreich '45* nachzulesen steht. Noch gibt es Zeitzeugen, die sich an diese dramatischen Stunden zurückerinnern können.

Der Gasthof Gregorich gleich vis-à-vis von der Zisterzienser-Abtei. In der Wirtsstube am ersten Tisch bei der Schank: Stefan Tschanits (78). Vor ihm eine Kesseldürre, zwei Semmeln, eine Flasche Wieselburger Bier.

Er hat nichts vergessen, sich alles eingeprägt: Mit 16 zum Volkssturm eingezogen. Am 28. März 1945 zur Dreifaltigkeitssäule befohlen. Insgesamt 16 Mann hoch. Das letzte Aufgebot. Bewaffnet mit Panzerfäusten, Karabiner, 60 Schuss Munition. „‚Jetzt gewinnen wir den Krieg', hat einer gewitzelt", erinnert sich Tschanits.

Die ersten Sowjetpanzer

29. März 1945, der Tag, an dem der Krieg auch zu Lande nach Österreich kam. „Wir haben uns im Keller des Nachbarn versteckt", erzählt Maria Stifter (72). Plötzlich ein Riesenrumpler. Wir haben geglaubt, das Haus fällt zusammen. Erste Sowjetpanzer. Jetzt hat es geheißen: ‚Alle mit Taschentüchern auf die Straße.'" Erna Gregorich (81) setzt sich an den Zeitzeugentisch im Gasthaus. „Die sowjetischen Kampftruppen waren sehr nett", erzählt sie – unter zustimmendem Nicken der anderen. „Die Soldaten haben uns Kekse, Zuckerln geschenkt."

„Als die nachrückenden Truppen kamen, der Tross, ist es losgegangen", schildert Stefan Tschanits: „Die Russen schrien: ‚Ura, Ura.' Wer seine Uhr nicht gleich herausrückte, wurde erschossen, wie die Kathi Adorf. Die Soldaten forderten Wein und vor allem Frauen." Brutale Gewalt, verzweifelte Schreie. Bis tief in die Nacht. Ein Trauma bis heute – für die älteren Menschen in Klostermarienberg.

Erna Gregorich und Maria Stifter ist Gott sei Dank nichts geschehen. Aber sie erinnern sich noch genau. „Die Frauen haben sich auf dem Dachboden versteckt, im Kamin, im Kuhstall, im Wald", erzählen beide. „Sie haben ihre Gesichter mit Ruß angeschmiert, Kopftücher und zerschlissene Kleider getragen, damit sie wie alte Weiber aussehen."

Die Grazer Historiker Stefan Karner und Barbara Stelzl-Marx haben für ihr Buch *Die Rote Armee in Österreich* in Moskauer Archiven geschürft. Und dabei entdeckt, dass es sehr wohl Befehle gab, Übergriffe gegen die Zivilbevölkerung, also Vergewaltigungen und Plünderungen, streng zu ahnden.

„Nach dem Krieg hat jeder jedem geholfen", erzählen Erna Gregorich und Stefan Tschanits. „Mit Lebensmitteln, Medikamenten, Kleidern, Wäsche. In der Kirche haben wir für alle Opfer, die Gefallenen, die Vermissten, gebetet."

Die Barockkirche wurde renoviert. Alle haben ihr Scherflein dazu beigetragen.

Die Auferstehung Österreichs erfolgt unglaublich rasch: provisorische Regierung, demokratische Parteien, unbeugsamer Wille zur Souveränität. Und Klostermarienberg? Schwarz-Weiß-Fotos 1945: geduckte Häuser mit strohgedeckten Dächern, Straßen aus Lehm. Heute: ein malerisches Dorf mit intakter Infrastruktur und pulsierendem Leben.

Die Anfänge der Zweiten Republik

Die Villa des Begründers der Ersten und Zweiten Republik, Karl Renner (1870–1950), liegt im Herzen von Gloggnitz. Späthistorischer Stil, schönbrunnergelbe Fassade, viele Fenster, viel Licht – heute ein Museum. Eine holzgetäfelte Bauernstube mit Sitzecke, ein Arbeitszimmer mit Bibliothek, Blumenstrauß aus Metall, Sternenglobus, eine Schreibmaschine Marke „Mercedes".

1. April 1945, Ostersonntag. Sowjetsoldaten nehmen Gloggnitz kampflos ein. Es herrschen Hunger, Angst, es gibt Übergriffe. Karl Renner (75) tritt einen historischen Weg an. Im gewohnten Habitus: Spitzbart, Brille, Hut, dunkler Anzug, Spazierstock. Er deponiert bei den Besatzern die Sorgen (Plünderungen, Vergewaltigungen) der Menschen. Weist sich als Staatskanzler der Ersten Republik aus. Wird von einer Sowjet-Kommandantur zur anderen weitergeschickt.

Von Gloggnitz nach Köttlach und Hochwolkersdorf. Zum Hauptquartier der Dritten Ukrainischen Front unter Marschall Tolbuchin. Von Sowjetoffizieren bestaunt und respektvoll behandelt. Was Renner nicht weiß, ist, dass der Sowjetdiktator Josef Stalin (1879–1953) schon nach ihm suchen lässt. Als der Kremlherr am 4. April 1945 erfährt, dass Renner gefunden wurde, wundert er sich trotzdem: „Was, der alte Fuchs lebt noch?"

Stalin erteilt Marschall Tolbuchin umgehend den Befehl, Renner Vertrauen zu schenken. Man solle ihm mitteilen, dass die Rote Armee ihn beim Aufbau einer Demokratie in Österreich unterstützen würde. „Der Telegrammwechsel wurde erst jetzt im Archiv des russischen Verteidigungsministeriums entdeckt", erzählt der Historiker Peter Ruggenthaler vom Grazer Institut für Kriegsfolgen-Forschung.

Renner – Taktiker und Schlitzohr

Warum fiel die Wahl des Sowjetdiktators ausgerechnet auf Karl Renner? „Stalin hat geglaubt, mit dem 75-jährigen Politiker ein gefügiges Werkzeug zu haben", vermutet Bundespräsident Heinz Fischer. Er sitzt in der Gemäldegalerie seiner Vorgänger im zweiten Stock der Hofburg. Nach einer Gedankenpause: „Renner hat im April 1938 dazu aufgerufen, bei der Volksabstimmung über den ‚Anschluss' mit Ja zu stimmen. Ein schwerer Fehler, ein Schatten in seiner Biografie."

„Das entspricht genau dem Strickmuster, wie die Sowjets in Osteuropa vorgegangen sind", erklärt der Renner-Biograf Siegfried Nasko. „Bildung nationaler Volksfrontregierungen. Mit Menschen, deren Rückgrat vielleicht brechbar ist. Weil sie dunkle Flecken aufweisen wie Renner." Österreich blieb das Schicksal einer Ostblock-Diktatur, des Eisernen Vorhangs, erspart. „Moskau hatte sich in Karl Renner getäuscht", analysiert Heinz Fischer.

Die Sowjets betrauten den früheren Staatskanzler am 17. April 1945 mit der Bildung einer provisorischen Regierung. Sie mussten aber bald erkennen, dass er „nicht Wachs in ihren Händen war, sondern ein erfahrener Taktiker, kühler Rechner – und ein Schlitzohr". Westalliierte und westliche Bundesländer argwöhnten, er stünde zu sehr unter dem Einfluss der Sowjets. Aber Renner konnte dieses Misstrauen sehr rasch zerstreuen.

Noch war der Zweite Weltkrieg nicht beendet. Noch erteilte Hitler irrationale Befehle an Armeen, die gar nicht mehr existierten. Aber schon begann in Wien das demokratische Leben wieder zu erwachen: 20. April 1945, im Roten Salon des Rathauses wird die SPÖ wieder gegründet, drei Tage später im Schottenstift die ÖVP. Warum das so rasant ging? „Seit dem Attentat auf Hitler vom 20. Juli 1944 wussten schwarze und rote Politiker im Untergrund, dass die Tage des NS-Regimes gezählt sind", erklärt Ex-Nationalratspräsident Andreas Khol.

Als Renner nach Wien zurückkommt, schlägt er die Hände vor das Gesicht und weint. Jedes dritte Haus ist zerstört oder schwer beschädigt. Was hatte man Renner nicht alles vorgeworfen! Er sei ein Opportunist, habe einen speichelleckerischen Brief an Stalin geschrieben. Tatsächlich war er ein Pragmatiker, der unbeirrt sein Ziel verfolgte.

27. April 1945: die Unabhängigkeitserklärung Österreichs, der Taufschein der 2. Republik. 29. April 1945: Renner zieht mit der provisorischen

Spontane Freudenkundgebungen anlässlich der Ausrufung der Zweiten Republik

Regierung vom Rathaus zum Parlament. Umjubelt von Tausenden Menschen. Rot-weiß-rote Fahnen, Walzerklänge, Tränen. Renners Meisterstück folgt aber noch: die ersten freien Wahlen am 25. November 1945.

Schicksalswahl 1945

Grauverhangener Herbsthimmel. Kälte, Regen, Schnee, bunt verfärbte Blätter. Eine trostlose Ruinenlandschaft. Alles zerbombt, verbrannt, geplündert. Dennoch regt sich Leben: am 25. November 1945. Lange Warteschlangen vor den Wahllokalen. Schon ab 7 Uhr Früh. Hungernde, frierende Menschen. Unglaubliche Spannung lastet über Österreich. Nicht nur, weil es die ersten freien Wahlen seit 15 Jahren sind. Es geht auch die Angst um, dass die Kommunistische Partei Österreichs überdurchschnittlich stark abschneiden und die Macht an sich reißen könnte.

Tatsächlich meldete die KPÖ überschwänglich nach Moskau, bis zu 20% der Stimmen zu erwarten. Der sowjetische Generaloberst Scheltow hielt das für übertrieben. Er zitierte Staatskanzler Renner und die Parteichefs zu sich, um ihre Prognosen zu hören. Diese versuchten ihn in Sicherheit zu wiegen. Der Kreml unterstützte die KPÖ im Wahlkampf voll. Er spendete 1 Million Schilling für den Wiederaufbau der Oper, protegierte die KPÖ deutlich bei der Papierzuteilung für die Wahlwerbung usw.

Wie sich ÖVP und SPÖ dagegen zur Wehr setzten? Im Stil des braven Soldaten Schwejk. „Die einen haben mehr Papier, die anderen das bessere Programm", war ihre Devise. Homerisches Gelächter löste der Geniestreich eines Wahlplakates aus: „Wer die Rote Armee liebt, wählt kommunistisch!" Nun, am Wahltag war klar, dass sich diese Liebe sehr in Grenzen hielt. Die ÖVP bekam 85 Mandate (49,80 %), die SPÖ 76 (44,60 %) und die KPÖ enttäuschende 4 (5,41 %). Die Wahlbeteiligung betrug stolze 94,3 %. Davon kann man heute nur träumen.

„Eine schicksalsträchtige, zukunftsweisende Entscheidung", urteilt Heinz Fischer. „Die Kommunisten wurden klar zurückgewiesen. ÖVP und SPÖ bekamen einen Vertrauensvorschuss, den Auftrag zur Zusammenarbeit." Die Sowjetunion hat sich in anderen Ländern über demokratische Entscheidungen brutal hinweggesetzt, warum nicht in Österreich? „Ungarn, Polen oder die Tschechoslowakei waren zur Gänze von der Roten Armee besetzt – Österreich nur zu einem Viertel", erklärt der Bundespräsident.

Nach den Nationalratswahlen vom 25. November 1945 wurde Leopold Figl zum ersten Kanzler der Zweiten Republik.

„Glaubt an dieses Österreich"

Leopold Figl übersiedelte 1945 fast nahtlos von der Todeszelle im Straflandesgericht in das Kanzleramt am Ballhausplatz. Er bettelte und kämpfte um Milch, Brot, Mehl für die hungernde Bevölkerung. Und um mehr Selbstbestimmung, Freiheit. Leopold Figl war der richtige Mann zur rechten Zeit am rechten Platz – und vor allem unbeugsam.

Die Sonne steht hoch über dem Tullnerfeld. Die Weizenfelder wogen im Wind. Nur das Surren der Radspeichen ist zu hören. Der niederösterreichische Landeshauptmann Erwin Pröll auf Spurensuche: im Sattel seines Rennrades mit Sturzhelm und blaugelbem Trikot. Etwas unkonventionell – die Einstimmung auf das Jubiläumsjahr 2005: 60 Jahre Republik, 50 Jahre Staatsvertrag. Beide Daten sind untrennbar mit dem Namen Leopold Figl verbunden.

Die Bremsen quietschen vor dessen Geburtshaus in Rust im Tullnerfeld. Im Hof Schatten spendende Arkaden, Buchsbäume und Rhododendren. Im Gebäude selbst Figls legendäre Bauernstube – originalgetreu erhalten mit Herrgottswinkel, Heiligenbildern, holzgetäfelter Sitzecke, Kachelofen. „Hier hat Leopold Figl Hof gehalten – bei einem Glas Wein oder auch mehr“, schildert dessen gleichnamiger Neffe. „Darf ich Holundersaft einschenken?“, fragt er. „Das kann doch nicht wahr sein!“, protestiert Erwin Pröll: „Den Figl dreht's im Grab um.“ Eingeschenkt wird ein Glas „Figl“-Wein: Der Fauxpas ist vergessen.

Nur wenige Kilometer von diesem Bauernhof entfernt liegt das Figl-Museum. „Als Figl 1945 nach Rust kam, rief ich meinem Vater zu: ‚Der Kanzler ist da!‘“, erzählt dessen Leiterin Maria Kornhofer (70). „Figl nahm mich daraufhin zur Seite und sagte mir: ‚Pass auf. Für dich bin ich weiter der Leopold-Onkel.‘“ Im Museum: eine Bronzebüste Figls von Gustinus Ambrosi, ein großes Bild mit seiner Mutter Josefa, die er über alles liebte, die Liste des ersten Österreicher-Transportes 1938 ins KZ Dachau. Mit christlichsozialen und sozialdemokratischen Spitzenpolitikern – auch Leopold Figl.

„Nie wieder Bruderkrieg!“

Der Kreuzweg eines Ruster Bauernsohnes, der zum ersten Kanzler der 2. Republik aufstieg. Im KZ wagte es Figl, sich offen zu Österreich zu bekennen – und wurde dafür grausam bestraft: mit 25 Ochsenziemer-

Schlägen, die sich tief in seinen Rücken eingruben. Aber er blieb unbeugsam, wie seine Osterbotschaft an die Leidensgefährten bezeugte: „Der Herr ist auferstanden – Amen und Österreich!“ Im KZ Dachau entstand der legendäre Geist der Lagerstraße.

„Feinde von einst, Christlich-Soziale und Sozialdemokraten, schworen einander, nie wieder Bruderkrieg wie 1934 zu führen, sondern eine neue Republik, eine neue Demokratie aufzubauen“, erzählt Erwin Pröll. Und nach kurzem Schweigen: „Dieser Grundkonsens muss weiter halten.“ Figl verbrachte die letzten Kriegstage 1945 bis zur Befreiung in der Todeszelle des Straflandesgerichtes Wien. Von hier übersiedelte er fast nahtlos auf den Ballhausplatz. Eine ausgleichende Gerechtigkeit der Geschichte.

Im Tresor der Amtswirtschaftsstelle des Kanzleramtes wurde 2002 ein Schatz geborgen. Ein unscheinbares Kuvert mit der Aufschrift „Weihnachten 1945“. Inhalt: Gestochen scharfe Schwarz-Weiß-Fotos. Sie zeigen die eingerüstete Fassade des Kanzleramtes, dessen rechter Flügel 1944 durch Bomben in Schutt und Asche gelegt wurde. Den Kongresssaal, in dem 1814/15 der Wiener Kongress getagt hatte, mit nackten Ziegelwänden und rostigen Leitungsrohren. Und Kanzler Leopold Figl vor dem Rednerpult – neben einem nur mit Papierschnitzeln geschmückten Christbaum. Vor ihm auf Sesseln sitzend Minister und Sektionschefs. Dahinter im Halbkreis stehend Hausarbeiter, Sekretärinnen, Bedienerinnen. Ein karges Festmahl gab es damals auch: Suppe, Brot, Bier – das war damals schon sehr viel.

„Diese Fotos strahlen eine geheimnisvolle Kraft aus“, sagt der damalige Kanzler Wolfgang Schüssel, als er sie in seinem Büro studiert. „In den Gesichtern der Menschen ist das Wissen zu erkennen: Österreich hat eine neue Chance bekommen. Leopold Figl spricht seinen Mitarbeitern Mut zu, das Land wieder aus den Trümmern aufzubauen.“ Tatsächlich sind dessen Worte schon Legende: „Ich kann euch zu Weihnachten nichts geben. Kein Stück Brot, keine Kohlen zum Heizen, kein Glas zum Einschneiden. Wir haben nichts. Ich kann euch nur bitten: Glaubt an dieses Österreich!“

Diese Ansprache konnte 1945 nicht für den Rundfunk aufgezeichnet werden. Es fehlten einfach die technischen Voraussetzungen dafür. Aber der Historiker Hans Magenschab entdeckte den Text 1965 in Originaldokumenten in der Nationalbibliothek. Der frühere ORF-Intendant

1945: Weihnachtsfeier im Bundeskanzleramt mit Leopold Figl – der Christbaum ist nur mit Papierschnipseln geschmückt.

Wolfram Marboe überredete seinen Großonkel Leopold Figl, die Rede auf Band zu sprechen. „Er war schon sterbenskrank. Es klang wie ein Vermächtnis", erinnert sich Wolfram Marboe. Er inszenierte im Frühjahr 1965 mit Hans Magenschab die Multimediashow „20 Jahre Kriegsende" auf dem Stephansplatz. Heulende Stukas, bellende Artillerie – und mitten drinnen Figls Worte: „Glaubt an dieses Österreich!" Dazu Hans Magenschab: „Alle haben geweint – auch Leopold Figl, der knapp zwei Wochen später starb."

Zur rechten Zeit am rechten Ort

„Leopold Figl war 1945 der rechte Mann zur rechten Zeit am rechten Platz", zitiert sein Biograf Ernst Trost Ex-Innenminister Franz Olah. Tatsächlich blutete das in vier Besatzungszonen geteilte Österreich aus vielen Wunden. Er bettelte bei US-General Mark W. Clark um Brot für die hungernde Bevölkerung. Der Kanzler ließ sich nicht durch Drohungen im sowjetischen Hauptquartier im Hotel Imperial einschüchtern. „Ich hab Hitlers KZ überlebt. Ich werde auch in Sibirien nicht weich", trotzte der Bauernbub aus Rust im Tullnerfeld allen Drohungen.

Aber der Zahn der Zeit nagte auch an Figl. Der Kampf um Österreichs Auferstehung kostete viel Substanz. Die ÖVP behielt 1953 nur wegen der Wahlarithmetik die Nase vorne. Figl wurde ausgerechnet von seinem besten Freund, Julius Raab, als Kanzler abgelöst. „‚Hosianna' und ‚Kreuzigt ihn' liegen nah beieinander", erklärte dieser. Aber er holte Figl rasch in die Bundespolitik zurück – als Außenminister. Der Bauernsohn war zwar kein geschliffener Diplomat, beherrschte keine Fremdsprachen, aber er gewann durch Herzlichkeit, Geradlinigkeit viel Vertrauen und Sympathien.

Vor allem bei den Sowjets, die ihn als harten, aber paktfähigen Verhandlungspartner kennen gelernt hatten. Raabs Rechnung ging auf – und er bewies dabei auch menschliche Größe: Er ließ seinen Freund Figl am 15. Mai 1955 im Oberen Belvedere den Staatsvertrag unterzeichnen. Auch mit einem Blick auf die Geschichte: Der Mann, der im KZ wegen seines Österreich-Bekenntnisses geprügelt worden war, durfte jetzt verkünden: „Österreich ist frei!" Noch mehr: Er zeigte auf dem Balkon der jubelnden Menschenmenge den Staatsvertrag.

Eine Geste, zu der nur Figl fähig war. Die Menschen liebten ihn, weinten und lachten mit ihm. Aber seine Tage waren schon gezählt. Die Peitschenhiebe im KZ hatten schwere Gewebeschäden, schmerzende Geschwüre ausgelöst. „Red' ma net darüber", wehrte er ab, wenn man ihn darauf ansprach.

Am 9. Mai 1965 starb Leopold Figl – nur knapp 63 Jahre alt. Ganz Österreich versank in tiefer Trauer.

Die Odyssee des Kronschatzes

Vor mehr als 60 Jahren gab die US-Armee Österreich den Kronschatz (Insignien, Kleinodien) des Heiligen Römischen Reiches zurück. Adolf Hitler hatte ihn nach dem so genannten Anschluss 1938 von der Wiener Schatzkammer nach Nürnberg verlagern lassen.

6. Jänner 1946, Flughafen Langenlebarn/Tulln. Eine US-Militärmaschine aus Nürnberg setzt unter strengsten Sicherheitsvorkehrungen zur Landung an. Mit einer Fracht von unschätzbarem Wert und unglaublicher Symbolkraft an Bord: dem Kronschatz des Heiligen Römischen Reiches, den Insignien der kaiserlichen Macht. Reichskrone, Zepter, Reichsapfel, Reichsschwert, Reichskleinodien, Krönungsornat, Reichsevangeliar usw.

Es gibt noch vergilbte Fotos, die ein Stück Zeitgeschichte sind: Sie zeigen den Militärkonvoi, der den Kronschatz in die Nationalbank brachte. Den US-Hochkommissar General Mark W. Clark, der ihn an Bundespräsident Karl Renner und Kanzler Leopold Figl übergab. Österreichs Zukunft war damals noch völlig ungewiss. Warum entschlossen sich die USA dennoch zu dieser bemerkenswerten Geste? „Es war offenbar eine Anerkennung dafür, dass die Österreicher bei der ersten Nationalratswahl der Zweiten Republik am 25. November 1945 klar pro-westlich gestimmt hatten", vermutet der Historiker des Kunsthistorischen Museums, Herbert Haupt.

Der Kronschatz schlummerte aber noch acht Jahre in den tiefsten Tresoren der Nationalbank in Wien. Erst nach Wiedereröffnung der Schatzkammer am 3. Juli 1954 konnte er wieder der Öffentlichkeit gezeigt werden. Mit dem mystischen Glanz des Heiligen Römischen Reiches, der nichts an Faszination verloren hat. Das war das Ende einer Odyssee, die nach dem so genannten Anschluss Österreichs im März 1938 begonnen hatte. Adolf Hitler befahl, die Insignien und Kleinodien von Wien nach Nürnberg zu verlagern. Es gab sehr wohl heftige Proteste, diese wurden aber ignoriert.

Tatsächlich wurde der Kronschatz Anfang September 1938 beim NS-Reichsparteitag in Nürnberg präsentiert. In der Katharinenkirche, auch bekannt als Meistersingerkirche. Mit dem Ausbruch des Zweiten Weltkriegs am 1. September 1939 bzw. den ersten Bombenangriffen war es damit vorbei. Die Insignien und Kleinodien wurden in einem weit verzweigten Luftschutzstollensystem direkt unter der Nürnberger Burg in Sicherheit gebracht, und zwar rundum eingemauert.

Nach der Kapitulation des NS-Regimes am 8. Mai 1945 suchten US-Spezialtrupps nach dem Kronschatz. Der Nürnberger Oberbürgermeister Willi Liebel hatte Selbstmord verübt, seine Mitwisser hüllten sich in Schweigen. Aber ein Stadtrat konnte schließlich weich geklopft werden. Er führte die Amerikaner mit einer Blendlampe zum Versteck im Stollen, erzählte der US-Historiker Walter Horn seinem Wiener Kollegen Herbert Haupt.

Rückforderung des Kronschatzes

Ein nebeliger Herbsttag. Das Michaelertor, die Batthyánystiege, Innerer Burghof, das Denkmal von Kaiser Franz I. Links das Schweizertor, der Schweizerhof, die Schatzkammer. Im ersten Stock hinter Stahlglas der Kronschatz des Heiligen Römischen Reiches. Bis in die 1990er-Jahre forderten Nürnberg und Aachen Teile davon zurück. Da wurden Rechtsgutachten erstellt, Klagen und Prozesse angedroht. Aber der Kronschatz blieb in Wien. Dank eines Dossiers von Hermann Fillitz, der die Schatzkammer 1954 wieder zugänglich gemacht hatte.

Der Wiener Kunsthistoriker stellte fest, dass Teile des Kronschatzes zwar in den vergangenen Jahrhunderten in Nürnberg und Aachen deponiert worden seien, aber nie mit der fixen Zusage, dass sie für immer dort verbleiben sollten. Tatsächlich ließ Kaiser Franz II. 1796 bzw. 1801 die Reichsinsignien vor den heranrückenden französischen Truppen in Sicherheit bringen. Aus Nürnberg und Aachen über Regensburg donauabwärts in die Reichs- und Residenzstadt Wien. Aber auch dort waren sie nicht sicher.

Vor Napoleon, der sich höchstpersönlich zum französischen Kaiser gekrönt hatte. Er behauptete allen Ernstes, der Nachfolger von Kaiser Karl dem Großen zu sein. Sein größter Traum war es wohl, sich die Krone des Heiligen Römischen Reiches auf das Haupt zu setzen. Das wusste aber sein Widersacher, Kaiser Franz I., zu verhindern. Knapp bevor Napoleon 1805 bzw. 1809 Wien eroberte, ließ der Habsburgermonarch die Reichsinsignien evakuieren – nach Temesvár und Ofen.

Nur zur Erklärung: Der Habsburger nahm 1804 den Titel eines österreichischen Kaisers (Franz I.) an und legte 1806 die Würde des römischen Kaisers (Franz II.) zurück. Er war also zwei Jahre hindurch sowohl römischer als auch österreichischer Kaiser. Auf jeden Fall bestimmte er, dass die Reichsinsignien in der Wiener Schatzkammer verbleiben sollten. Die Ansprüche von Nürnberg und Aachen waren damit hinfällig, wie auch Georg Johannes Kugler in seinem Buch *Die Reichskrone* schreibt.

Otto von Habsburg in der Schatzkammer
Knapp vor seinem 90. Geburtstag besuchte Otto von Habsburg im Herbst 2002 die Schatzkammer. Er war natürlich beeindruckt von der Reichskrone, dem Symbol des christlichen Abendlandes. „Der Bügel auf der Krone stammt noch aus der Zeit von Karl dem Großen“, erzählte er. Otto von Habsburg interessierte sich aber weniger für Gold, Email oder Edelsteine der Insignien, sondern konzentrierte sich auf die in ihnen enthaltenen Flussperlen. Des Rätsels Lösung: Als EU-Abgeordneter hatte er sich im Europäischen Parlament dafür stark gemacht, die aussterbenden Flussmuscheln zu retten …

Ende des Kriegszustandes und Opern-Gala

London beendet erst 1947 den Krieg mit Österreich: Musik, Mozart und Staatsopernsänger machten es möglich.

London, 16. September 1947, Punkt 16 Uhr: Vor der Covent Garden Opera stehen Streikposten. Die britische Musikgewerkschaft hat zum Boykott aufgerufen. Auf dem Spielplan: das erste Gastspiel der Wiener Staatsoper und der Wiener Philharmoniker nach dem Zweiten Weltkrieg. Das Ensemble bangt der Aufführung entgegen. In Frankreich war es knapp vorher mit Pfui- und Schmährufen empfangen worden. Im Pariser Théâtre des Champs Élysées gab es nach dem ersten Akt von *Don Giovanni* keine Reaktion aus dem Zuschauerraum. „Kinder, warm anziehen. Alles geben“, mahnte Dirigent Josef Krips verzweifelt. Und siehe da: Sie gaben alles – und eroberten die Herzen im Sturm.

Und jetzt London, mein Gott. Diese psychische und physische Belastung! Dabei wissen, ahnen die Opernsänger gar nicht: Großbritannien befindet sich nach wie vor im Kriegszustand mit Österreich. Zwei Jahre nach der bedingungslosen Kapitulation des deutschen NS-Regimes am 8. Mai 1945. Aber warum? Österreich ist doch von Adolf Hitler 1938 okkupiert und für sieben Jahre von der Landkarte ausradiert worden? „Großbritannien vertrat den Standpunkt, dass Österreich ein integrierter Bestandteil des Deutschen Reiches war“, erklärt der Grazer Historiker Joseph F. Desput.

„Kapitulation und die Beendigung eines Kriegszustandes sind zwei Paar Schuhe", bestätigt der Wiener Historiker Oliver Rathkolb. „Die Position der Briten war: Österreich ist im Deutschen Reich völlig aufgegangen – und damit als Teil davon zu behandeln." Irgendwie war das die Quadratur des Kreises, hatten doch Großbritannien, die USA und die Sowjetunion schon 1943 in der Moskauer Deklaration beschlossen, dass Österreich wieder als freier, unabhängiger Staat auf der Landkarte entstehen solle.

Aus diesem Grund schlug das britische Außenamt König Georg VI. vor, das Gastspiel am 16. September 1947 zum Anlass zu nehmen, um den Kriegszustand mit Österreich zu beenden. Und so geschah es auch. Es war der Schlussstrich unter einem Anachronismus. Was die Diplomaten nicht geschafft hatten, gelang der Staatsoper, den Sängern – und Mozart. In den Ehrenlogen saßen König Georg VI., der Vater von Königin Elisabeth, Premierminister Clement Attlee und Außenminister Ernest Bevin.

Tatsächlich bekam Kanzler Leopold Figl am 16. September 1947 eine Note der britischen Regierung übermittelt, dass der Kriegszustand mit Österreich beendet sei. Mit den Konsequenzen: Die diplomatischen Vertreter beider Länder erhalten den Status von Gesandten. Bilaterale Verträge fallen nicht mehr unter die für „Feindeigentum" geltenden Bestimmungen. Nach Großbritannien einreisende Österreicher werden nicht mehr als Angehörige eines feindlichen Staates betrachtet usw.

Der Vorhang der Londoner Covent Garden Opera hebt sich. Die Spannung steigt. Wie in Paris wird Mozarts *Don Giovanni* aufgeführt. Mit den Sängern der Wiener Staatsoper, den Wiener Philharmonikern, dem Dirigenten Josef Krips. Der Funke springt von der Bühne in den Zuschauerraum über. Ein Ensemble, das die Musikwelt erobern sollte, rührt zu Tränen, bezaubert, begeistert: Maria Cebotari, Hilde Güden, Elisabeth Schwarzkopf, Irmgard Seefried, Anton Dermota, Erich Kunz, Paul Schöffler usw.

Berührendes Detail: Den Octavio singt in dieser Aufführung der bereits zu Lebzeiten legendäre Tenor Richard Tauber. Schon schwer krank steht er das letzte Mal auf der Bühne. Richard Tauber war 1938 aus seinem geliebten Österreich vertrieben worden und nach London emigriert. An diesem ersten Tag des Gastspiels der Wiener Staatsoper trat er vor den Vorhang und stellte dem Londoner Publikum die Mitglieder des Ensembles vor. Es folgen 16 weitere Vorstellungen der Wiener Staatsoper in London.

Nachkriegswehen

„Trümmerfrauen" bauten Österreich auf

Vergilbte Fotos aus 1945, der Stunde null. Ausgebrannte Hausruinen. Riesige Schutthalden. Frauen, die Ziegel klopfen, Schutt wegschaufeln, schwere Karren ziehen. Die so genannten Trümmerfrauen. Arbeit gibt es mehr als genug in Wien: mehr als drei Millionen Kubikmeter Schutt auf den Straßen. 4500 Bombentrichter. „Männer und Frauen an die Arbeit!", heißt es in einem Aufruf des Staatsamtes. Und sinngemäß: Wer jetzt nicht mithilft, ist kein Österreicher.

Aber wo sind die Männer? Gefallen, vermisst oder in Kriegsgefangenschaft. Nichts funktioniert mehr. Es herrscht das Chaos. Die Lebensmittelversorgung ist zusammengebrochen. Es liegt an den Frauen, die Stadt, das Land wiederaufzubauen. Mit zerrissenen, blutigen Händen greifen sie zu. Leisten Knochenarbeit – oft unter Lebensgefahr: Überall sind noch Granaten, Bomben in den Ruinen, unter den Schutthalden verborgen. Heimtückische, tödliche Fallen.

Und noch etwas sieht man auf den vergilbten Fotos aus den Nachkriegsjahren: ganze Karawanen von Frauen mit Brennholz und Lebensmitteln im Rucksack. Tief liegende Augen, hohlwangig, struppige Haare, tief gebeugt unter der Last. Hamstern gehört für die Familienerhalterinnen zum täglichen Brot. Zu den Bauern aufs Land zu fahren, das letzte Familiensilber gegen Eier, Brot, Obst einzutauschen. Für die Kinder, Mütter, Großmütter, die Familie.

Gedenkjahr 2005: Es ist eine symbolische Geste, eine Anerkennung für die Frauen, die Österreich nach 1945 wieder aufgebaut haben, für die „Trümmerfrauen": Sie erhalten eine Einmalzahlung von 300 Euro, so Sozialministerin Ursula Haubner. Wer diesen Obolus beanspruchen kann? Frauen, die vor 1930 geboren wurden, vor 1950 Kinder bekommen haben und über keine eigene Pension verfügen. Es gibt etwa 50 000 An-

Die Trümmerfrauen leisteten einen enormen Beitrag zum Wiederaufbau.

spruchsberechtigte. Die Gesamtkosten dafür betragen 10 bis 15 Millionen Euro.

Gebetssturm für die Freiheit – der „Rosenkranz-Sühnekreuzzug"

Es war in Österreich immer schon so: Wenn man eine neue Idee hatte, wurde man misstrauisch beäugt und boykottiert. Selbst wenn es sich „nur" um ein Gebet handelte. Geschweige denn um einen Gebetssturm – für die Freiheit unseres Landes. Diese leidvolle Erfahrung musste auch der Franziskanerpater Petrus Pavlicek machen. Aber es gibt Ideen, die Betonwände in Kopf und Seele durchbrechen. Etwa die des „Rosenkranz-Sühnekreuzzuges". Erst scharte der einsame Rufer in der Wüste wenige Köpfe um sich, dann Hunderttausende, Millionen. Weltweit. 26 Jahre nach seinem Tod ist ein Seligsprechungs-Prozess für ihn in Rom anhängig. Der Franziskanerpater Benno Mikocki über den steinigen Weg bis zu dessen Abschluss: Zunächst gilt es, eine Positio, eine Grundlage, zu erarbeiten, dann muss ein heroischer Tugendgrad anerkannt werden und schließlich bedarf es noch eines außerordentlichen Zeichens, eines medizinischen Wunders also.

Petrus Pavlicek, 1902 in Innsbruck geboren, führte in jungen Jahren nicht gerade ein gottgefälliges Leben. Er trat aus der Kirche aus, schlug sich als Kunstmaler in Paris und London durch, heiratete und ließ sich nach drei Monaten wieder scheiden.

Mitte der 1930er-Jahre aber änderte sich sein Leben geradezu schlagartig: Er trat 1937 dem Franziskaner-Orden bei – in Prag, weil man in Wien von ihm nichts wissen wollte. 1941 wurde er zum Priester geweiht, 1942 von der Geheimen Staatspolizei Gestapo wegen Wehrdienstverweigerung verhaftet und vor ein Kriegsgericht gestellt.

Pater Petrus kam mit einem Freispruch davon, musste aber als Sanitäter an die Westfront einrücken, wo er 1944 in US-Gefangenschaft geriet. Nach seiner Rückkehr hörte er in der Basilika von Mariazell eine innere Stimme, die ihm die Fatima-Botschaft der Mutter Gottes wiederholte: „Tut, was ich euch sage, und ihr werdet Frieden haben!"

Der Franziskaner rief den „Rosenkranz-Sühnekreuzzug" ins Leben. Er mobilisierte die Menschen zum Gebet für Österreichs Freiheit und den Frieden, weil er in den „kommunistischen Besatzern eine immense Gefahr" sah. 1950 wollte er eine Lichterprozession über den Wiener Ring führen. Kardinal Innitzer war skeptisch, aber Kanzler Leopold Figl ermutigte ihn: „Und wenn wir zwei alleine gehen, mein Vaterland ist es mir wert."

An den jährlichen Lichterprozessionen nahmen Hunderttausende Menschen teil. Bevor Kanzler Julius Raab 1955 zu den Staatsvertrags-Verhandlungen nach Moskau flog, ersuchte er Pater Petrus: „Lassen Sie beten wie noch nie." Als Petrus Pavlicek 1982 starb, schmückte nur ein Kranz mit der Aufschrift „Österreich dankt Pater Petrus" den Sarg, erzählt der erste Postulator des Seligsprechungsprozesses, Pater Michael Schlatzer.

Im Herbst 2000 eröffnete Kardinal Christoph Schönborn den Seligsprechungsprozess in Wien.

Geliebter Feind

Mehr als 60 Jahre nach dem Zweiten Weltkrieg suchen immer noch Mütter nach Besatzungssoldaten, mit denen sie eine tiefe Beziehung hatten. Oder Kinder und Enkel nach ihren Vätern und Großvätern. Und manchmal sind sie dabei erfolgreich.

Das Institut für Kriegsfolgen-Forschung in Graz, Schörgelgasse 43. Barbara Stelzl-Marx blättert nachdenklich in einem 888 Seiten dicken Wälzer. In der Dokumentation *Die Rote Armee in Österreich. Sowjetische Besatzung 1945–1955*. Vom Institutsleiter Stefan Karner und der Historikerin nach neuesten Akten aus Moskauer Archiven verfasst. „Ich bin dabei auf das Thema Besatzungskinder gestoßen. Und habe darüber das Kapitel ‚Freier und Befreier' geschrieben", schildert Stelzl-Marx. „Diese Schicksale haben mich nicht mehr losgelassen."

Die Historikerin wurde 60 Jahre nach dem Zweiten Weltkrieg zu einer „Art Anlaufstelle": „Für Mütter, die vor dem Tod noch einmal ihre große Liebe wieder sehen oder ihr Geheimnis nicht ins Grab mitnehmen wollen. Für deren Kinder oder Enkel, die ihren Vater oder Großvater suchen, um zu wissen, wo ihre Wurzeln liegen." Stelzl-Marx hilft dank internationaler Kontakte so gut sie kann. Es gab Erfolgsstorys mit Wiedersehen, Kennenlernen, Tränen. Aber auch Tragödien mit Vätern, die von Frau, Kind oder Enkel nichts wissen wollten.

Man muss den geschichtlichen Hintergrund kennen. Nach 1945 herrschte in Österreich ein eklatanter Männermangel. 380 000 Männer waren gefallen, erschreckend viele vom NS-Regime ermordet worden, Hunderttausende in Kriegsgefangenschaft geraten. Auf 100 Frauen kamen noch 1948 im Schnitt nur 70 Männer. „Schon allein aus dieser zahlenmäßigen Diskrepanz lässt sich der soziale und psychische Konfliktstoff der Nachkriegsjahre erahnen."

Es ist bekannt, dass es nach 1945 viele Frauen grausam vergewaltigt wurden. Vor allem von sowjetischen Soldaten. Auch Sex für kleinere Präsente war in Zeiten der Hungersnot keine Seltenheit. Die so genannten „Amiliebchen" bekamen Zigaretten, Schokolade, Nylonstrümpfe, Lebensmittel, die „Russenbräute" Ausweise, Speck, Brot, Kartoffeln. Was die wenigsten wissen, ist, dass es auch tiefe Gefühle, Liebesbeziehungen gab: zwischen Österreicherinnen und Amerikanern, Russen, Franzosen oder Engländern.

„Russenbräute" als Spioninnen zur Zwangsarbeit verurteilt

Fraternationsverbot hin, Fraternationsverbot her, jedenfalls musste es relativ rasch aufgehoben werden. US-Soldaten durften ihre Bräute heiraten oder in die Heimat nachholen. Bei den Sowjets war das unmöglich. „Im Kalten Krieg argwöhnte der Kreml, westliche Frauen könnten Soldaten Militärgeheimnisse entlocken", so Barbara Stelzl-Marx. Tatsächlich wurden in Ostösterreich 2000 Zivilisten verhaftet. Frauen vor allem wegen Spionage. Die Strafen fielen mit zehn bis 25 Jahren Zwangsarbeit drakonisch aus.

Der psychologische Druck auf Frauen, die mit alliierten Soldaten eine Beziehung eingingen, war enorm. Die meisten Familien lehnten eine derartige Verbindung entschieden ab. Wenn eine Schwangerschaft vorlag, wurde massiv auf Abtreibung gedrängt. Aus einem Bericht von 1953 geht hervor, dass in Österreich 8000 Besatzungskinder registriert wurden. Die Dunkelziffer liegt weit höher – bei rund 20 000. Die Fürsorge forderte 603 dieser Mütter auf, ihre Kinder zur Adoption freizugeben, aber nur 92 waren dazu tatsächlich bereit.

„Die große Liebe meines Lebens"

Es gibt also das Phänomen, dass Frauen 60 Jahre nach dem Zweiten Weltkrieg nach einstigen Freunden suchen. Aber auch umgekehrt, dass frühere Besatzungssoldaten wissen wollen, was aus ihrer „großen Liebe" geworden ist. Eine Redakteurin der russischen Fernsehserie „Zhdi menja" („Warte auf mich") ersuchte Stelzl-Marx, eine Mutter samt Kind in Baden bei Wien ausfindig zu machen. Für den sowjetischen Ex-Nachschuboffizier Pawal Denisow. Tatsächlich gelang es der Grazer Historikerin, Romana Steinmetz und deren Sohn Gerhard Verosta zu entdecken.

„Als ich der Frau gesagt habe, wer sie sucht, habe ich gemerkt, dass sie völlig aus dem Häuschen ist, einem Herzinfarkt nahe", erzählt Stelzl-Marx. „Zwei Tage später hat mich Romana Steinmetz angerufen und gesagt: ‚Ich habe alte, vergilbte Fotos herausgekramt. Es stimmt, Pawel war die Liebe meines Lebens.'" Sie hatte ihrem Sohn bis dahin nicht gesagt, dass er das Kind eines Besatzungssoldaten sei, sondern eines Österreichers. Aus Angst, er könnte als „Russenkind" diskriminiert werden. Jetzt schlug die Stunde der Wahrheit. Gerhard Verosta flog sofort nach Moskau, um sich mit dem Vater zu treffen. Er hat eine russische Familie mit 37 Angehörigen dazubekommen.

Es war schon ein Schock für die Wienerin Christine S. unmittelbar vor ihrer Hochzeit. „Dein Vater war nicht ein Wiener Musiker, sondern ein amerikanischer Besatzungssoldat", rückte die Mutter mit der Wahrheit heraus. Und auch nur deshalb, weil sie Angst hatte, dass jemand nach Aushängung des Aufgebots das Geheimnis lüften könnte. Christine S. machte sich sofort auf die Suche nach ihrem amerikanischen Vater. Sie entdeckte ihn nach vielen Jahren in Nashville in Tennessee. Die Wienerin bat einen Pastor, ein Gespräch zu vermitteln. Doch ihr Vater wollte nicht. „Die Sache ist abgeschlossen", sagte er. Eine Enttäuschung – mit einer positiven Facette: Für Christine S. ist die Ungewissheit beseitigt – der Kreis geschlossen. Sie weiß jetzt, woher sie kommt.

Aus den beiden Fällen geht hervor, dass Mütter ihren Kindern oft verschwiegen haben, wer ihr wahrer Vater ist. Wie die Töchter oder Söhne dennoch die Wahrheit erfuhren? Nun, manche wurden sehr früh in das Geheimnis eingeweiht, andere schöpften Verdacht durch Bemerkungen wie „Amibua" oder „Russenbub". Es gibt aber auch viele Fälle, wo die Mütter nicht mit einer Lebenslüge sterben wollten. Liebe kennt halt keine Nationalität, keine Grenzen, keine Feinde.

Eine unbeugsame Frau

Eine Wiener Ministerialbeamtin wird von den Sowjets verhaftet und wegen Spionage zu 25 Jahren Gefängnis verurteilt. Margarethe Ottillinger gesteht trotz Folter nicht – sie wird voll rehabilitiert und Vorstand der ÖMV.

Der Heimkehrerzug rollt am 25. Juni 1955 um 6.15 Uhr im Bahnhof Wiener Neustadt ein. Flatternde Fahnen, Musikständchen, Politikerreden, innige Umarmungen, Freudentränen. Auf einer Tragbahre die Wiener Sektionsleiterin Margarethe Ottillinger (36): ein zaghaftes Lä-

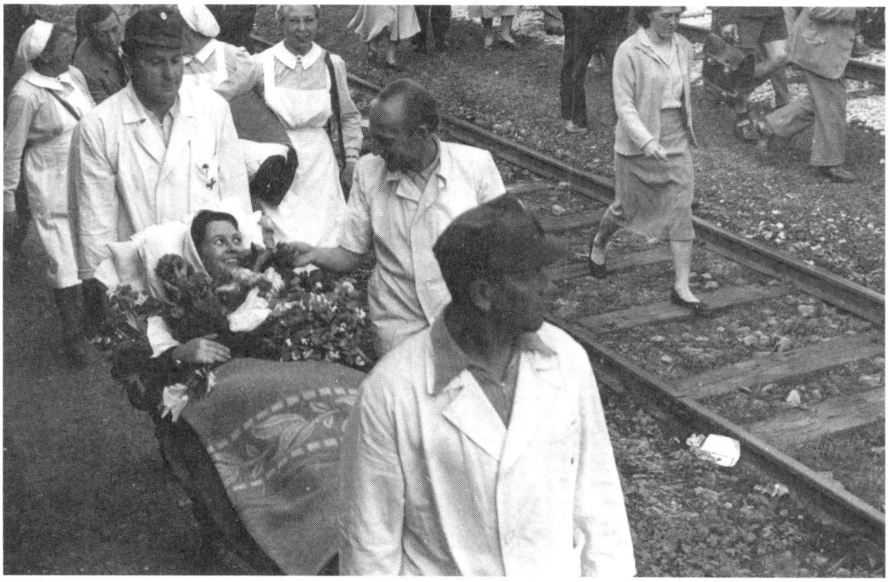
Das glückliche Ende einer langen Odyssee: Nach sieben Jahren Kriegsgefangenschaft in sowjetischen Zwangsarbeiterlagern wird Margarethe Ottillinger auf einer Tragbahre aus dem Heimkehrerzug transportiert.

cheln, fiebrig glänzende Augen, das von tiefem Leid gezeichnete Gesicht in ein weißes Kopftuch gehüllt. Eine siebenjährige Odyssee durch sowjetische Zwangsarbeitslager war beendet. Eine faszinierende Karriere bis in die ÖMV-Direktionsetage begann. Ingeborg Schödl hat den Nachlass studiert und unter dem Titel *Im Fadenkreuz der Macht* ein packendes Buch darüber geschrieben.

Das Nachkriegs-Wien war ein Schmelztiegel. Vier in einem Jeep, Schleichhandel, marodierende Sowjetsoldaten, unbändiger Überlebenswille – und Leopold Figls Credo: „Glaubt an dieses Österreich." Mittendrin eine junge, ehrgeizige Frau, Margarethe Ottillinger, die im Ministerium für Vermögenssicherung und Wirtschaftsplanung mutig heiße Eisen anpackte: Sie erarbeitete die Grundlagen für die Gewährung der Marshall-Plan-Hilfe und bewertete die von den Sowjets beschlagnahmten Betriebe. Ihr Chef, Minister Peter Krauland, war eine zwielichtige Persönlichkeit – vermutlich ein Doppelagent. Er wies diese Vorwürfe empört zurück.

Die Ennsbrücke bildete die Demarkationslinie zwischen der amerikanischen und der sowjetischen Zone. Hier spielten sich viele Tragödien ab. Aber die vom 5. November 1948 erschütterte ganz Österreich zutiefst. Krauland und Ottillinger wurden auf der Rückfahrt von einem Treffen mit Kanzler Figl in Linz durch russische Soldaten verhaftet. Der Minister durfte schon nach 15 Minuten weiterfahren, selbst die stalinistische Sowjetunion scheute vor einem internationalen Eklat zurück. Dass Krauland seine Spitzenbeamtin im Stich ließ, brachte ihm schwere Vorwürfe ein. Noch dazu, wo Indizien dafür sprechen, dass ihn mehr als Kollegialität mit dieser Frau verbunden haben dürfte.

Der Leidensweg

Margarethe Ottillinger wurde in das berüchtigte Zentralgefängnis nach Baden eingeliefert, wo sie monatelang jede Nacht verhört wurde. Vorwürfe prasselten auf sie nieder: eine Spionin zu sein, mit dem US-Geheimdienstoffizier Kretzmann konspiriert, dem russischen Stahlexperten Didenko zur Flucht verholfen zu haben. „Alles erfunden. Ich kenne beide nur flüchtig", beteuerte sie. Vergeblich. Die Gangart wurde verschärft. Man nahm Ottillinger Strümpfe, Unterwäsche und Waschutensilien ab. Sie musste bis zu 24 Stunden stehen. Wenn die Ministerialbeamtin in Ohnmacht fiel, schüttete man sie mit eiskaltem Wasser an. Margarethe Ottillinger blieb aber unbeugsam, gestand nichts, unterschrieb nichts.

Der 13. Mai 1949 wurde ihr Schicksalstag, erinnerte sie sich später. „Ein Polizeioffizier verliest das Fernurteil, das ohne jedes Gerichtsverfahren verhängt wird. Von Ferne läuten Kirchenglocken, der Wind weht Klänge einer Waldhorngruppe herbei." 25 Jahre Zwangsarbeit lautet das Urteil. Mit dem Zusatz: Für jede Arbeit einsetzbar, auch wenn sie das Leben kostet. „Der schrecklichste Augenblick meines Lebens", so Margarethe Ottillinger. Sie wurde mit drei Leidensgefährtinnen in Viehwaggons in die Sowjetunion deportiert und lernte die „Hölle der Gulags" kennen

Die Leidensstationen: Sonderlager Dubrawlag im malariaverseuchten Sumpfgebiet nahe der Stadt Potman, das berüchtigte Moskauer Gefängnis Lubjanka, das Hochsicherheitsgefängnis in Wladimir im Ural. Immer dasselbe entwürdigende Ritual: nackt ausziehen, Desinfektion, Entlausung, Rasieren der Schamhaare. Intimsphäre und Schamgefühl gingen verloren. Schwerstarbeit, Ruhr, Hunger, Todesangst. Margarethe Ottillinger bäumte sich gegen ihr Schicksal auf, lernte von einer inhaftierten Studentin Russisch – auch russisches Strafrecht – und beschwerte sich.

Nach dem Tod des Sowjetdiktators Josef Stalin bessert sich die Situation der Häftlinge: Behandlung, Essen, medizinische Betreuung. Erste Briefe dürfen geschrieben werden, erste Pakete aus der Heimat treffen ein. Als 1955 die Nachricht über den Staatsvertrag durchsickert, herrscht unbeschreiblicher Jubel unter den inhaftierten Österreichern. Alle werden amnestiert – nur Margarethe Ottillinger fordert mehr. Eine volle Rehabilitation. Und die bekommt sie auch ein Jahr nach ihrer Heimkehr. Der Grazer Historiker Stefan Karner hat ihre KGB-Akten als Erster eingesehen und festgestellt, dass Margarethe Ottillinger nur das „Ersatzopfer für Wirtschaftsminister Peter Krauland" war, der einen Schuss vor den Bug bekommen sollte.

Der Jubel nach der Heimkehr wich aber bald der Ernüchterung. Niemand hatte einen adäquaten Job für die Spitzenbeamtin. Finanzminister Reinhard Kamitz speiste sie mit den Worten ab: „Ich bin kein Stellenvermittler." Aber Kanzler Julius Raab sprang als Retter in der Not ein, verschaffte ihr einen Posten in der ÖMV. Und bald kursierte das Bonmot: „In der ÖMV ist der einzige Mann eine Frau." Die Vorstandsdirektorin drückte nicht nur dem Konzern ihren Stempel auf, sondern bewies auch viel soziales Engagement: Sie trieb viele Millionen für das Afroasiatische Institut, aber auch für die Wotruba-Kirche auf, die erst nach großem Widerstand errichtet werden konnte. Aber Ottillinger setzte sich – mit Hilfe von Kardinal Franz König und Kanzler Bruno Kreisky – durch. Sie war eine unbeugsame Frau, die 1992 tief betrauert in Wien starb.

Die „verlorene Intelligenz"

Viele heimische Wissenschafter wurden vertrieben, erhielten den Nobelpreis, berieten in den USA Präsidenten – und wurden nie nach Österreich zurückgeholt!

Oft genug konnte man es nach 1945 erleben: Im Ausland wirkende Wissenschafter bekamen den Nobelpreis. Prompt hieß es, ihre Wurzeln liegen in Österreich. Tatsächlich hat es an „politischen Bruchlinien" des vorigen Jahrhunderts einen schmerzhaften „Aderlass von geistiger Potenz" gegeben: beim Zusammenbruch der Monarchie 1918, während des Bruderkriegs 1934 – und vor allem beim Anschluss 1938. Hauptbetroffen davon: jüdische Mitbürger.

Sie haben uns nicht zurückgeholt lautet der Titel des Buches von Isabella Ackerl und Ingeborg Schödl. Warum nicht? „Nach 1945 fehlte es in Österreich an der konsequenten Entschlossenheit dazu", analysiert Bundespräsident Heinz Fischer. „Die einen wollten es aus Scham nicht, die anderen aus eingerostetem Vorurteil", erklärt Ex-Nationalratspräsident Andreas Khol. „Die Blüte des Landes wurde vertrieben – Wissenschafter, Literaten, Künstler."

Die Liste der Nobelpreisträger mit heimischen Wurzeln ist lang: Wolfgang Pauli 1945 für Physik, Max Ferdinand Perutz 1962 für Chemie, Friedrich August von Hayek 1974 für Wirtschaftswissenschaften, Walter Kohn 1998 für Chemie, Eric Kandel 2000 für Medizin. Dazu kommen noch viele Denker, Forscher, Entdecker von Weltruf: die Atomphysikerin Lise Meitner, der Philosoph Sir Karl Popper, die Sozialwissenschafterin Marie Jahoda usw.

Wie das NS-Regime mit österreichischen Wissenschaftern umsprang, die schon vor 1938 den Nobelpreis bekommen hatten? Nun, Otto Loewi (1936: Medizin) musste sein Preisgeld auf eine NS-Bank überweisen, um sein Leben zu retten. Victor Franz Hess (1936: Physik) wurde gezwungen, sein Preisgeld gegen wertlose deutsche Reichsschatzscheine einzutauschen. Richard Kuhn (1938: Chemie) durfte auf massiven Druck des NS-Regimes den Nobelpreis erst gar nicht annehmen.

Bewegende Einzelschicksale

Carl Djerassi musste nach 1938 fluchtartig Österreich verlassen. Er stand mit 16 Jahren und 20 Dollar in der Tasche in Washington auf der Straße. Und brachte die Zivilcourage auf, die Frau des US-Präsidenten, Eleonora Roosevelt, per Brief um ein Stipendium zu bitten. Djerassi bekam es auch. Eine steile Forscherkarriere begann. Mitte der 1950er-Jahre entwickelte er die „Anti-Baby-Pille" und löste damit eine sexuelle Revolution aus.

Der Wirtschaftswissenschafter *Oskar Morgenstern* wurde von Österreichs Annexion während einer Vortragsreise in den USA überrascht. Er zog es vor, nicht mehr zurückzukehren. Und erarbeitete mit dem Mathematiker John von Neumann die so genannte Spieltheorie. (Durch sie können soziale, wirtschaftliche oder politische Konflikte entschärft oder gelöst werden.) Morgenstern wurde als Konfliktberater ins Weiße Haus berufen. Er trug 1950 wesentlich dazu bei, den Korea-Krieg zu beenden und einen bewaffneten Konflikt mit China zu verhindern.

„Wäre es nicht besser, wenn wir uns alle das Leben nehmen?", fragte *Anna Freud* 1938 ihren Vater. „Warum? Weil sie gerne möchten, dass wir es tun?", antwortete *Sigmund Freud*, der Begründer der Psychoanalyse. Tatsächlich musste die Kinderpsychologin nach dem Anschluss 1938 zur Geheimen Staatspolizei auf den Wiener Morzinplatz. Anna durfte aber mit ihrem Vater auf Intervention des US-Präsidenten Franklin D. Roosevelt Österreich verlassen. Sie widmete ihr Leben dem Erbe ihres Vaters und der Kinderpsychoanalyse.

Knapp vor der Ausreise wurde Sigmund Freuds Wohnung in der Berggasse 19 von SA und Gestapo durchsucht. „Wollen sich die Herren nicht bedienen", fragte Anna Freud – und händigte ihnen aus dem Safe 6000 Schilling aus. Der weltberühmte Psychiater musste wiederum bestätigen, mit „gebührender Achtung" behandelt worden zu sein und nicht den „geringsten Grund zu einer Beschwerde" zu haben. Sigmund Freud ersuchte die Beamten, noch einen Satz hinzufügen zu dürfen. „Ich kann die Gestapo jedermann wärmstens empfehlen …"

Victor Franz Hess war ein waghalsiger Pionier. Unternahm Ballonfahrten bis in 5400 Meter Höhe. Nur um zu beweisen, dass es eine kosmische Strahlung gibt. Und er bekam dafür 1936 den Nobelpreis. Nach dem „Anschluss" wollte der engagierte Katholik und NS-Gegner nicht mehr in Österreich bleiben. Er emigrierte in die USA. Und konnte noch miterleben, wie seine Erkenntnisse in die Entwicklung der Weltraum-Satelliten „Sputnik" und „Explorer I" einflossen.

Max Ferdinand Perutz kam zugute, dass er ein hervorragender Skifahrer und Bergsteiger war. Die englische Universität Cambridge engagierte ihn für die Gletscherforschung. 1942 bekam er von der britischen Admiralität einen skurrilen Auftrag: Er sollte untersuchen, ob sich Eisschollen als „temporäre Flugzeugträger" eignen. 1962 erhielt der gebürtige Wiener Perutz den Chemie-Nobelpreis für die Entdeckung der Struktur des Hämoglobins.

Marie Jahoda hatte 1932 mit ihrer Studie „Die Arbeitslosen von Marienthal" weltweites Aufsehen erregt. Das hinderte das autoritäre Ständestaatsregime aber nicht, sie 1936 zu verhaften. Wegen Kooperation mit den revolutionären Sozialisten im Untergrund. Marie Jahoda musste aber nach internationalen Protesten freigelassen werden. Mit der Auflage, Österreich binnen 24 Stunden zu verlassen. Im Zweiten Weltkrieg betreute sie den Sender „Radio Rotes Wien" in Großbritannien. Die Sozialpsychologin bekam nie wieder die österreichische Staatsbürgerschaft zurück. Innenminister Oskar Helmer hatte dazu „keine Notwendigkeit" gesehen.

Letzte Grüße aus Stalingrad

Stalingrad – die entscheidendste Schlacht des Zweiten Weltkriegs. Die sechste deutsche Armee mit Feldmarschall Friedrich Paulus ging 1942/43 unter. Eingekesselt von Sowjettruppen, verheizt von Hitlers verbrecherischem NS-Regime. 146 300 Soldaten fielen auf den Schlachtfeldern, genauer gesagt: krepierten an Verletzungen, Hunger, Erfrierungen und Flecktyphus. Unter ihnen auch Zehntausende Österreicher. 90 000 Wehrmachtsoldaten gerieten in Kriegsgefangenschaft – nur 6000 konnten nach 1945 in ihre Heimat zurückkehren.

2. November 1992, Historisches Museum der Stadt Wien am Karlsplatz. Eröffnung der Sonderausstellung „50 Jahre Stalingrad – Not, Tod und Elend". Die Vizebürgermeisterin von Wolgograd, wie Stalingrad heute heißt, Swetlana Antonowa, übergibt Bürgermeister Helmut Zilk zwölf vergilbte Feldpostbriefe. Mit dem Hinweis, dass sie von gefallenen Soldaten aus Österreich stammen und in Glasflaschen gesteckt auf den

Schlachtfeldern gefunden wurden. Briefe in Glasflaschen offenbar in der Hoffnung geschrieben, dass sie nicht so leicht verrotten – als letzter Gruß aus Stalingrad: an die Ehefrau, Kinder, Mutter, den Vater, die Geschwister und an Freunde.

Der Wiener Historiker Wilhelm Deutschmann hatte die Feldpostbriefe kurz zuvor im Panorama-Museum von Wolgograd entdeckt. „Ich habe lange Schrift und Inhalt der Briefe studiert. Mir wurde klar, dass es sich bei den Soldaten nicht um Männer, sondern um große Buben gehandelt hat", erzählte er mit gepresster Stimme. „Von einem Schreiben mit dem Titel ‚Himmelsbrief' habe ich nur zwei Zeilen gelesen – dann konnte ich nicht mehr weiter. Mir sind die Tränen in die Augen gestiegen."

„Natürlich hab ich nachgegrübelt, was es mit der Flaschenpost so auf sich hat" erzählt Wilhelm Deutschmann – die Stirn in Falten geschlagen. „Je länger ich sie gelesen habe, desto sicherer wurde ich mir: Die jungen Menschen wussten, dass sie sterben müssen und haben ihre letzten Gedanken, eine Art Vermächtnis, niedergeschrieben", erklärt er. „Die Briefe wurden von Russen neben den Leichen erfrorener Soldaten gefunden und aufgehoben." Josef Stalin befahl, die Briefe zu vernichten, aber ein Wolgograder Archivar widersetzte sich – und rettete Hunderte dieser einzigartigen Dokumente.

Reaktionen der Hinterbliebenen

Nach seiner Rückkehr aus Wolgograd blätterte Wilhelm Deutschmann im Telefonbuch. Er suchte Angehörige der Soldaten, die eine Flaschenpost als Vermächtnis hinterlassen hatten – und wurde fündig. „Was haben Sie empfunden, als sie nach 50 Jahren letzte Grüße aus Stalingrad bekamen?", fragte ich 1992 die Briefempfänger.

Hildegard Malatek (75), eine pensionierte Röntgenassistentin, wohnt in der Wiener Leopoldstadt. „Ich hab schon immer gewusst, dass ich von meinem Bruder Willi noch etwas hören werde", sagt sie mit feuchten Augen. „Er hat mir in seinem letzten Brief vom 3. Jänner 1943 vielsagend geschrieben: ‚Wir sind rings von Rosen umgeben.' Gemeint hat er damit die Russen. Meine Eltern haben für ihn am Zentralfriedhof in der Gruppe 78 A, zweite Reihe, ein Grab errichten lassen. Auf dem

Grabstein steht: ‚Willi, 1913, vermisst in Stalingrad'." Hildegard Malatek: „Willi ist nur zur Welt gekommen, um zu sterben."

Ludwig Urmann (64), Pensionist, kämpft mit den Tränen, als er in seinem Reihenhaus in Wien-Favoriten von dem Brief seines vermissten Bruders Otto hört. „Ich habe die letzte Nachricht über meinen Bruder von seinem Freund bekommen, der mit einem Bauchschuss aus Stalingrad ausgeflogen worden ist. Er hat mir gesagt: ‚Die Zustände im Kessel sind unvorstellbar. Otto ist zur Verteidigung einer Fabrik abkommandiert.'" Tatsächlich steht in dem letzten Brief: aus Stalingrad „Der Russe greift täglich an."

Anna Niederndorfer (73), Pensionistin, lebt in Unterach am Attersee. „Ich bin sehr aufgeregt. Ich habe ein halbes Leben lang gehofft, irgendetwas über das Schicksal meines Mannes Rudolf zu erfahren", versichert sie. „Ich habe ihn 1941 geheiratet, als er auf Fronturlaub nach Hause kam. Unsere Tochter Marianne war damals drei Monate alt. Am 4. Jänner 1943 habe ich von Rudolf den letzten Brief aus Stalingrad bekommen." Anna Niederndorfer fügt noch bitter hinzu: „Ich musste meinen Mann (offenbar aus Pensionsgründen) für tot erklären lassen. Ich habe nie mehr geheiratet."

„Das Grauen ist noch heute allgegenwärtig", schilderte der Geschäftsführer des Schwarzen Kreuzes Wien, Otto Jaus, nach einem Wolgograd-Besuch Anfang der neunziger Jahre. „Die Gebeine gefallener Soldaten liegen noch kilometerweit über Äcker und Felder verstreut. Grabplünderer verkaufen noch heute Eheringe, Orden, Erkennungszeichen usw. auf Flohmärkten. Spontan gründete Helmut Zilk ein Personenkomitee, um die sterblichen Überreste würdig zu bestatten und ein Mahnmal zu errichten. Und zwar in Pestschanka bei Wolgograd für alle Opfer von Stalingrad.

8. Juni 1996: Eine lehmig-holprige Straße führt vorbei an kleinen Holzhäusern mit bunt bemalten Fenstern nach Pestschanka. Auf einem riesigen Feld steht neben fünf frisch gepflanzten Pappeln das Mahnmal: eine zehn Meter hohe Pyramide aus rostendem Stahl. Ein Hornist des Wiener Gardebataillons bläst das Ehrensignal. Der Carinthia-Chor

Millstatt stimmt russische Volkslieder an. Und Geistliche aller Konfessionen nehmen die Segnung vor. Die russischen und österreichischen Kriegsveteranen, die an diesem Festakt teilnehmen, fallen einander um den Hals.

Epilog: Es gibt jetzt einen eigenen Friedhof für die Toten von Stalingrad in Rossoschka. 38 842 Gefallene sind hier beigesetzt, die Namen von 114 000 Vermissten in Granitwürfel eingraviert.

Simon Wiesenthal – „Recht, nicht Rache“

Simon Wiesenthal (1908–2005) kämpfte bis zuletzt gegen das Vergessen. Er war unbestechlich, unbequem, eine moralische Autorität. Und die setzte er voll ein, um zu verhindern, dass der Holocaust jemals vergessen wird. Mit dem Credo: „Recht, nicht Rache“ spürte er weltweit NS-Verbrecher auf, allen voran Adolf Eichmann.

Der Leidensweg des Architekten Simon Wiesenthal begann 1941 mit dem Angriff der deutschen Truppen auf die Sowjetunion. Er ging durch die Hölle von zwölf KZs, bis er und andere Überlebende 1945 aus dem KZ Mauthausen befreit wurden. Simon Wiesenthal und seine Frau Cyla haben durch die NS-Verbrechen 89 Familienangehörige verloren. „Mehr als ein Mensch ertragen kann“, so Ex-Nationalratspräsident Andreas Khol. „Dennoch hat er keinen Hass gekannt, nicht nach Rache gerufen, sondern auf Gerechtigkeit gesetzt.“

Tatsächlich gründete Simon Wiesenthal schon 1947 sein erstes Dokumentationszentrum zur Ausforschung von NS-Verbrechern in Linz. „Ich wollte das Sprachrohr der Ermordeten sein, die Erinnerung an sie wach halten“, begründete er seine Initiative. Aber im Kalten Krieg erlahmte das Interesse und vor allem die Unterstützung dafür. Der „Nazi-Jäger“ vertraute seine Akten dem Holocaust-Forschungszentrum Yad Vashem in Israel an – vorerst.

„Es gibt keine größere Sünde als das Vergessen“, erklärte Simon Wiesenthal immer wieder. Und so eröffnete er 1961 sein Dokumentationszentrum wieder – diesmal in einem kleinen Büro im Wiener Textilviertel, Salztorgasse 6. Mit Fahndungserfolgen, die weltweit Aufsehen erregten. Er gab entscheidende Hinweise zur Verhaftung von Hitlers Holocaust-Organisator Adolf Eichmann und dessen verlängerten Arm in den Niederlanden, Erich Rajakowitsch. Und er spürte den KZ-Kommandanten von Treblinka, Franz Stangl, auf, den Ghettokommandanten von Przemyśl, Josef Schwammberger, den Polizisten Karl Silberbauer, der Anne Frank deportiert hatte, und weitere NS-Verbrecher.

Gegen die These der Kollektivschuld

Für Wiesenthal gab es keine Kollektivschuld; nur individuelle Schuld. Er scheute harte Konflikte nicht: 1975 mit Kanzler Kreisky wegen der SS-Vergangenheit des FPÖ-Klubchefs Friedrich Peter, 1986 mit dem jüdischen Weltkongress, weil er Kurt Waldheim nicht als Kriegsverbrecher abstempeln wollte.

Wiesenthal erlitt ein typisch österreichisches Schicksal: lange verkannt, verleumdet. Nach seinem Tod am 20. September 2005 trauerte die Welt um ihn. Auch unser Land: Heinz Fischer, Wolfgang Schüssel, Alfred Gusenbauer, Alexander Van der Bellen, Kardinal Schönborn usw. „Als der Schrecken des Holocaust 1945 aufhörte, ging die Welt nach Hause, um zu vergessen", sagte Rabbi Marvin hier. „Wiesenthal allein blieb, um zu erinnern. Er war das Gewissen des Holocaust."

Der Weg zum Staatsvertrag

Es war ein steiler, steiniger Weg bis zum Staatsvertrag. Mit hochgeschraubten Erwartungen, bitteren Rückschlägen. Neutralität nach Schweizer Vorbild, hieß das Zauberwort, das die Freiheit brachte. Ludwig Steiner, der einzige noch lebende Angehörige der österreichischen Delegation in Moskau, erinnert sich im Gedenkjahr 2005 daran.

Das Büro des „Versöhnungsfonds für Zwangsarbeiter" liegt gleich neben dem Wiener Stephansdom in der Rotenturmstraße 16. Im 3. Stock lang gestreckte Regale mit Zehntausenden Akten, in denen erschütternde Schicksale dokumentiert sind. Im Büro des Fondsvorsitzenden Ludwig Steiner (84) eine Galerie gerahmter Erinnerungsfotos: John F. Kennedy, der finnische Staatspräsident Urho Kekkonen, der jordanische Kronprinz Hassan usw. Links ein Porträt von Kanzler Julius Raab, rechts eine Kopie des Staatsvertrags-Gemäldes von Robert Fuchs. „Ganz rechts bin ich darauf zu sehen. In Wirklichkeit stand ich allerdings in der Mitte. Das ist halt künstlerische Freiheit", schmunzelt Ludwig Steiner.

Flug nach Moskau

Eine österreichische Regierungsdelegation flog am 11. April 1955 zu Staatsvertragsverhandlungen nach Moskau. Mit an Bord des sowjetischen Passagierflugzeuges war auch der Sekretär von Kanzler Julius Raab, Ludwig Steiner. „Viele haben uns gewarnt: ‚Ihr werdet zu allem Ja und Amen sagen müssen oder an die Wand gestellt'", erinnert sich Ludwig Steiner. „Aber der Empfang auf dem Flughafen Moskau ließ uns diese Kassandrarufe vergessen." Die wichtigsten Kremlherren waren gekommen, fast das gesamte Diplomatische Corps, eine Ehrenkompanie, ein Musikregiment. „Wenn die uns mit so viel Sang und Klang begrüßen, werden sie uns nicht sang- und klanglos abziehen lassen", vermutete Staatssekretär Bruno Kreisky. Und so war es auch.

„Schon vor dem Abflug nach Moskau hatte mir der Kanzler gesagt: ‚Wirst sehen, wir kommen mit der Neutralität zurück'", erzählt Ludwig Steiner. Aber gerade die Neutralität war in der Delegation heftig umstritten. „Es kam in der Küche der österreichischen Botschaft in Moskau – dem einzigen abhörsicheren Raum – zum Eklat", schildert Ludwig Steiner. „Vizekanzler Adolf Schärf drohte allen Ernstes, sofort nach Wien zurückzufliegen, sollte auch nur das Wort Neutralität fallen." Er und Bruno Kreisky befürchteten, so Hugo Portisch in „Österreich II", dass unser Land in die „politische Neutralität gedrängt und vom Westen isoliert" werden könnte.

Aber Raab, ein hemdsärmeliger Baumeister aus St. Pölten, ließ sich nicht beirren. Er schlug den Sowjets am nächsten Tag vor, dass sich Österreich nach Schweizer Vorbild für neutral erklärt. „Mister Njet", wie Außenminister Molotow genannt wurde, zeigte sich hoch zufrieden. Kein Wunder: Der Staatsvertrag sollte auch als Köder für Westdeutschland dienen, sich von den USA zu lösen und ebenfalls neutral zu werden. Die österreichische Delegation – Raab, Schärf, Figl und Kreisky – musste in Moskau noch hoch pokern: um die Rückgabe des deutschen Vermögens, des Erdölvorkommens in Zistersdorf, die DDSG und die Heimkehr der Kriegsgefangenen.

Für die Freiheit ist nichts zu teuer. Die Sowjets forderten extrem viel. Aber Julius Raab konnte den Preis etwas drücken, schrieb Hellmut Andics in *50 Jahre unseres Lebens*. Herausgekommen sind als Ablöse: österreichische Waren im Gegenwert von 150 Millionen Dollar in sechs Jahresraten für die Industriebetriebe; zwei Millionen Dollar für die DDSG; und zehn Millionen Tonnen Rohöl in zehn Jahresraten. Der Staatsvertrag war unter Dach und Fach. Im Katharinensaal des Kremls wurde ein Festessen mit 27 Gängen serviert. „Nikita Chruschtschow prostete Raab zu und forderte ihn unter homerischem Gelächter auf: ‚Werden Sie Kommunist'", erzählt Ludwig Steiner.

Eine Karikatur aus dem Münchner *Simplizissimus* ging um die Welt: Leopold Figl flüstert dem hemdsärmelig Zither spielenden Julius Raab zu: „Und jetzt, Raab, noch d' Reblaus, dann san s' waach." Sieben Jahre NS-Diktatur, zehn Jahre alliierte Besatzung – und jetzt die Freiheit. Julius Raab zeigte in der Stunde seines größten Erfolges Demut. Er dankte nach seiner Rückkehr mit Tränen in den Augen und brechender Stimme „dem Herrgott". Der Kanzler setzte noch eine menschliche Geste: Er überließ es Leopold Figl, am 15. Mai 1955 im Belvedere den Staatsvertrag zu unterzeichnen. Als Wiedergutmachung dafür, dass er ihn 1953 recht abrupt als Regierungschef abgelöst hatte.

Erinnerungen an den 15. Mai 1955

Für Ludwig Steiner ist der 15. Mai 1955 unvergesslich. Nicht nur wegen des Staatsvertrages. Er hörte Leopold Figl rufen „Österreich ist frei!", sah ihn auf dem Balkon das Dokument zeigen, hörte Hunderttausende jubeln. Aber die Gedanken waren bei seiner Frau Danielle, die in der Klinik „Goldenes Kreuz" unmittelbar vor der Entbindung stand. „Wie geht es deiner Frau?", erkundigte sich Julius Raab auf der Rückfahrt ins Kanzleramt. „Ich weiß es nicht", bedauerte Ludwig Steiner. „Gut, der Chauffeur führt dich sofort zur Klinik", ordnete Raab an. Gesagt, getan.

„Am nächsten Tag läutete bei mir im Büro das Telefon", erinnert sich Ludwig Steiner. „Ich hörte am Apparat ein Baby schreien, eine Frau schluchzen. Das Gespräch wurde plötzlich unterbrochen." Er rief besorgt in der Klinik an. „Um Himmels willen, was ist denn passiert?", fragte er. „Eine freie Österreicherin wurde geboren – ihre Tochter Gabrielle", erklärte die Dienst habende Ärztin hörbar gerührt.

Während der Feierlichkeiten zum Staatsvertrags-Jubiläum 2005 sitze ich Bundespräsident Heinz Fischer in der Hofburg gegenüber. Wie er die Unterzeichnung des Dokuments vor 50 Jahren erlebt habe, frage ich. Der Bundespräsident schlägt die Beine übereinander, runzelt die Stirn und erzählt, wie er am 15. Mai 1955 zum Belvedere eilte. Eine bleibende Erinnerung – die jubelnde Menschenmenge, Leopold Figl mit dem Staatsvertrag auf dem Balkon?

„Ehrlich gesagt, die bleibendste Erinnerung für mich war die Auffahrt der Staatskarossen", schmunzelt Heinz Fischer. „Der sowjetische Außenminister Molotow hatte den größten Wagen, der französische Außenminister Pinay den elegantesten Chauffeur, Kanzler Raab einen Chevrolet mit dem Kennzeichen Nr. 1." Und an noch etwas erinnert sich der Bundespräsident: Sein Vater, Staatssekretär Rudolf Fischer, brachte vom Staatsvertrag-Diner die Menükarte mit den Unterschriften der alliierten Außenminister mit nach Hause.

Wer hat den größten Wagen? Die Anfahrt der Delegationen zur Unterzeichnung des Staatsvertrages am 15. Mai 1955

15. Mai 1955, 13.15 Uhr, Hofburg, Spiegelsaal des Leopoldinischen Trakts

Staatsvertragsmenü

Carolines Strassbourg

Consommé à la Moelle (Suppe vom Knochenmark)

Filet de sole Argenteuil (Filet von der Seezunge auf Argenteuil-Art)

Filet de Bœuf Grand Seigneur (Rinderfilet auf Grand-Seigneur-Art)

Pommes Fondantes (Bratäpfel)

Poussins Farcis (gefülltes Junghühnchen)

Salade Mimosa (Mimosensalat)

Crème Glacée (glacierter Pudding)

Café Noir

Dürnsteiner Katzensprung

Retzer Rotwein

Hochriegl Brut

Der historische Moment: Leopold Figl inmitten der in- und ausländischen Staatsmänner am Balkon von Schloss Belvedere ruft der jubelnden Menge zu: „Österreich ist frei“.

Und fünfzig Jahre später:

15. Mai 2005, 13 Uhr, Sitzungssaal im Haus der Industrie

Das Menü zum Jubiläum 50 Jahre Staatsvertrag

Frischer Spargel

Fuschlsee-Saibling

Vulcano-Schinken

Sauce Hollandaise

Frittatensuppe

gebratenes Kalbsrückensteak mit Rahmkartoffeln und sautiertem Frühlingsgemüse

Vanillecremeschnitten mit frischen Himbeeren und Mandelparfait

Weißwein: Steinbühel 2004 – Riesling vom Weingut Malat im Kremstal

Rotwein: Haideboden – Umathum, Frauenkirchen 2003

Bründlmayer-Sekt, Brut 2001, Langenlois

Das Tagebuch von Julius Raab

Die ÖVP-Spitze drängte den Kanzler, doch seine Popularität zu nützen und vorzeitige Neuwahlen abhalten zu lassen. Aber Julius Raab, der seine Partei recht autoritär führte, lehnte ab: „Wenn ich jetzt darüber abstimmen lass, weiß ich eh, wie's ausgeht", brummte er. „Also wird nicht abgestimmt", dekretierte er. Und: „Die Sitzung ist geschlossen." Viele Anekdoten ranken sich um Raab, der am liebsten Virginias rauchte und „Beamtenforellen" (Knackwürste) aß. Wie war er wirklich? Steiner: „Er schrieb jeden Tag in sein Tagebuch, warum er so und nicht anders handeln konnte."

„Ora et labora" (Bete und arbeite) lautet die alte Mönchsregel der Benediktiner. Auch im Stift Seitenstetten, dem „Vierkanter Gottes", in der hügelig verspielten Landschaft des Mostviertels. Stiftskirche mit romanischer Ritterkapelle, Marmorsaal und Bibliothek mit Fresken von Paul Troger, Archiv mit verborgenen Schätzen, wie dem Nachlass des Kanzlers Julius Raab (1891–1964). Briefe, Bücher, Fotos, Orden, Dokumente – und Teile des politischen Tagebuches. Lange Zeit gab es Gerüchte, dass dieses vernichtet, verbrannt worden sei. Von der Haushälterin seiner Frau Hermine oder seinem Freund Fritz Eckert. Aber Pater Benedikt entdeckte die Aufzeichnungen in einem Stapel von Büchern: ein Heft mit braunem Einband im A5-Format, 165 Seiten, 34 davon mit handschriftlichen Notizen. „Sie sind sehr knapp, sehr nüchtern und von hoher historischer Authentizität", bestätigt der Zeitgeschichtler Helmut Wohnout.

Einige Eintragungen:
22. Februar 1953: „Das Resultat ist erschütternd", schrieb Julius Raab über die gerade geschlagene Nationalratswahl. Die SPÖ hatte erstmals mehr Stimmen bekommen als die ÖVP. Nur dank der Wahlarithmetik behielt die ÖVP die Nase vorne.

26. März 1953: „Aussprache mit Figl, der mir schwere Vorwürfe macht. Mit Recht erbittert", hält Julius Raab fest, nachdem er seinen Freund als Kanzler abgelöst hat.

1952: Aussprache – und zwar eine sehr ernste", notiert er über eine Auseinandersetzung mit US-Botschafter Llewellyn Thompson, der ihm vorwarf, über den indischen Ministerpräsidenten Jawahartal Nehru Kontakt zu Moskau zu suchen.

In seinem Testament bat Raab alle Österreicher um Verzeihung, wenn er sie gekränkt haben sollte – auch seine politischen Gegner. Er bat „alle inständig, die rotweißrote Fahne hochzuhalten, Österreich als Hort der Freiheit zu bewahren". Und er fügte hinzu: „Ich will ganz einfach begraben werden, ohne jeden Prunk."

Unter dem Hammer – der ersteigerte Staatsvertrag

Er sollte bei einer Auktion unter den Hammer kommen – der Vorentwurf zum Staatsvertrag mit Unterschriften von Leopold Figl, Julius Raab und Adolf Schärf. Kanzleramt und Staatsarchiv schalteten sich ein. Schließlich kaufte Wirtschaftskammerpräsident Christoph Leitl das Dokument im November 2005, um es der Wirtschaftskammer zum 60. Geburtstag zu schenken.

Nach meinem *Krone*-Bericht „Unter dem Hammer" war Feuer am Dach. Das Kanzleramt und das Staatsarchiv schalteten sich ein. Es ging um die Jubiläumsauktion bei der Gewinn-Messe in Wien. Zur Versteigerung angeboten wurden historische Lose, Wertpapiere, Banknoten – und der Staatsvertrag, konkret: einer der letzten Vorentwürfe dazu. 36 Seiten lang. Der Titel „Provisorischer Text" mit Bleistift durchgestrichen, ebenso der dritte Absatz der Präambel über die Mitschuld Österreichs am Zweiten Weltkrieg. Mit der Bemerkung: „Kleine Korrekturen noch möglich." Und den Unterschriften von Leopold Figl, Julius Raab und Adolf Schärf.

Kanzleramt, Staatsarchiv und der Organisator der Auktion, Manfred Weywoda, kamen rasch überein: Dieses wertvolle Dokument durfte nicht ins Ausland. Es sollte von einer öffentlichen Institution erworben werden. Das entsprach ganz der Intention von Wirtschaftskammerpräsident Christoph Leitl. Dieser sammelt privat Marken, alte Urkunden – und entdeckte in einem Auktionskatalog den Staatsvertragsentwurf. „Um Gottes willen", dachte ich. „Das Original des Staatsvertrags liegt ohnedies im Moskauer Staatsarchiv. Jetzt muss wenigstens dieser Vorentwurf in Österreich bleiben", schilderte Christoph Leitl.

Gedacht, getan. Herwig Höllinger von der Präsidialabteilung der Wirtschaftskammer ersteigerte das Dokument. Um 22 000 Euro – zum Ersten, zum Zweiten und zum Dritten. Ein Geheimnis wird wahrscheinlich nie gelüftet werden können: Wer diesen Vorentwurf zum Staatsvertrag hat versteigern lassen. „Ich darf es nicht sagen", erklärte Manfred Weywoda. „Ich weiß nur, dass der Entwurf ursprünglich verbrannt werden sollte, dann aber einer Studentin anvertraut wurde, die ihn jetzt freigegeben hat."

Der Historiker Manfried Rauchensteiner hat eine andere Version für die Odyssee dieses historischen Unikats: Vor der Unterzeichnung des Staatsvertrags am 15. Mai 1955 wurde in einer Botschafterkonferenz noch letzter Sprengstoff entschärft. „Die Parteigremien von ÖVP und SPÖ sollten formal dem Vorentwurf zum Staatsvertrag zustimmen", vermutet Manfried Rauchensteiner. „Ein Chauffeur holte die Unterschriften von Figl, Raab und Schärf dafür ein. Das Dokument aber blieb beim Chauffeur."

Wie dem auch sei, historisch brisant ist der dritte Absatz der Präambel zum Vorentwurf: die mit Bleistift durchgestrichene Mitschuldsklausel. Österreich wurde in der Moskauer Deklaration 1943 von den Alliierten zugestanden, erstes Opfer von Hitlers Aggressionen gewesen zu sein. Gleichzeitig erinnerte man Österreich aber auch daran, dass es für die Kriegsteilnahme eine Mitverantwortung trägt. Eine Erklärung, gegen die sich Figl vehement wehrte. Nur zu verständlich: Er hatte viele Jahre hindurch die Hölle des KZ Dachau miterlebt.

Ein wertvolles Geburtstagsgeschenk

Bundeswirtschaftskammer Wien, Wiedner Hauptstraße 63, 10. Stock. Das Büro des Präsidenten: ein Gemälde von Julius Raab, dem Staatsvertragskanzler – ohne die legendäre Virginia im Mundwinkel. Ein Kruzifix mit violettem Amethystbesatz. Ein Riesensparschwein auf dem Schreibtisch. Christoph Leitl blättert in dem leicht vergilbten Staatsvertrags-Vorentwurf, den er aus der Privattasche gekauft und der Wirtschaftskammer zum 60. Geburtstag geschenkt hatte.

„Leopold Figl hat sich über den Vertragsentwurf so gefreut, dass er bei der Unterschrift das Papier durchbohrte", schmunzelt Christoph Leitl. Nach einer kurzen Pause fügt er hinzu: „Die Streichung der Mitschuldsklausel hat uns nicht einer moralischen Mitverantwortung enthoben. Die Wirtschaft hat verantwortungsbewusst zur Entschädigung von NS-Opfern beigetragen."

Das Dokument wurde im Eingangsbereich der Wirtschaftskammer der Öffentlichkeit zugänglich gemacht. Um Erinnerungen an den 15. Mai 1955 wach zu halten.

Versöhnung zwischen Kirche und Arbeiterschaft

Für die Stabilität der Zweiten Republik war es sehr wichtig, dass Kirche und Arbeiterschaft ihre alten Vorurteile ablegten. Man muss anerkennen, dass beide Seiten aus der leidvollen Geschichte der Ersten Republik gelernt haben. Natürlich gibt es Konfliktstoff, wie die Fristenlösung usw. Aber es werden keine Glaubenskriege mehr ausgetragen.

„Es war strengste Vertraulichkeit vereinbart“, erinnert sich Kardinal König kurz vor seinem Tod an die ersten Treffen mit SPÖ-Politikern im Jahr 1957. „Meine Gesprächspartner schlüpften bei anbrechender Dunkelheit in das Erzbischöfliche Palais: Justizminister Otto Tschadek, der amtierende ÖGB-Vizepräsident Franz Olah, der Wiener Finanzstadtrat Felix Slavik usw.“ Vorsichtsmaßnahmen, erklärbar mit den tiefen Ressentiments aus der Zwischenkriegszeit: Die Kirche hatte das autoritär regierende Ständestaatsregime unterstützt. Viele Arbeiter waren aus der Kirche ausgetreten. Im so genannten Anschlussjahr 1938 versuchte Kardinal Theodor Innitzer sich mit dem NS-Regime zu arrangieren, um zu retten, was noch zu retten war. Ein schrecklicher Trugschluss, wie er sehr bald erkennen musste.

„Die Bischöfe zogen nach dem Zweiten Weltkrieg aus der bitteren Lektion der Geschichte Konsequenzen“, erzählt Kardinal Franz König. „Sie erinnerten an den Beschluss der Bischofskonferenz von 1933, dass Priester keine politische Funktion mehr ausüben dürften.“ Und das Mariazeller Manifest von 1952 enthält eine entschiedene Absage an jede Rückkehr zum Staatskirchentum. „Tatsächlich hat sich die Kirche“, so der Wiener Erzbischof, „in der Zweiten Republik aus allen tagespolitischen Konflikten herausgehalten und nur mehr zu Grundsatzfragen Stellung genommen.“

Ein Brückenbauer

Am 10. Mai 1956 ernannte Papst Pius XII. Franz König zum Erzbischof von Wien. Schon einen Monat später machte dieser Schlagzeilen, als er Vizekanzler Adolf Schärf (SPÖ) persönlich aufsuchte, um ihm zum Tod seiner Frau Hilde zu kondolieren. Eine menschliche Geste, die konservative Kreise als Tabubruch ansahen. Und Franz König die Punze eines „roten Kardinals" aufzudrücken versuchten. „Ich hab viel Prügel einstecken müssen, bis man endlich einsah, dass die Kirche tiefe Gräben zu überwinden hatte", sagte Franz König.

Dazu muss man wissen: Adolf Schärf war konfessionslos. Und entschieden dagegen, das Konkordat von 1933 anzuerkennen. Weil es der Vatikan mit dem christlich-sozialen Dollfuß-Regime geschlossen hatte. 1957 bestellte Johannes XXIII. Franz König zu einer Privataudienz nach Rom. „Er sagte mir, seine Mitarbeiter hätten ihm geraten, mich so lange nicht auf die Kardinalsliste zu setzen, bis die Konkordatsfrage geklärt sei", schilderte König. „Der Papst fügte aber schmunzelnd hinzu: ‚Ich mach' es anders. Ich setze Sie doch auf die Liste. Und dann wird in Wien etwas weitergehen.'"

Natürlich spielte das brisante Thema des Konkordats bei den Gesprächen zwischen Franz König und den SPÖ-Verhandlern eine ganz wesentliche Rolle. „Wir haben dem Kardinal versichert, dass wir alle Konflikte Kirche – Staat entschärfen wollen", erinnert sich Franz Olah. „Wir erklärten uns bereit, das Konkordat mit Retuschen anzuerkennen, das vom NS-Regime enteignete Kircheneigentum zurückzugeben und die katholischen Schulen zu fördern."

Und dann ließ der SPÖ-Spitzenpolitiker die Katze aus dem Sack. Er weihte Franz König in das SPÖ-Vorhaben ein, den (konfessionslosen) Vizekanzler Adolf Schärf für das Bundespräsidentenamt zu nominieren. Und fragte sehr direkt, wie es seine Art ist, ob sich die Kirche im Wahlkampf neutral verhalten werde. „Der Kardinal versicherte, das sei Wasser auf die Mühlen des Mariazeller Manifests", schilderte Franz Olah. „Er schränkte aber ein, nicht für jeden Pfarrer die Hand ins Feuer legen zu können." Adolf Schärf hat nach seinem Erfolg noch am Wahlabend ausdrücklich festgehalten, wie wichtig ein gutes Verhältnis von Kirche und Staat sei.

Drei Jahre später, am 23. Juni 1960, wurde das modifizierte Konkordat von Nuntius Giovanni Dellepiane, Unterrichtsminister Heinrich Drimmel und dem damaligen Außenminister Bruno Kreisky unterzeichnet. „Es war eine meiner schwersten Stunden in der SPÖ, als ich meine Unterschrift vor den Parteifunktionären verteidigen musste", erzählte später Bruno Kreisky. „Das kann ich mir lebhaft vorstellen", schmunzelte Franz König.

ÖGB-Präsident Anton Benya hat den Kardinal 1973 eingeladen, vor dem ÖGB-Vorstand über „Kirche und Gesellschaft" zu reden. „Das war der Durchbruch im Versöhnungsprozess Kirche – Arbeiterschaft", erzählt König. „Ich habe gesagt: ‚Ich bin ein politischer Bischof im Gegensatz zu einem politisierenden. Ich bin kein Bischof der ÖVP, keiner der SPÖ, sondern ein Bischof aller – vor allem der Katholiken.'" Bruno Kreisky forderte, wahltaktisch klug, die Katholiken auf, mit ihm ein Stück des Weges zu gehen. Er war Agnostiker, weil er, wie er das begründete, nicht „die Gnade des Glaubens" besaß. „Kreisky besuchte mich immer zum Jahreswechsel im Erzbischöflichen Palais", so König. „Er hat dabei stets das Thema Religion angeschnitten und viel dazu beigetragen, die Gräben zuzuschütten und das Vertrauen zu wecken."

1974/75 aber, als die Fristenlösung eingeführt wurde, gab es noch einmal eine schwere Belastungsprobe für das Verhältnis zwischen Kirche und SPÖ. „Ich habe die Regierung in einem Vortrag scharf angegriffen, menschliches Leben zu missachten. Und nachher den Kanzler gefragt, ob dieser Konflikt das mühsam aufgebaute Vertrauensverhältnis wieder zerstört. Er hat gesagt: ‚Nein.' Und fügte hinzu: ‚Ich verstehe durchaus, dass Sie das gesagt haben.'" Übrigens: Wenn man Franz König fragte, was er zu seinem Spitznamen „roter Kardinal" sage, lachte er nur. „Rot ist die Farbe der Kardinäle."

Harte Bewährungsproben

Ungarnkrise 1956

Am 5. November 1956 an der ungarischen Grenze: Gefechtslärm, dumpfe Einschläge, rötlicher Feuerschein. Sowjetpanzer walzen den ungarischen Aufstand nieder. Schließen einen Ring um Budapest, stoßen zur österreichischen Grenze vor. Hier ist die 1. Alarmkompanie der Militärakademie Enns in Stellung gegangen. 130 Mann mit ihrem Kommandanten August Ségur-Cabanac, heute 88 Jahre alt, General i. R.

„Wir befürchteten, dass die Kämpfe auf österreichisches Gebiet übergreifen, Sowjettruppen Ostösterreich wieder besetzen könnten", schildert August Ségur-Cabanac. Eine Verteidigung der Grenze war wegen des offenen, ebenen Geländes nicht möglich. Also wurde den Alarmkompanien des Bundesheeres befohlen, sich zur Hainburger, Brucker und Eisenstädter Pforte zurückzuziehen und so lange „hinhaltenden Widerstand" zu leisten, bis der Westen – die USA – zu Hilfe eilt.

Es gibt Erlebnisse, die sich so tief ins Herz eingraben, dass man sie nie wieder vergisst. Etwa der Abzug der 1. Alarmkompanie in der Nacht zum 6. November 1956 von der Grenze. „Die Menschen standen bei strömendem Regen auf der Straße", erzählt Ségur-Cabanac. „Mit Kindern, Fackeln, weinend. ‚Wenn die Sowjets kommen, zünden wir die Häuser an und flüchten in die Wälder', riefen sie uns zu. Ich habe daraufhin die Militärküche zurückgelassen und versprochen: ‚Wir kommen bald wieder.'"

„Die gefährlichste Nacht der Zweiten Republik"

Die 1. Alarmkompanie bezog ihre neue Verteidigungsstellung in Pötsching östlich von Wiener Neustadt. „Wir haben in Schützenlöchern Deckung gesucht", erinnert sich Ségur-Cabanac. „Es herrschte eine unglaubliche Spannung." Nach einigen Sekunden fügt er hinzu: „Es war die gefährlichste Nacht der Zweiten Republik." Aber die Sowjets respektierten unsere Grenzen. Tatsächlich hatten die USA Moskau gewarnt: „Eine Verletzung der territorialen Integrität Österreichs wäre eine ernste Bedrohung des Weltfriedens."

Und wie bestand Österreich diese Bewährungsprobe nur ein Jahr nach dem Staatsvertrag? In bemerkenswerter Weise. Es war bereit, seine Souveränität zu verteidigen. Mit einem Bundesheer, das gerade die ersten Rekruten einberufen hatte. General Emil Liebitzky erteilte den Schießbefehl: „Wer österreichisches Gebiet betritt, ist zu entwaffnen. Wer sich widersetzt, auf den ist das Feuer zu eröffnen. Das gilt auch für sowjetische Truppen." Tatsächlich starb ein russischer Soldat nach einem Feuergefecht mit einer Gendarmerie-Patrouille. Generaltruppeninspektor Erwin Fussenegger ließ die Donaubrücken in Tulln, Krems, Mauthausen, Steyregg und Linz zur Sprengung vorbereiten. Für den Fall, dass die Sowjets tatsächlich Österreich angreifen sollten.

Im März 1938 hatte Kanzler Kurt Schuschnigg unter Hitlers erpresserischem Druck kapituliert: ein Trauma bis heute. Immer wieder wurde uns vorgeworfen, keinen Widerstand gegen die Okkupation geleistet, keinen einzigen Schuss abgegeben zu haben. Das war eine politische Entscheidung. Das Bundesheer wäre 1938 zum Kampf bereit gewesen, behaupten nicht wenige Militärhistoriker.

Bei der Ungarnkrise im November 1956 bewies Österreich, dass es aus der Geschichte gelernt hat. „Ich kann die Politiker und Offiziere, die sich damals entschlossen haben, Aktionen des Widerstandes zu setzen, nur bewundern", erklärt Bundespräsident Heinz Fischer.

Die Brücke von Andau

Die Marktgemeinde Andau im burgenländischen Seewinkel. Nikolaus-Kirche, Bildstöcke, Marterln, japanische Zierkirschen, Birken, Kastanienbäume. Und mitten im Ort die Hinweistafel: „Brücke von Andau". Mit dem Zusatz: „Fluchtstraße". An ihrem Rand stehen Stein- und Holzskulpturen von großer Symbolkraft: „Fegefeuer", „Erschöpft", „Wächter des goldenen Westens". Nach knapp acht Kilometern das Warnschild: „Grenzübertritt bei Strafe verboten".

Dahinter, schon auf ungarischer Seite: die legendäre Brücke von Andau, über die 1956 80 000 Menschen vor den anrückenden Sowjettruppen geflüchtet sind. Hämmern, Bohren, Sägen. Ein Stück Zeitgeschichte wird im April 2006 generalsaniert. Von einer österreichischen Pionierkompanie aus Bruckneudorf, mit ausdrücklicher Bewilligung aus Budapest. Die Truppe: Kommandant Adam Töközi, Vizeleutnant Andreas Frankl und weitere acht Mann

Unter den kritischen Augen von Zeitzeugen verbauen sie 4,5 Tonnen Lärchenholz. Die Lehrerin Susanne Somlyay (79) hat das dramatische Geschehen im November 1956 hautnah miterlebt. „Die Flüchtlinge aus Ungarn waren völlig durchnässt, froren erbärmlich und hatten schreckliche Angst", erinnert sie sich. „Sie tasteten unsere Körper ab, als könnte man die Nationalität mit den Fingern erfühlen. ‚Du Österreicherin?', fragten sie mich immer wieder."

Auch Bezirksinspektor Paul Kohlenberger (80) wird diese Tage nie vergessen. „Studenten trugen ein kleines Mädchen, die sechs Monate alte Ilonka, über die Brücke von Andau", erzählt er. „Ihre Eltern hatten die Flucht über das letzte noch offene Schlupfloch im Eisernen Vorhang vorerst nicht geschafft." Paul Kohlenberger nahm Ilonka so lange bei sich auf, bis sich ihr Vater meldete und sie in die USA mitnahm. 2005 kam Ilonka nach Andau auf Besuch. Es war ein tränenreiches Wiedersehen.

1956 – das Jahr der Bewährung für Österreich. Gerade in die Freiheit entlassen, nach sieben Jahren NS-Diktatur und zehn Jahren alliierter Besatzung. Freiheit – ein Traum für Ungarn, der zum Trauma wurde. Bis heute. Arbeiter, Bauern, Studenten rebellierten Schulter an Schulter mit Ministerpräsident Imre Nagy und Oberst Pál Maleter an der Spitze gegen das KP-Terrorregime. Die Sowjets brachen, wie gehabt, alle Versprechen und walzten den „Aufstand des Gewissens" mit Panzern brutal nieder.

Knapp 200 000 Ungarn ergriffen die Flucht. Nach Österreich, dessen Grenzen mit rot-weiß-roten Fahnen abgesteckt waren. „Wir wurden wie längst erwartete Brüder und Schwestern begrüßt", schrieb der ungarische Schriftsteller Ferenc Nagy. Eine ungeheure Welle der Hilfsbereitschaft setzte ein. „Aus einer der unbedeutendsten Brücken Europas wurde die wichtigste der Welt", schrieb der US-Schriftsteller James A. Michener. „Gemeint war damit die Brücke von Andau, die zum Symbol, zum My-

Ein schwieriger Weg in die Freiheit: dramatische Momente an der Brücke von Andau

thos für Freiheit und Menschlichkeit wurde", erklärt der Bürgermeister von Andau, Matthias Gelbmann.

Für 80 000 Menschen war sie das Tor zur Freiheit. Und als die Brücke von den Sowjets gesprengt wurde, wateten die Flüchtlinge durch den so genannten Einserkanal. „Die Anzüge und Blusen waren an den Körpern so festgefroren, dass wir sie mit Scheren und Messern aufschneiden mussten", schilderten Helfer des Roten Kreuzes. Zu Weihnachten 1956 nahm jede Familie in Andau Flüchtlinge bei sich auf, feierte mit ihnen den Heiligen Abend: „Stille Nacht, heilige Nacht."

„Müsste ich je flüchten, so hoffe ich, dass es nach Österreich sein kann", schrieb J. A. Michener in seinem Buch *Die Brücke von Andau.*

Als der „Prager Frühling“ verstummte

1968 marschierten die Warschauer Paktstaaten in der Tschechoslowakei ein: Herma Kirchschläger und Franz Soronics erinnern sich an diese dramatischen Stunden.

Portorož in Istrien, 21. August 1968, Punkt 6 Uhr Früh. Das Telefon schreckt den österreichischen Gesandten in Prag, Rudolf Kirchschläger, aus dem Schlaf. „Die Warschauer Paktstaaten marschieren in die Tschechoslowakei ein“, schlug das Außenamt in Wien Alarm. „Wir haben unseren Urlaub sofort abgebrochen“, erinnert sich seine Witwe, Herma Kirchschläger (92). „Auf der Fahrt nach Prag beobachteten wir Kolonnen russischer Panzer.“ Und: „Die Sowjets hatten es schwer, sich zu orientieren. Alle Ortstafeln und Straßenschilder waren übermalt oder abmontiert.“ Der brave Soldat Schwejk ließ also grüßen.

In die Gesandtschaft nach Prag zurückgekehrt, wurde Rudolf Kirchschläger mit der Weisung aus Wien konfrontiert, keine Tschechoslowaken in das Missionsgebäude einzulassen. Die Visa mussten ebenerdig durch Fenster ausgehändigt werden. „Mein Mann hat gesehen, wie Menschen in der Warteschlange ihre Gesichter verdeckten, wenn Fernsehkameras oder Fotoapparate auftauchten“, erzählt Herma Kirchschläger. „Er hat deshalb angeordnet, diese verängstigten Menschen einzulassen. Manche ersuchten um Asyl. Sie durften in der Gesandtschaft übernachten und am nächsten Tag mit Österreichern in Bussen ausreisen.“

5000 Tschechoslowaken stellten sich täglich vor der österreichischen Gesandtschaft um ein Visum an. So tief saß der Schock über die Invasion der Warschauer Paktstaaten, Hunderttausender Soldaten aus der Sowjetunion, Polen, Ungarn und Bulgarien. Der so genannte „Prager Frühling“ wurde von Panzern niedergewalzt. Der Traum vom „Sozialismus mit menschlichem Antlitz“ zerplatzte wie eine Seifenblase. Alles musste rückgängig gemacht werden: Wirtschaftsreformen, Meinungs- und Demonstrationsfreiheit usw. Die Protagonisten des „Prager Frühlings“ wie etwa Alexander Dubček wurden entmachtet, verhaftet oder ins Ausland vertrieben.

In dieser Zeit ärgster Bedrängnis schlug eine zweite Weisung aus Wien wie eine Bombe ein: Rudolf Kirchschläger bekam die Order, vorerst keine weiteren Visa mehr auszustellen. „Mein Mann hat dagegen sofort beim Außenamt protestiert", erzählt Herma Kirchschläger. „Mit der Begründung, die Visasperre würde in ‚extrem hohem' Maße die Bevölkerung treffen, die in ihrem bewundernswerten Widerstand unsere besondere Achtung genießen sollte." Und: „Mein Mann fügte noch hinzu, dass ihn die Befolgung dieser Weisung in schwerste Gewissenskonflikte stürzen würde." Tatsächlich wurde die umstrittene Order aber schon nach 48 Stunden aufgehoben.

Der frühere Innenminister Franz Soronics über die Hintergründe. „Wir haben damals erfahren, dass den sowjetischen Besatzern Zehntausende tschechoslowakische Blanko-Passformulare in die Hände gefallen sind", schildert er. In Wien befürchtete man, Russen könnten als Asylwerber getarnt nach Österreich kommen, um als „fünfte Kolonne" einen Angriff auf Jugoslawien vorzubereiten. „Wir haben für 48 Stunden die Grenze gesperrt, um Sicherheitsmaßnahmen zu ergreifen, und angeregt, vorübergehend keine Visa mehr in Prag auszustellen", erinnert sich Franz Soronics. „Der manchmal erhobene Vorwurf, wir hätten seinerzeit unmenschlich gehandelt, stimmt einfach nicht."

Und wie reagierte das neutrale, kleine Österreich auf diese zweite Bewährungsprobe nach der Ungarnkrise 1956? Die Regierung in Wien ging diesmal viel vorsichtiger vor. Vielleicht auch deshalb, weil es im Gegensatz zu 1956 keine Unterstützungszusage der USA gab. Als aber der übergelaufene General Jan Sejna enthüllte, dass die Invasion Österreichs unmittelbar bevorstehe, erfolgte ein Umdenken. Einer Panzerkompanie wurde befohlen, den Flughafen Wien Schwechat zu sichern. Mit dem ausdrücklichen Befehl, von der Schusswaffe Gebrauch zu machen, sollten „feindliche" Militärflugzeuge zur Landung ansetzen.

Für die Tschechoslowaken lief eine große Hilfsaktion an: mit Zelten, Küchen – sogar die Wiener Stadthalle wurde dafür zur Verfügung gestellt. 96 000 Tschechoslowaken flüchteten nach Österreich, 66 000 Urlauber blieben gleich hier.

Rudolf Kirchschlägers Zivilcourage in Prag wurde honoriert. 1970 berief ihn Kanzler Bruno Kreisky als unabhängigen Außenminister in seine Regierung. 1974 kandidierte er erfolgreich für die Bundespräsidentenwahl.

„Hello, Mister President“ – US-Präsidenten in Österreich

Die Boeing 747 mit dem Namen „Air Force One“ setzt am 20. Juni 2006 auf dem Flughafen Wien-Schwechat auf: Präsident George W. Bush kommt für 20 Stunden zum Gipfeltreffen EU–USA nach Wien. Unter extremsten Sicherheitsvorkehrungen: stahlgepanzerte Limousinen, Scharfschützen, ein Großaufgebot von Bodyguards usw. Er ist nicht der erste amerikanische Präsident, der Österreich in den Blickpunkt der Weltpolitik rückte. Vor ihm waren seine Amtskollegen John F. Kennedy, Richard Nixon, Gerald Ford, Jimmy Carter und George Bush senior zu Besuch. Zu Abrüstungs- oder Nahostgipfeln, die letztlich aber nur eine Atempause brachten. Dennoch: „*Hello, Mr. President*!“

Das Verhältnis zwischen der Supermacht USA und dem kleinen, neutralen Österreich wird heute als völlig friktionsfrei beschrieben. Aber es war nicht immer so. „In der Monarchie haben es österreichische Diplomaten als Strafversetzung angesehen, wenn sie nach Washington beordert wurden“, erzählt der Historiker Manfried Rauchensteiner. Der frühere US-Präsident Theodore Roosevelt wurde 1910 von Kaiser Franz Joseph in Privataudienz empfangen. Er war aber von dem „letzten Monarchen der alten Schule“ nicht sehr beeindruckt. „Ein nicht besonders fähiger Mann, doch ein Gentleman“, lautete das Urteil des Amerikaners.

Neues Interesse an Österreich

Österreich wurde für die USA erst wieder nach der Niederschlagung der ungarischen Revolution 1956 durch Sowjettruppen interessant. US-Vizepräsident Richard Nixon nahm höchstpersönlich einen Lokalaugenschein bei der Brücke von Andau vor, über die 80 000 Ungarn nach Österreich geflüchtet waren. „Ich bin in einer Schule in Andau zur Flüchtlingsbetreuung eingesetzt worden“, schildert mir Maria Schwarz

Bezauberne Jackie: Jackie Kennedy, die amerikanische First Lady, mit dem strahlend lächelnden sowjetischen Ministerpräsidenten Nikita Chruschtschow

(92). „Da kam ein Mann mit abgetragenem Sakko und ausgetretenen Schuhen. Ich habe ihm natürlich Wurstbrote, Käsesemmeln, heißen Tee wie den anderen angeboten.“ Maria Schwarz lacht kurz auf. „Ich hab erst vom Bürgermeister erfahren, dass es sich um den US-Vizepräsidenten Nixon gehandelt hat“, erinnert sie sich. „Ich habe beobachtet, wie er auf einem Traktor zwischen Strohbündeln verborgen zur Grenze gefahren ist. Mit dem Bürgermeister, Gendarmen und Gemeinderäten – wenige Tage vor Weihnachten 1956“, so Maria Schwarz. „Er wollte sich selbst ein Bild davon machen, wie die Flüchtlinge durch den Einserkanal frierend, durchnässt und mit den letzten Habseligkeiten in die Freiheit wateten.“

Anfang Juni 1961 steht Wien im Blickpunkt des Weltinteresses. Der sowjetische Ministerpräsident Nikita Chruschtschow trifft mit US-Präsident John F. Kennedy zusammen. Das Ergebnis dieses Gipfels ist denkbar mager: keine Lösung für die geteilte Stadt Berlin, keine Einigung über Abrüstung, Atomtests. Jackie Kennedy überstrahlt mit ihrem Charme alles. „Chruschtschow gewinnt den Eindruck, dass Kennedy ein Leichtgewicht ist", erklärt Manfried Rauchensteiner. „Er muss das aber schon ein Jahr später revidieren – bei der Kuba-Krise, der Stationierung sowjetischer Mittelstreckenraketen 1962 in der Karibik."

1972 kommt Richard Nixon wieder nach Österreich, nach Salzburg – diesmal als US-Präsident. Eine Zwischenstation auf dem Flug nach Moskau. Kanzler Bruno Kreisky empfängt ihn nach allen Regeln des Protokolls. Aber dessen Sohn, Peter Kreisky, demonstrierte gegen Nixon – mit Günther Nenning und Robert Jungk. „Ihr gutes Recht", brummte Bruno Kreisky. Die Exekutive war offenbar ganz anderer Ansicht. Sie prügelte die Demonstranten.

Knapp drei Jahre später: 2. Juni 1975, Salzburg. Nebelschwaden, Schnürlregen, ein Meer von Regenschirmen auf dem Flughafen: US-Präsident Gerald Ford kommt zum Gipfeltreffen mit seinem ägyptischen Amtskollegen Anwar as-Sadat. Und dann ein Missgeschick, ein Bild, das um die Welt geht! Gerald Ford stürzt auf der drittletzten Stufe der Gangway, fällt nach vorne, wird aber von seinem Adjutanten und Bruno Kreisky im letzten Moment aufgefangen

1979 rückt Wien erneut in den Blickpunkt der Weltöffentlichkeit. Der sowjetische Präsident Leonid Breschnew und US-Präsident Jimmy Carter unterzeichnen das SALT-II-Abkommen zur Begrenzung der strategischen Rüstung, der atomaren Waffen. Wunschdenken, Illusion, aber die Welt atmet erleichtert auf. Breschnew und Carter küssen einander – wieder ein Bild aus Wien, das um die Welt geht.

In diesem Sinn also: *„Hello, Mister President!"*

Regierungen und ihre Kanzler

Große Koalition auf Österreichisch

Große Koalitionen sind Vernunft- und keine Liebesehen. Dennoch sehnen sich die Österreicher laut einer Gallup-Umfrage im Oktober 2005 nach ihr. Und daran hat sich auch nach der Neuauflage Rot-Schwarz nicht viel geändert. Mangels realistischer Alternativen. „Da steckt aber eher Empfinden als konkretes Wissen dahinter", vermutet der Historiker Manfried Rauchensteiner.

Tatsächlich haben große Koalitionen die Zweite Republik dominiert. 21 Jahre Schwarz-Rot (1945–1966), 14 Jahre Rot-Schwarz (1986–2000) und seit 2007 wieder Rot-Schwarz. Dazwischen gab es schwarze und rote Alleinregierungen, das rot-blaue Experiment und von 2000 bis 2006 Schwarz-Blau bzw. Schwarz-Orange.

Was haben uns die 36/37 Jahre große Koalition insgesamt beschert? Manfried Rauchensteiner hat darüber das Buch *Die zwei* geschrieben, in dem er sich mit diesem Phänomen auseinandersetzt: Wenn ÖVP und SPÖ ein großes Ziel gemeinsam verfolgten, erwies sich ihre Kooperation „als sinnvoll", etwa beim Staatsvertrag 1955 oder dem EU-Beitritt 1995. Kaum waren aber diese Ziele erreicht, begann schon der Zerfallsprozess der großen Koalitionen. Das ist auch den Koalitionspakten zu entnehmen. Erst wurden nur die großen Linien festgehalten, dann jedes Detail der Machtaufteilung. Das System erstarrte.

Was sagen die Praktiker dazu? Etwa der frühere SPÖ-Kanzler Franz Vranitzky. Er ließ 1986 Rot-Blau platzen, als Haider FPÖ-Chef wurde. Und er schloss mit Alois Mock eine große Koalition. Vranitzky kann Manfried Rauchensteiners These „große Ziele und Zerfall" etwas abgewinnen. „Aber es ging nicht nur um den EU-Beitritt, sondern auch um die Verstaatlichten-Sanierung, die VOEST-Krise." Und weiter: „Ich traute meinen Ohren nicht, als ich hörte, dass der Proporz im ÖIAG-Gesetz verankert ist. Ich habe gefordert, das sofort abzuschaffen. Wirtschaftsminister Robert Graf (ÖVP) stimmte mir zu, bat mich aber: ‚Verrat mich nicht.'" Ob eine kleine Koalition mehr weiterbringt als eine große, bezweifelt Vranitzky allerdings. Verständlich.

Lassen wir noch einen Profi zu Wort kommen: Wilhelm Molterer, von 1994 bis 2000 Minister der rot-schwarzen Regierung, jetzt Finanzminister und Vizekanzler. „Eine große Koalition kann durchaus sinnvoll sein, wenn sie große Probleme löst", räumt er ein. „Aber sie birgt auch die Risiken des Drüberfahrens, der wechselseitigen Blockade in sich." Molterer schlägt die Stirn in Falten. „Wissen Sie, die große Koalition hat schon eine enorme Machtfülle", gibt er zu bedenken. „Sie kann mit Zwei-Drittel-Mehrheit Verfassungsgesetze beschließen."

Die große Koalition wird mitunter unter ihrem Wert geschlagen. Sie hat zum richtigen Zeitpunkt mit den richtigen Politikern viel bewirkt: 1945 die Wiedererrichtung der Demokratie, 1950 die Niederschlagung des KP-Putsches, 1955 den Staatsvertrag, 1995 den EU-Beitritt. Natürlich gab es auch viele Krisen, Skandale, Proporz, Lähmung, aber der Grundkonsens ging nicht verloren. Vorerst. Rot-Schwarz neu ist zum Verzweifeln. So viel wurde in der langen Geschichte der Großen Koalitionen noch nie gestritten. Es ist der ständige Wahlkampf, der nervt. Man hat das Gefühl, die beiden können und wollen nicht miteinander. Aber es gibt derzeit keine Alternative zu Rot-Schwarz …

Wagnis Alleinregierung

Die Fotos vom Ballhausplatz vor mehr als 40 Jahren sind schon etwas vergilbt. Sie zeigen die Mitglieder der ÖVP-Alleinregierung auf dem Weg zur Angelobung in der Hofburg. Sozialministerin Grete Rehor rutscht ein Blumenstrauß aus den Händen. Kanzler Josef Klaus hebt ihn unter dem Applaus der Menschen im Spalier auf. Schnappschüsse, Momentaufnahmen – in Wirklichkeit eine tiefe Zäsur in der Geschichte der Zweiten Republik.

Nach 21 Jahren ging 1966 die Ära der schwarz-roten Koalition zu Ende. Eng verbunden mit den Begriffen Wiederaufbau, Staatsvertrag,

Aufschwung. Aber auch mit wechselseitigen Blockaden, Proporz – nichts ging mehr. Höchste Zeit für einen Wechsel von der erstarrten großen Koalition zum Experiment Alleinregierung. „Die einen fanden, Österreichs Demokratie sei reif genug dafür", erinnert sich Bundespräsident Heinz Fischer, „die anderen wiederum warnten davor."

Ängste und Sorgen wurden geschürt, Horrorszenarien entworfen. Vor der ÖVP-Alleinregierung: Rückkehr zum Austrofaschismus, Bürgerkrieg, Kanonen auf Wohnungen, Hinrichtungen. Vor der SPÖ-Alleinregierung: Zurückdrängung der Religion, des Bürgertums, des Eigentums und der bäuerlichen Existenzgrundlagen. „Nichts dergleichen ist passiert", resümiert Heinz Fischer. „Die Alleinregierungen haben keine Gefahr für Demokratie und Rechtsstaat bedeutet."

Ein Denkzettel für die SPÖ-Granden

Warum die ÖVP bei der Nationalratswahl 1966 die absolute Mehrheit errang und eine Alleinregierung bilden konnte? Nun, in der SPÖ unter Parteichef und Vizekanzler Bruno Pittermann rumorte es gewaltig. „Die Mitglieder haben ihrer Partei einen Denkzettel gegeben", erklärt der Industrielle Hannes Androsch – seinerzeit wirtschaftlicher SPÖ-Klubsekretär. „Der Hauptgrund war die Krise um Ex-ÖGB-Chef und Ex-Innenminister Franz Olah."

Die Parteigranden argwöhnten, der ehrgeizige Politiker könnte die Macht an sich reißen – und schlossen ihn aus der SPÖ aus. Franz Olah gründete daraufhin die Partei DFP, die bei den Wahlen 1966 fast 150 000 Stimmen auf Kosten der SPÖ bekam. Aber es gab auch andere verhängnisvolle Fehler: So wies Bruno Pittermann eine Wahlempfehlung der KPÖ für die SPÖ nicht energisch genug zurück – Munition für die ÖVP, die vor einem „Linksruck" und der „roten Katze" warnte.

Ganz anders die Situation in der ÖVP. „Mit Josef Klaus war ein Reformer ans Ruder gekommen", erzählt der frühere Innenminister Franz Soronics. „Ein Politiker neuen Stils, der für Sachlichkeit und Sparsamkeit eintrat." Aber gerade dieser eiserne Sparkurs, die Budgetsanierung, sollte Josef Klaus zum Verhängnis werden. Denn sein Finanzminister Stephan Koren holte 1968 zum so genannten „Paukenschlag" aus: Sondersteuer auf den Kauf von Neuwagen, die Besteuerung von Alkohol.

„Das war keine Hetz für die ÖVP im Wahlkampf 1970“, erinnert sich der Industrielle Josef Taus, zeitweise Staatssekretär für die Verstaatlichte. „Bei Wahlkundgebungen in den Weingebieten bekam ich jedes Mal einen ‚Schrauben‘ (Fußballjargon für schwere Niederlage) mit rosa Mascherl überreicht. Und in vielen Versammlungen wurde ich nach Bruno Kreiskys Slogan ‚Sechs Monate Bundesheer sind genug‘ befragt. Die Regierung Josef Klaus hat gute Arbeit geleistet, sich aber furchtbare Eigentore geschossen.“

Kreiskys Schachzug

Warum das Pendel in der Folge von einem Extrem ins andere ausschlug, von einer schwarzen zu einer roten Alleinregierung? „Durch den Glücksfall Bruno Kreisky, der 1967 SPÖ-Chef wurde“, erklärt Hannes Androsch. Er grenzte die SPÖ völlig von der KPÖ ab, versöhnte sie mit der Kirche und „überstrahlte Josef Klaus (Heinz Fischer) als Reformer“.

Am 21. April 1970 begann im Maria-Theresia-Zimmer der Hofburg ein neues Kapitel der Zweiten Republik. Bundespräsident Franz Jonas gelobte im Blitzlichtgewitter der Fotografen Bruno Kreiskys Minderheitsregierung an. Die SPÖ sollte 30 Jahre lang den Kanzler stellen. Diese Ära ging erst am 4. Februar 2000 zu Ende.

Von 1966 bis 1970 war eine schwarze Alleinregierung mit Kanzler Josef Klaus am Ruder. SPÖ-Chef Kreisky hoffte, bei den Nationalratswahlen am 1. März 1970 die absolute Mehrheit der ÖVP zu brechen. Zu seiner Überraschung bekam er aber die relative Mehrheit – der neue Mandatsstand: SPÖ 81 (+ 7), ÖVP 78 (– 7), FPÖ 6 (wie bisher). Zwei Faktoren waren dafür ausschlaggebend, dass es nach diesem Erdrutsch zu einer SPÖ-Minderheitsregierung kam: die Selbstfesselung von ÖVP und FPÖ, vor allem aber ein geschickter Schachzug Kreiskys.

„Meine Partei hatte sich auf die Wahlkampfparole: ‚Kein roter Kanzler, kein schwarzes Österreich‘ eingeschworen“, erzählt Ex-FPÖ-Chef Friedrich Peter. Seine Hoffnungen auf eine schwarz-blaue Regierung platzten aber wie eine Seifenblase, als sich noch am Wahlabend Kanzler Josef Klaus vor laufender Kamera gegen eine „Koalition der Verlierer“ aussprach.

„Eine schwarz-blaue Koalition ist nicht drinnen gewesen“, erläutert Josef Klaus Jahre später. „Bruno Kreisky war die stärkere Persönlichkeit, die SPÖ die dynamischere Partei – diese Regierung hätte es also bald zerrissen." Klaus wunderte sich über die Reaktion von Parteifreunden, die mit der FPÖ nichts am Hut hatten und dennoch behaupteten: „Mein Gott, du hast einen schweren Fehler begangen."

Friedrich Peter war über den Korb von Josef Klaus zutiefst verärgert. Kein Wunder: Musste er doch befürchten, vom FPÖ-Vorstand wegen der mageren Wahlausbeute „geköpft" zu werden. Aber es kam anders. „Bruno Kreisky ließ mich am 2. März um 1.30 Uhr Früh in die SPÖ-Zentrale bitten", erzählt er. „Es war bitterkalt. Ich fror erbärmlich. Kreisky hatte wenigstens Filzpatschen an." Peter wurde aber wärmer ums Herz, als der SPÖ-Chef „vor sich hermurmelte", das von der FPÖ lang geforderte minderheitenfreundlichere Wahlrecht einzuführen. „‚Das glaub i net', hab ich in einer ersten Reaktion gesagt. ‚Sie kriegen's trotzdem', hat Kreisky gegrantelt."

Offiziell verhandelte die SPÖ wochenlang mit der ÖVP über eine große Koalition. „Ernsthaft", versichert Ex-Finanzminister Hannes Androsch. „Heinz Fischer und ich haben schon an einer Regierungserklärung gearbeitet." Aber die Verhandlungen platzten im letzten Moment. „Kreisky hatte das Gefühl, dass inhaltlich nichts weitergeht", erinnerte sich Ex-Nationalratspräsident Leopold Gratz. „Zu unserer Überraschung zog er plötzlich die Idee einer Minderheitsregierung aus dem Hut – mit FPÖ-Unterstützung im Parlament."

Aber Bruno Kreisky stieß in den eigenen Reihen auf Widerstand. Nach 21 Jahren großer Koalition (1945–1966) konnte sich niemand etwas anderes vorstellen. „Doch dann war's wie die Befreiung von einer Last", schilderte Leopold Gratz. „Weil's mit der ÖVP zu holprig gewesen ist, haben wir's mit der FPÖ probiert – nicht als Koalitionspartner." Und: „Die Wahlrechtsreform wollten wir auch", behauptete ÖGB-Präsident Anton Benya.

In Windeseile stellte Bruno Kreisky seine Ministerliste zusammen: Rudolf Häuser, Leopold Gratz, Christian Broda, Josef Staribacher, Rudolf Kirchschläger usw. „Mich hat er zu sich zitiert und gefragt, ob ich mir den Finanzminister zutraue. ‚Ja, wenn meine Jugend nicht dagegen steht', hab ich geschmunzelt", erzählt Hannes Androsch, damals 33 Jahre.

„Es fehlte noch ein Landwirtschaftsminister. Kärntens SPÖ wusste einen – Hans Öllinger. Er musste aber prompt zurücktreten, weil sich herausstellte, dass er bei der Waffen-SS gedient hatte. Übrigens: Friedrich Peter war bei einer SS-Einheit gewesen, die laut Simon Wiesenthal „Säuberungen" durchgeführt hatte. Aber Bruno Kreisky verteidigte ihn vehement – und wurde damit zur Zielscheibe massiver Kritik.

„Die rote Minderheitsregierung landet bald auf dem Misthaufen der Geschichte", ätzten nicht wenige ÖVP-Granden. Doch Bruno Kreisky errang zu ihrem Leidwesen 1971 die absolute Mehrheit. Und behauptete sie bis zum Jahre 1983. Die SPÖ stellte noch 17 weitere Jahre den Kanzler – mit Fred Sinowatz, Franz Vranitzky und Viktor Klima – und war insgesamt 30 Jahre an der Macht. 2000 kam die Wende, 2006 deren Ende. Seitdem ist Alfred Gusenbauer Kanzler. „Die SPÖ hat halt das Machtstreben viel besser als die ÖVP verstanden", erklärte Josef Klaus einst dieses Phänomen.

Bruno Kreisky – der „Sonnenkönig"

Bruno Kreisky (22. 1. 1911–29. 7. 1990) erlebte alle Höhen und Tiefen eines Politikerlebens: Verfolgung, Gefängnishaft, Exil, aber auch den Aufstieg zum SPÖ-Vorsitzenden, Bundeskanzler und „Sonnenkönig".

Schillers *Wallenstein*-Zitat könnte auch auf Bruno Kreisky zugeschnitten sein: „Von der Parteien Gunst und Hass verwirrt, schwankt sein Charakterbild in der Geschichte." Von den einen als Politiker „zu groß für Österreich", als „Sonnenkönig" und „Medienkanzler" umjubelt, von den anderen als „Schuldenmacher", „Sozialzuckerl"-Verteiler und Terroristenfreund (Arafat, Gaddafi) verdammt. Tatsächlich war Kreisky ein Mann, der ein Stück österreichischer Geschichte geschrieben hat: als Kanzler, der von 1970 bis 1983 regierte, als SPÖ-Chef, der wichtige Reformen wagte, und als Brückenbauer von der Monarchie zur Zweiten Republik.

Bruno Kreisky, der als fünfjähriger Bub im Spalier gestanden hatte, als Kaiser Franz Joseph begraben wurde, entstammte einer Industriellenfamilie. Er trat trotz seiner bürgerlichen Herkunft als Mittelschüler der sozialdemokratischen Bewegung bei, weil ihn die erschreckende Armut in der Ersten Republik zutiefst aufwühlte. Kreisky wurde wegen seiner

Bruno Kreisky, der Medienkanzler, in seinem Element

politischen Gesinnung verfolgt, vom Dollfuß- und vom Hitler-Regime ins Gefängnis gesteckt, bis ihn eine glückliche Fügung des Schicksals im Jahre 1939 ins schwedische Exil verschlug.

Der kometenhafte Aufstieg

Nach dem Zusammenbruch des NS-Regimes verdiente sich Bruno Kreisky seine ersten diplomatischen Sporen an der österreichischen Botschaft in Schweden. 1951 berief ihn Bundespräsident Theodor Körner als politischen Berater in die Hofburg, 1955 nahm er als Staatssekretär an den Staatsvertragsverhandlungen in Moskau teil und 1959 wurde er unter Kanzler Raab Außenminister. Aber erst die bitterste Stunde der SPÖ, als sie 1966 den Weg in die Opposition antreten musste, verhalf dem parteiintern nicht unumstrittenen Bruno Kreisky zum Durchbruch. Er wurde 1967 als Bruno Pittermanns Nachfolger SPÖ-Chef, errang 1970 bei den Nationalratswahlen die relative Mehrheit und bildete mit parlamentarischer FPÖ-Unterstützung eine Minderheitsregierung. Gleich dreimal konnte der rhetorisch brillante „Sonnenkönig" („Lernen Sie Geschichte,

Herr Reporter!") die absolute Mehrheit für seine Partei erringen: 1971, 1975 und 1979. Sein Erfolgsrezept, das die ÖVP-Opposition zu entnerven schien, widersprach oft jeder ökonomischen Vernunft: Sozialzuckerln wie die Heiratsbeihilfe und das Nachgeben gegenüber den sanierungsfeindlichen VOEST-Betriebsräten nach dem Motto: „Ein paar Milliarden Schulden mehr bereiten mir weniger schlaflose Nächte als Arbeitslose."

Kreiskys Stern begann Anfang der 1980er-Jahre, als er schon von einem schweren Augen- und Nierenleiden gezeichnet war, trotz sozialer und juristischer Reformen zu sinken: Der zermürbende „Vater-Sohn-Konflikt" mit seinem „Kronprinzen" Hannes Androsch (Steuerkanzlei Consultatio), der AKH-Millionen-Skandal usw. ließen die SPÖ 1983 die absolute Mehrheit verlieren. Kreisky trat nicht nur als Kanzler zurück, sondern ging auch immer mehr auf Distanz zu seiner eigenen Partei. Er zeigte sich über seinen Nachfolger Fred Sinowatz enttäuscht, der seine Erwartungen, ein Volkskanzler zu werden, nicht erfüllen konnte. Und er war lange Zeit empört darüber, dass Kanzler Franz Vranitzky seine Domäne, das Außenamt, der ÖVP überlassen hatte.

Bruno Kreisky schrieb nach einer Nierentransplantation eine dreibändige, bestsellerverdächtige Autobiografie. Er verfiel körperlich immer mehr, aber sein Geist blieb bis zuletzt lebendig, sprühend. Österreich hat am 29. Juli 1990 einen großen Sohn verloren!

Zehnjähriges Kanzlerjubiläum

Kreisky war ein Volkstribun, der seine Zuhörer zu fesseln wusste: witzig bis demagogisch. Im April 1980 feierte er sein zehnjähriges Kanzlerjubiläum.

„Was haben S' denn da gschrieb'n über den AKH-Skandal?", brummte Kanzler Kreisky, als ich ihm in den Wandelgängen des Parlaments in die Arme laufe. „Des gibt's do net, dass ma in an Direktionsschreibtisch a Liste über Auftragsvergaben findt. Noch dazu unter dem Titel ‚Verteilung des Kuchens'. Ha, ha. So dumm kann do niemand sein. Gehen S', Herr Doktor", ruft er einem seiner Sekretäre zu, „fragn S' einmal nach, ob des überhaupt stimmt!"

Dann zieht mich der Regierungschef in eine Ecke, wo sich sein Groll über den AKH-Skandal und andere Affären entlädt. So sehr, dass ich kaum dazu komme, ihn zu fragen, wie man sich bei einem zehnjährigen Kanzlerjubiläum fühlt. „Na ja", meint er schließlich, sich räuspernd, „des war schon a politische Zäsur, als wir Sozialisten 1970 an die Regierung kamen."

Welche Siege ihn am meisten gefreut, welche Niederlagen am meisten geschmerzt haben, will ich wissen. Der Kanzler nimmt bedächtig seine Brille von der Nase, putzt sie mit einem riesigen Taschentuch, das er aus irgendeiner Tasche herausgezogen hat. „Die größte Freud hab ich, wenn kleine Leut' zu mir kommen und sagen: ‚Herr Kanzler, i hab kane Sorgen, mir geht's gut – i wünsch nur, dass es immer so bleibt.'"

Von Siegen und Niederlagen will der „Sonnenkönig" nichts wissen, höchstens von gewissen Hochs und Tiefs. Und dann schimpft er herzerfrischend über politische Gegner, vor allem aber auch über Parteifreunde. Mit dem Zusatz: „Aber das sage ich nur Ihnen, Herr Kindermann."

Skifahren mit dem „Sonnenkönig"

„Na, na, die Brettln trag ich mir schon selbst", wehrte „Sonnenkönig" Bruno Kreisky fast unwirsch ab und schulterte gekonnt seine Skier. „Vorschwindeln, kommt gar net in Frage", grantelte er weiter und stellte sich ganz hinten an der Menschenschlange vor der Hofgasteiner Schlossalmbahn an. „Jö, schau, der Bundeskanzler", freuten sich zwei ältere Damen, die ihn trotz Verkleidung (rote Skimütze, blauer Schal, beigefarbener Anorak und dunkelbraune Skihose) erkannten. Natürlich wurde Bruno Kreisky angeboten, sich zum Lift vorzuschwindeln – doch das lehnte er mit Blick auf mich ab.

„Sonnenkönig" Kreisky wagte sich trotz einer schmerzhaften Tennisverletzung am Knöchel auf die Piste, um seinen achtjährigen Enkel Oliver beim Skiunterricht zu beobachten. Wenn der sommersprossige rotblonde Bub einen „Stern" riss, tröstete ihn der Kanzler mit: „Macht nix", gelang ein Bogerl, hörte man ihn ein großväterlich-stolzes: „Sehr gut" brummen. Der Regierungschef selbst setzte seine Schwünge so bedächtig an wie er sprach. Und geriet Ende Dezember 1980 auf der Hamburger Abfahrt nicht ein einziges Mal in Sturzgefahr.

„Ja, selbst wenn ich stürzen sollt', würd' ich mir nicht weh tun, weil ich als Student beim Jiu-Jitsu-Training das Fall'n glernt' hab", verriet er. Der Skilehrer seines Enkels Oliver, Fritz Zettinig, stellte dem Kanzler jedenfalls ein blendendes Zeugnis aus: „Wenn i mit 70 no so guat auf den Brettln steh' wie der Kanzler, stift' i der Hofgasteiner Pfarrkirch'n a Riesenkerz'n."

Apropos: Wer mit Bruno Kreisky eine Reportage machte, war gut beraten, den Fotografen Peter Lehner mitzunehmen. Er wusste, wie man „den Alten" richtig behandelte: mit pointierten Spitzen gegen politische Gegner und Freunde. Auf der Bergstation der Hofgasteiner Schlossalm fiel mir auf, dass Peter Lehner noch immer seine Seehundfell-Schuhe anhatte. „Wo sind deine Skischuhe", fragte ich verblüfft. „Ich brauch keine", lachte er. „Ich kann gar nicht skifahren". „Aber, aber", brummte Bruno Kreisky, „Das machen wir schon." Er schnallte seine Skischuhe an, warf sich am Platz stehend in Abfahrtspose – und Peter Lehner fotografierte. Bessere Aufnahmen hätten wir bei der echten Abfahrt nach Hofgastein gar nicht schießen können, stellte ich nachher fest.

Warum das rot-blaue Experiment platzte

Die Weichen für dieses umstrittene Experiment hatte Bruno Kreisky schon 1970 gestellt. Nachdem die SPÖ erstmals bei den Nationalratswahlen die relative Mehrheit errungen hatte. Er versprach der FPÖ, ein minderheitenfreundliches Wahlrecht einzuführen. Die FPÖ unterstützte dafür die SPÖ-Minderheitsregierung im Nationalrat beim Budget. Zur rot-blauen Koalition kam es aber erst 1983, nachdem Bruno Kreisky die absolute Mehrheit verloren hatte. Das parteipolitische Kalkül der SPÖ war simpel: Der kleinen FPÖ musste man weniger Macht – sprich: Ministerämter – abtreten als der großen ÖVP. So kam es zum rot-blauen Kabinett von Kanzler Fred Sinowatz und Vizekanzler Norbert Steger.

Die Innsbrucker Messehalle verwandelte sich am 13. September 1986 in einen Hexenkessel. Beim FPÖ-Bundesparteitag eskalierte der parteiinterne Machtkampf zwischen liberalem und rechtem Flügel: zwischen Vizekanzler Norbert Steger und seinem Kärntner Herausforderer Jörg Haider. Mit Emotionen, die unter Gejohle und Pfiffen zu erschreckenden Aussagen führten. Die mit Bier, Wein und Würsteln „gedopten" Funktionäre schenkten einander in der Marathonsitzung nichts. In einer

13. September 1986: Jörg Haider wird von seinen Anhängern als neuer FPÖ-Parteiobmann gefeiert. Das war das Ende der rot-blauen Koalition.

Kampfabstimmung stürzte Jörg Haider (57,7 %) Norbert Steger (39,2 %) als Parteichef – die rot-blaue Koalitionsregierung ging in die Brüche.

„Die Wahrheit ist eine Tochter der Zeit", behauptet der frühere Nationalratspräsident Andreas Khol immer wieder. Die Wahrheit über den turbulenten FPÖ-Parteitag in Innsbruck muss demnach viele Töchter haben. So unterschiedlich sind die Erinnerungen. Dazu einige Beispiele.

„Knapp vor dem FPÖ-Parteitag rief mich Jörg Haider an", schildert der frühere Kanzler Franz Vranitzky. „Er sagte mir, dass er Parteichef werden würde, und fragte, ob wir ‚zwei Dynamischen eh weitermachen'. Ich erklärte ihm knapp, ein Regierungsbündnis mit Norbert Steger geschlossen zu haben." Jörg Haider beteuert dagegen: „Ich habe damals mit Franz Vranitzky gar nicht telefoniert."

Norbert Steger wiederum erzählt: „Ich habe vor dem Parteitag mit Kanzler Vranitzky und SPÖ-Chef Sinowatz fix vereinbart, dass ich Vizekanzler bleibe, Haider Handelsminister und Verteidigungsminister Krünes neuer FPÖ-Chef wird."

Vranitzkys Reaktion: „Das haben wir sicher nicht vereinbart. Das widerspricht auch der Logik der Abläufe beim Parteitag. Norbert Steger hat mich alle zehn Minuten telefonisch darüber informiert, wie er an Zustimmung verliert."

Und Jörg Haider wollte von einem Ministerjob überhaupt nichts wissen: „Ich steige doch nicht auf ein sinkendes Schiff."

Die Stimmung auf dem FPÖ-Parteitag war extrem aufgeheizt. Es fielen Worte, für die man sich noch heute schämen muss. FPÖ-General Walter Grabher-Meyer brach mit einer Herzattacke zusammen. Norbert Steger hatte längst erkannt, nicht die geringste Chance zu haben. „Ich nehme zur Kenntnis, dass ihr meine Liebe nicht erwidert", rief er den Delegierten pathetisch zu. „Aber ich habe meine Liebe ohnedies woanders gefunden: bei meiner Frau und meiner Familie." Und dann spielte er seine letzte Trumpfkarte aus. Er präsentierte Verteidigungsminister Helmut Krünes als neuen FPÖ-Chef-Kandidaten. Unter dem Beifall der Funktionäre – auch Jörg Haider nickte vorerst zustimmend.

„Aber Helmut Krünes ist leider umgefallen, weil ihm die Crew um Jörg Haider den Vizekanzlerposten versprochen hat", bedauert Norbert Steger. „Das stimmt so nicht", protestiert der frühere Verteidigungsminister. „Ich hätte sicher die relative Mehrheit als Parteichef bekommen. Aber Norbert Steger hatte Jörg Haider verschwiegen, dass er weiter Vizekanzler bleiben wollte. Ich wäre also als neuer FPÖ-Chef unweigerlich zwischen die Mühlräder des Machtkampfes Haider–Steger geraten." Also ein Spiel der Irrungen und Wirrungen, dezent gesagt.

Nach Jörg Haiders Kür zum neuen FPÖ-Chef kündigte Franz Vranitzky die rot-blaue Koalition auf. Seine Gründe: mangelnde Handschlagqualität, zu viele Ausrutscher nach rechts. ÖVP-Chef Mock hatte gute Karten in dem darauf folgenden Wahlkampf, verlor aber im Finish. Eine der Ursachen dafür: Er kam zum TV-Duell mit Vranitzky maskenhaft geschminkt ins Fernsehstudio, wirkte wie ferngesteuert: erste Hinweise auf seine Parkinson-Erkrankung. Das Ergebnis der Nationalratswahl vom 23. November 1986: SPÖ 80 Mandate, ÖVP 77, FPÖ 18 und Grüne acht.

Alois Mock wollte dennoch Kanzler werden – und zwar einer schwarzblauen Koalition. „ÖVP-General Michael Graff hatte schon verhandelt. Mit dem Ziel, selbst Justizminister zu werden", erzählt Ex-Nationalratspräsident Andreas Khol. „Aber im ÖVP-Bundesvorstand legten sich der Wirtschaftsflügel und die ÖVP-Niederösterreich quer." Und so kam es zu einer rot-schwarzen Koalition, die erst im Jahr 2000 einer schwarzblauen Koalition weichen musste. Welche Ironie des Schicksals!

Die Wende 2000 – und wie es dazu kam

Schüssels Gipfelsturm vor der Wende

Mitte August 1999, Tour auf den Großglockner (3798 m): mit Wolfgang Schüssel, damals Vizekanzler. Dabei wurde natürlich auch über den bevorstehenden Wahlkampf und künftige Koalitionen geplaudert. Auch über Schwarz-Blau.

Dunkle Regenwolken hingen tief bis zu den Gletscherfeldern herab. Kräftige Windstöße zerrten an der Erzherzog-Johann-Hütte auf der Adlersruhe. Die extrem steile Zickzackspur auf das Glocknerleitl war größtenteils vereist. „Die Zacken der Steigeisen voll einsetzen", riefen die Bergführer Peter Habeler, der 1978 den Mount Everest erstmals ohne Sauerstoffgerät bezwungen hatte, und Peter Tembler. „Das geht ganz schön in die Knie", stöhnten Vizekanzler Wolfgang Schüssel und ich. Aber das Ärgste stand uns noch bevor: die ebenfalls vereiste Glocknerscharte.

„Ein bisserl Bauchweh hab ich schon", gestand Wolfgang Schüssel, bevor er den Einstieg in die Scharte wagte. Kein Wunder: Ist doch der Übergang vom Kleinen auf den Großen Glockner nur einen halben Meter breit und zehn Meter lang. Rechts geht's 800 Meter tief in die Pallavicinirinne, links 600 Meter tief in die Pillwaxrinne. „Vorsichtig, Schritt für Schritt gehen – nicht verkanten", mahnten die Bergführer. Schüssel schaffte das souverän: Bei der bündischen Struktur seiner Partei ist er halt Gratwanderungen gewohnt.

Für all die Müh und Plag wurden wir unter dem Gipfelkreuz auf 3798 Meter Höhe mehr als entschädigt. Erste Sonnenstrahlen brachen durch die Wolken, die von Windböen zu immer neuen, bizarren Kunstwerken geformt wurden. „So schön hab ich den Glockner noch nie erlebt", sagte Wolfgang Schüssel, immerhin schon das vierte Mal hier oben. „Bärig", bestätigte Peter Habeler – auch auf die gute Kondition des Vizekanzlers anspielend. Und die sollte er in der heißen Wahlkampfphase noch bitter benötigen.

„Die Wahl wird erst in den letzten zehn bis 14 Tagen entschieden. Man darf also das Pulver nicht vorher verschießen, sondern muss neue Wege zu Hirnen und Herzen der Menschen finden", erklärt Schüssel.

Deshalb lautet seine Bergsteiger-Philosophie: „Den Ballast im Tal lassen, die Freiheit genießen – Ideen aufsaugen."

Beim Abstieg führt kein Weg am höchsten Alpinstützpunkt der Ostalpen, der Erherzog-Johann-Hütte (3454 m), vorbei. Fast 120 Jahre hat sie Wind und Wetter getrotzt – das hat viel Substanz gekostet. „Der älteste Teil, der Steinbau, ist um 20 cm gesunken. Der Schnee dringt schon durch die Mauern", klagt Hüttenwart Heinz Gallhuber. Wolfgang Schüssel, der vor Jahren als Wirtschaftsminister eine Hüttensanierungsaktion gestartet hatte, sagt spontan Hilfe zu.

In der Küche der Erzherzog-Johann-Hütte ein Hergottswinkel, viele Bergsteigerbilder – zur Stärkung ein Kaiserschmarren mit Apfelmus. Schüssel stimmt ein Lied nach dem anderen an: „Auf die Berg geh i gern", „Fein sein, beinander bleiben" – alle fallen mit ein. Mitten in den Hüttenzauber hinein bläst Bergführer Peter Tembler mit einem markigen „Pack ma 's" zum Aufbruch.

Beim Abstieg über Felsen, Gletscherfelder und Almwiesen müssen immer wieder Zwischenstopps eingelegt werden. Entgegenkommende Bergsteiger erkennen Schüssel, wollen von ihm wissen, wie die Wahl wohl ausgehen wird usw. Und der Vizekanzler plaudert aus der Schule der hohen Politik. „Mein Arbeitsverhältnis zu Viktor Klima ist sachlich", verrät er. „Aber dem Kanzler wachsen die SPÖ-internen Querelen über den Kopf."

„Jörg Haider hat angekündigt, dass die FPÖ die ÖVP überholen und eine blau-schwarze Regierung bilden wird", reibt ein älterer Bergsteiger Schüssel unter die Nase.

„Das ist ein vorzeitiger Wunsch an das Christkind. Dazu kommt es sicher nicht", ätzt der Vizekanzler. „Die FPÖ muss erst ihre EU-Politik ändern, um als ernsthafter Partner akzeptiert zu werden."

„Aber die ÖVP redet zum Thema Schwarz-Blau mit zwei Zungen: Martin Bartenstein dafür, Elisabeth Gehrer dagegen", lässt der ältere Bergsteiger nicht locker.

„Alles ist offen, nichts festgelegt", versichert Schüssel – und dreht das Koalitionsrad in eine andere Richtung: „Wenn es sich rechnerisch ausgeht, kann es leicht Rot-Grün geben. In Deutschland hat es vor der Wahl geheißen, die große Koalition kommt. Und jetzt gibt es Gerhard Schröder und Joschka Fischer mit entsetzlichen Auswirkungen. Die SPÖ wird alles tun, um an der Macht zu bleiben."

Auf dem Großglockner. Wolfgang Schüssel, Dieter Kindermann und ein Bergführer

29 Jahre SPÖ-Kanzler, 13 Jahre Juniorpartner in der Koalition – gibt es eine Schmerzgrenze, bei der sich die ÖVP zum Weg in die Opposition entschließen könnte?

„Aber das ist doch nicht das Ziel", sagt Wolfgang Schüssel kopfschüttelnd. „Ich hab noch immer zugelegt. Bei den Nationalratswahlen 1995 und bei den folgenden EU-Wahlen. Die ÖVP ist weiter bereit mitzuregieren", so der Vizekanzler.

Auf dem Abstieg von der Erzherzog-Johann- über die Stüdl- zur Lucknerhütte hören wir immer wieder schrille Pfiffe von Murmeltieren. Zwei Bergdohlen ziehen hoch über uns ihre Kreise. „Schau, der Bundeskanzler", freut sich ein Ehepaar. „Vizekanzler", schränkt Wolfgang Schüssel schmunzelnd ein. „Na, kann ja noch werden", kommt es halb tröstend, halb aufmunternd zurück. Es war irgendwie prophetisch.

Die wahren Gründe der Wende

Es war ein tiefer Einschnitt in die Geschichte der Zweiten Republik: Vor acht Jahren, 2000, scheiterten die rot-schwarzen Koalitionsverhandlungen. Innerhalb von zwei Wochen erfolgte die schwarz-blaue Wende – unter Blitz und Donner der EU-14-Sanktionen. Erstmals seit 30 Jahren gab es wieder einen ÖVP-Kanzler. Erstmals seit 34 Jahren musste die SPÖ in Opposition gehen. Ich sprach damals über die Hintergründe mit Politikern aller Couleurs.

Am 21. Jänner 2000 brannten in den Sitzungsräumen der SPÖ-Bundesparteizentrale noch nach Mitternacht die Lichter. Kanzler Viktor Klima stellte sich sichtlich abgekämpft um 3.13 Uhr im Stiegenhaus den verbliebenen Journalisten. „Wir brechen die Koalitionsverhandlungen mit der ÖVP ab", erklärte er mit gepresster Stimme. „Ihre Forderungen sind unzumutbar. Ich werde Bundespräsident Thomas Klestil die Bildung einer SPÖ-Minderheitsregierung mit parteiunabhängigen Experten vorschlagen."

Die Neuauflage von Rot-Schwarz scheiterte aus zwei Gründen:

- Der Metaller-Gewerkschaftschef Rudolf Nürnberger weigerte sich vehement, das schon ausverhandelte Koalitionspapier zu unterschreiben.
- Die SPÖ lehnte Schüssels Forderung ab, das Finanzministerium an die ÖVP oder an einen parteiunabhängigen Wirtschaftsexperten abzutreten.

„Lächerlich – das mit meiner Unterschrift wurde nur hochgespielt", ärgert sich Rudolf Nürnberger noch heute. „Der wahre Grund für den Bruch war, dass die ÖVP von uns den Finanz-, Innen- und Sozialminister gefordert hat. Zwei Drittel der SPÖ-Parlamentsabgeordneten hätten das nicht akzeptiert."

„Schüssel wollte die populärsten SPÖ-Politiker aus der Regierung schießen", grantelt auch Ex-Finanzminister Rudolf Edlinger. „Ich hab damals ein Zitat des Nationalökonomen Josef Schumpeter abgewandelt: ‚Eher lass ich meinen Hund auf meine Wurst aufpassen als die ÖVP auf das Geld der Steuerzahler.'"

„Rudolf Nürnberger hat sich nicht aus bösem Willen, sondern aus Geradlinigkeit geweigert, zu unterschreiben", räumt Wolfgang Schüssel mir gegenüber ein. „Aber damit haben wir gewusst, dass ein Großteil der

SPÖ-Abgeordneten die Koalitionsvereinbarung nicht mittragen würde." Er fügt noch hinzu: „Nach dem Wahlergebnis vom 3. Oktober 1999 war für mich dieselbe Ressortverteilung undenkbar. Ich hab deshalb der SPÖ vorgeschlagen, als neues Element drei Ministerien zu tauschen. Die SPÖ hat das aber abgelehnt."

Bundespräsident Thomas Klestil verbrachte, wie er sich erinnert, eine recht unruhige Nacht vom 20. auf den 21. Jänner. Zweimal wurde er aus dem Halbschlaf gerissen: um 4 Uhr Früh von Viktor Klima, kurz darauf von Wolfgang Schüssel. Beide ersuchten dringend um Termine.

Um 9 Uhr marschierte Schüssel mit allen ÖVP-Landeschefs in die Hofburg. „Es war eine Überraschung für Klestil, zu hören, wie die starke Mehrheit der Landeschefs denkt", erinnert sich Schüssel. Der Bundespräsident gewann dagegen den Eindruck: „Die einen wollten noch einen Türspalt zur SPÖ offen halten, die anderen einen Regierungsbildungsauftrag für Wolfgang Schüssel." Der damalige ÖVP-Klubchef Andreas Khol notierte jedenfalls mit grüner Tinte in sein Tagebuch: „Klestil sagt: ‚Alles – nur nicht Schwarz-Blau.'"

Um 10.30 Uhr kam Viktor Klima mit einer neuen Variante in die Präsidentschaftskanzlei: mit der Idee, eine Minderheitsregierung zu bilden. So wie Bruno Kreisky 1970, „Ich habe ihn beauftragt, nochmals mit den Parteien alle Möglichkeiten auszuloten", schildert Klestil. Klima fasste das nach gewissen Interpretationsproblemen so auf: „Ich sollte versuchen, ÖVP oder FPÖ zur parlamentarischen Duldung einer Minderheitsregierung mit Experten zu gewinnen."

Wolfgang Schüssel lehnte eine Minderheitsregierung sofort ab. „Sie würde prompt gestürzt – Neuwahlen wären die Folge", begründete er das. Aber auch Klimas engste Vertraute, wie Rudolf Edlinger, hielten diesen Plan für unrealistisch: „Welche parteilosen Experten lassen sich wegen zwei, drei Monaten eine blaue Punze aufs Hirn drücken?", gaben sie zu bedenken.

Aber Landeschef Jörg Haider war gesprächsbereit: „Klima bot mir zwei bis drei FPÖ-nahe Minister an, versprach, die SPÖ werde die FPÖ koalitions-, regierungs- und international hoffähig machen. Ich fragte, ob das eine Drohung sei. Er sagte: ‚Nein, ein Faktum.' Als Gegenleistung forderte Klima, die FPÖ müsste ein Budgetprovisorium mitbeschließen und ein Jahr keinen Misstrauensantrag stellen."

Für diese Lösung plädierten laut Haider Gewerkschafter, SPÖ-Landesparteien – mit Ausnahme von Wien – und Innenminister Karl Schlögl. „Ich war für eine Minderheitsregierung mit parlamentarischer Duldung durch die FPÖ, aber auch durch die Grünen", bestätigt der frühere Innenminister. Die rot-blauen Träume zerplatzten ohnedies wie Seifenblasen. „Klima hatte parteiinterne Probleme, eine Vereinbarung zu Papier zu bringen", erzählt Jörg Haider. „Ich mache aber nur Nägel mit Köpfen. Also hab ich dieses Kasperltheater beendet."

Daraufhin überschlagen sich die Ereignisse:

Montag, 24. Jänner 2000: Schüssel und Haider teilen dem Bundespräsidenten mit, Gespräche aufzunehmen. „Ich habe das zur Kenntnis genommen und gebeten, mich auf dem Laufenden zu halten", berichtet Klestil. „Jetzt werden die geplatzten Vereinbarungen mit der SPÖ entrötet", freut sich Andreas Khol in seinem Tagebuch.

Mittwoch, 26. Jänner: Klima nimmt, wie viele andere sozialdemokratische Regierungschefs, an der „Holocaust"-Konferenz in Stockholm teil. Haider vermutet, dass Klima durch eine „ungeheuerliche Rede" über „Holocaust"-Leugner die EU-14-Sanktionen losgetreten habe. Khol sieht das differenzierter: „Ich glaube nicht, dass Klima gesagt hat: ‚Ergreift's Sanktionen', sondern, dass er gebeten hat: ‚Helft's mir gegen Schwarz-Blau.'" Edlinger wiederum hält all diese Vorwürfe für „völlig absurd".

Donnerstag, 27. Jänner: Der französische Staatspräsident ruft Klestil und Khol an. „Er hat seine Besorgnis über eine eventuelle FPÖ-Regierungsbeteiligung ausgedrückt", liest der Bundespräsident aus einer Dokumentation vor. Und: „Jacques Chirac erwähnte auch einen Brief der belgischen Regierung an die portugiesische EU-Präsidentschaft, in dem eine gemeinsame Aktion vorgeschlagen wird."

Andreas Khol notiert über den Anruf aus Paris in seinem Tagebuch: „Chirac fordert fast ultimativ, die ÖVP soll eine SPÖ-Minderheitsregierung unterstützen. Er ging bis ins Detail: vier parteiunabhängige Minister, ein halbes Jahr, Budgetprovisorium. Ich protestierte: ‚Bei Wahlen nach einem halben Jahr ist die FPÖ stärkste Partei, 3. Republik, Untergang der ÖVP', wende ich ein. Das hat ihn aber nicht interessiert. Er warnte nur vor Österreichs Isolierung."

Samstag, 29. Jänner: Haider reagiert auf die immer schärfere Kritik an Schwarz-Blau bei seiner Geburtstagsfeier auf der Gerlitzen: „Chirac weiß nicht, was er redet", „Korrupte belgische Regierung" usw. „Eine verbale Entgleisung", rügt Thomas Klestil.

Montag, 31. Jänner: Die EU-14 drohen mit Sanktionen, wenn die FPÖ in die Regierung kommen sollte. „Schüssel und ich sind gerade beim Mittagessen im Hotel Sacher gesessen, als der portugiesische Premier António Guterres anrief – aus Berlin nach einem Treffen mit dem deutschen Kanzler Gerhard Schröder", erzählt Jörg Haider. „Schüssel hat Guterres in einem 45-minütigen Gespräch das Versprechen abgerungen, die EU-14-Sanktionen nochmals zu überdenken."

Der portugiesische Premier drängt Klestil kurz darauf telefonisch, die Sanktionsdrohung selbst bekannt zu geben. „Ein Verurteilter wird doch nicht sein eigenes Urteil verkünden", lehnt Klestil ab. Als er und Schüssel um 17.30 Uhr zu einem Vier-Augen-Gespräch zusammentreffen, flattert via APA die Eilmeldung über die EU-14-Sanktionen in die Hofburg.

Einige in- und ausländische Zeitungen behaupten wenig später, Klestil hätte die Aktionen bei Chirac bestellt. „Kompletter Unsinn, eine unverschämte Unterstellung", empört sich der Bundespräsident.

Mittwoch, 2. Februar: Schüssel und Haider präsentieren ihr Regierungsprogramm. „Da hat es schon vorher Geheimverhandlungen gegeben", argwöhnt die Opposition. „Unsinn", beteuert Vizekanzlerin Susanne Riess-Passer. „Dass es so schnell gegangen ist, verdanken wir Klestil. Er hat im Herbst Sondierungsgespräche initiiert – und die haben wir substanziell genützt."

Donnerstag, 3. Februar: Klestil reklamiert die (von Schüssel angedachte) Menschenrechtspräambel in die Regierungserklärung hinein und zwei FPÖ-Kandidaten aus der Ministerliste heraus: den 2. Nationalratspräsidenten Prinzhorn und den Wiener FPÖ-Chef Kabas – wegen ausländerfeindlicher Aktionen bzw. Aussagen.

Freitag, 4. Februar: der Regierungswechsel – so bedrückend wie noch nie. Tausende Demonstranten mit Trillerpfeifen, Steinen, Knallkörpern und Eiern bewaffnet auf dem Ballhausplatz. Minister und Staatssekretäre müssen durch einen unterirdischen Geheimgang vom Kanzleramt in die Hofburg geschleust werden. Bei der Angelobung im Maria-Theresien-Zimmer herrscht extrem frostige Atmosphäre: Klestil nimmt die Zeremonie mit eisiger Miene vor.

„Ist es nicht inkonsequent, der Regierung sein Vertrauen auszusprechen und gleichzeitig deutlich sichtbar auf Distanz zu ihr zu gehen?", fragte ich den Bundespräsidenten. „Mir war die Sorge um das Land ins Gesicht geschrieben", erklärte Klestil. Und fügte nicht ohne Pathos hinzu: „Ich bin ein Mensch, dem man Freude, aber auch Sorge ansieht. Ich trage keine Maske."

Die Wende von Rot-Schwarz zu Schwarz-Blau bedeutete, so der Politikwissenschafter Manfried Welan, einen tiefen Einschnitt in die Geschichte der Zweiten Republik: Erstmals seit 30 Jahren gab es wieder einen schwarzen Kanzler. Erstmals wurde nicht der Chef der mandatsstärksten Partei Regierungschef. Erstmals seit 34 Jahren musste die SPÖ auf die Oppositionsbank übersiedeln. Und erstmals wurde die Regierung ohne direkten Auftrag des Bundespräsidenten gebildet. „Er war also", erklärt Manfried Welan, „weder Kanzler- noch Regierungsmacher."

Flucht aus der „Gruft" in die Suite Metternichs

Im „Zigarren-Kammerl", wie das Kanzlerzimmer am Ballhausplatz salopp genannt wurde, schmauchte nur Julius Raab genüsslich seine Virginia. Alle seine Nachfolger fühlten sich in dem dunkel getäfelten Raum bedrückt, bezeichneten ihn als „Sarkophag", „Gruft" usw. Auch Kreiskys Versuch, durch Hundertwassers „Spirale" Leben, Farben in die Düsternis zu bringen, scheiterte, wie er grantelnd eingestand.

„Ich will mir keine Depressionen anzüchten, will Blumen, Bäume, den Himmel sehen", dekretierte Wolfgang Schüssel, als er Kanzler wurde. Und übersiedelte vom „Zigarren-Kammerl" in die Metternich-Suite, eine helle Zimmerflucht mit Blick auf den Volksgarten, das Parlament. Die Wände wurden geweißt, der Parkettboden neu versiegelt, Privatmöbel und Bilder (Leihgaben) angekarrt – nur der alte Luster blieb hängen.

Wie das neu gestylte Kanzlerzimmer aussah? Ein grüner Glasschreibtisch in Form einer gebogenen Schiene. Darauf kleine, handbemalte Vogelplastiken aus Südafrika. In der Raummitte eine Garnitur mitternachtsblauer Polstermöbel im Kreis angeordnet. An den Wänden bunte, abstrakte Bilder: Hans Staudachers *Liberté*, Max Weilers *Oktober* und Peter Pongratz' *Kleiner Garten im Süden*. „Bilder inspirieren mich – die

Farbe, Tiefe, Ausdruckskraft", erklärt Schüssel. „Moderne Politik kann man nur mit modernen Bildern machen."

Seit 270 Jahren wird am Ballhausplatz Politik gemacht: K. u. k. Ministerpräsidenten mussten republikanischen Kanzlern weichen, Herrscher- und Schlachtengemälde abstrakten Bildern. Nur Metternichs bittere Erkenntnis hat all die Jahrhunderte überlebt: „Wenn in Europa ein Ziegelstein vom Dach fällt, fällt er sicher Österreich auf den Kopf."

Abschied von der Macht

1. Oktober 2006, 19.30 Uhr, Wahlzentrale im Innenministerium: Kanzler Wolfgang Schüssel lächelt in die Fernsehkameras. Die Gesichter der ÖVP-Granden hinter ihm sind versteinert, mit Tränen in den Augen. Die völlig unerwartete Niederlage war für die ÖVP ein Schock. Natürlich wurde parteiintern sofort Kritik laut, man sei zu siegessicher gewesen, habe zu wenig gekämpft. Aber Wolfgang Schüssel bleibt nach außen cool, gelassen, steckt alles weg. Gerüchte, dass er in die EU-Kommission nach Brüssel entrücken könnte, dementiert er. Und übersiedelt ins Parlament – als ÖVP-Klubchef.

Waltraud Klasnic zeigte dagegen Emotionen, kämpfte mit den Tränen, als sie das Ergebnis der steirischen Landtagswahl 2005 erfuhr. Nach Salzburg hatte die ÖVP auch in der Steiermark den Landeschef verloren. Wegen der Steweag-, der Herberstein- und der Hirschmann-Affäre. „Die Leistungen waren gut", verteidigte Klasnic ihre Arbeit. „Aber der Wähler hat immer Recht", fügte sie demütig hinzu.

Sie sind politische Profis, gestählt durch interne Parteiquerelen und Wahlkämpfe. Warum diese Emotionen, Tränen nach Wahlniederlagen, beim Abschied von der Macht? Die Motive: Enttäuschung, Zorn, Selbstmitleid oder Nicht-loslassen-Können. „Jeder geht schwer, wenn er mit Leib und Seele dabei war", sagt SPÖ-Klubchef Josef Cap.

„Demokratie ist Macht auf Zeit", philosophiert Nationalratspräsident Andreas Khol. Das stimmt. Aber der Ton macht die Musik.

Die ersten Kanzler der Zweiten Republik wurden nicht gerade im Geist christlicher Nächstenliebe abgelöst – von der eigenen Partei: Leopold Figl, Julius Raab oder Alfons Gorbach, der erst via Morgenzeitung davon erfuhr. Josef Klaus, Kanzler der ÖVP-Alleinregierung von 1966 bis 1970, legte sich die Latte zu hoch. Erst verärgerte er durch Steuererhöhungen, dann wollte er nur bei einer absoluten Mehrheit weiter bleiben. Aber Josef Klaus bewies in der Niederlage Format und Konsequenz. Er gratulierte Bruno Kreisky schmunzelnd zum Wahlsieg – und zog sich für immer aus der Politik zurück.

Die Ära Bruno Kreisky begann. Mit Reformen in Sozial- und Justizpolitik, dem trügerischen (?) Gefühl, in der Nahostpolitik – Arafat, Gaddafi – mitmischen zu können. Kreisky eilte 13 Jahre von Wahlsieg zu Wahlsieg, bis er es 1983 nochmals wissen wollte: „Entweder die absolute Mehrheit – oder ich gehe.“ Er bekam „nur“ 47,6 %. Das ist ein Ergebnis, von dem die SPÖ heute nur träumen kann. Aber damals war die Latte mit einer Absoluten zu hoch gelegt. Bruno Kreisky, gesundheitlich schwer angeschlagen, zog die Konsequenzen. „Ich habe der Partei 55 Jahre lang gedient. Sie hat meinem Leben Sinn und Inhalt gegeben“, verabschiedete er sich mit tränenerstickter Stimme. „Die Abgeordneten haben im SPÖ-Rat reihenweise geweint“, erinnert sich Klubchef Josef Cap.

Bruno Kreisky trennte sich nur schwer von der Macht. In Etappen, mit Zwischenrufen. Das erleichterte seinem Nachfolger Fred Sinowatz nicht gerade das Leben. Dessen rot-blaues Regierungsexperiment war ohnedies von Anfang an zum Scheitern verurteilt: Hainburg-, VOEST- und Noricum-Krise. Der Erfolg von Kurt Waldheim (ÖVP) bei den Hofburg-Wahlen 1986 besiegelte schließlich sein Schicksal. Schon einen Tag später erklärte Fred Sinowatz seinen Rücktritt. Gleichzeitig zauberte er seinen Nachfolger aus dem Hut: den bisherigen Finanzminister Franz Vranitzky.

„Sinowatz war überzeugt, mit einer personellen Erneuerung das Ruder herumwerfen zu können“, erinnert sich Vranitzky. Tatsächlich kündigte dieser nach Jörg Haiders Wahl zum FPÖ-Chef die kleine Koalition auf und ging eine große mit Vizekanzler Alois Mock ein.

Franz Vranitzky hatte schon als Finanzminister erklärt, nur zehn Jahre in der Politik bleiben zu wollen. Ausschlaggebend dafür war offenbar das Schicksal des gesundheitlich schwer angeschlagenen Bruno Kreisky. Dennoch löste Vranitzkys Rücktritt 1997 Überraschung aus. Er präsentiert postwendend Finanzminister Viktor Klima als seinen Nachfolger. Und legt nicht zu Unrecht Wert auf die Feststellung: „Fred Sinowatz und ich sind nicht mit Tränen, sondern im aufrechten Gang von der Politbühne abgetreten."

„Viktor Klima hatte zwei Jahre Zeit", so Vranitzky, „um sich bis zur Nationalratswahl 1999 zu profilieren." Das Ergebnis ist bekannt: ÖVP-Chef Schüssel brachte das Kunststück zuwege, als Dritter Erster zu werden. Klima nahm tränenreich von seinen engsten Mitarbeitern Abschied. „Ich bitte Sie, passen Sie auf unser Österreich auf", appellierte er.

Ordnungsruf im Hohen Haus

Anfang Juli, 2006, Parlament: Der Wünschelrutengänger sucht den Plenarsaal des Nationalrates ab. Schritt für Schritt, Meter für Meter. Immer wieder zieht die Rute tief nach unten. „Er hat eine Zone gesteigerter Aggressivität ausfindig gemacht", erklärt Nationalratspräsident Andreas Khol. „Und zwar dort, wo die heftigsten Zwischenrufer sitzen." Und nach einer kurzen Pause: „Wenn wir den Plenarsaal umgestalten, werden wir einen Erdstrahlenschutz einbauen. Wünschelrutengänger sind zwar wissenschaftlich umstritten", räumt er ein, „aber ich habe die Erfahrung gemacht, dass da schon etwas dran ist."

14 Tage später heißt es für viele Abgeordnete Abschied nehmen. Die letzte Nationalratssitzung dieser Legislaturperiode wird eingeläutet. Andreas Khol zieht zum Abschied noch einmal Bilanz. Auch über die Ordnungsrufe, die um 49 auf 66 gesunken sind. „Es hat keine rassistischen, sexistischen und strafrechtlich relevanten Zwischenrufe gegeben", freut sich Khol. Womit der Rückgang erklärbar ist? „Nun, die Freiheitlichen sind halt in der Regierung gesessen", schmunzelt Khol: „Und scharfe Zwischenrufer wie Ewald Stadler (FPÖ) und Andreas Wabl (Grüne) sind aus dem Nationalrat ausgeschieden."

Eine breite Palette

Dennoch waren die Zwischenrufe starker Tobak. Hier einige Kostproben: „Lüge", „Schmiererei", „unverschämter Pokerspieler", „Frechheit", „Frotzelei", „Blutsauger der Demokratie", „Alt-Stalinist", „Arroganz der Macht", „Denunziant", „unverschämter Diffamierer", „Ganoven",

„heuchlerisch“, „Sie sind ein Idiot“, „Koalitionstrottel“, „ferngesteuerte Marionette“, „Meuchelbande“, „Sie haben zwar wohl das Mundwerk eines Dobermanns, jedoch das Hirn eines Dackels“, „Pöbel“, „präpotent“, „Verluderung der Republik“. Und in der Legislaturperiode davor: „Neutralitäts-, Staats- und Arbeiterverräter“, „Fratze des Hasses“, „blindwütiger Hass“, „schmutzige Geschäfte“, „Gruselpropaganda“, „Vernaderei“, „Brandstifter“, „Staatsparanoia“, „Rüpel“, „von der Leine gelassen: Wuff, wuff“, „Milošević-Methoden“, „Galgenvogel-Paradies“, „Drogenhändler“, „Dreckschleuder“, „Schweinestall Österreich“, „Pinscher“, „geisteskrank“, „Würschtl“ und „ÖGB-Heckenschützen“.

Die Spitzenreiter bei den Ordnungsrufen in der auslaufenden Gesetzgebungsperiode waren: SPÖ-Justizsprecher Hannes Jarolim (8), Grünen-Sozialsprecher Karl Öllinger (7) und Grünen-Budgetsprecher Werner Kogler (5). Warum sie über die Stränge schlugen? „Zwischen Präsident Khol und mir stimmt die Chemie nicht“, erklärt Jarolim. „Mir missfällt seine bevormundende Vorsitzführung.“ Ähnlich, wenn auch differenzierter, argumentiert Öllinger: „Die Worte werden zu sehr auf die Goldwaage gelegt. Wenn Reden schlecht, Vorwürfe ungerechtfertigt sind, dann hagelt es eben Zwischenrufe.“

Wie das der Dritte im Bunde, Werner Kogler, sieht? „Als Vorsitzender des Rechnungshofausschusses muss ich der Regierung besonders auf die Finger schauen. Etwa wenn beim Eurofighter-Kauf neue Verdachtsmomente auftauchen. Das Parlament ist nicht die Sakristei der ÖVP.“

Was Nationalratspräsident Khol zu den Vorwürfen sagt? „Wenn ich über die ÖVP einen Ordnungsruf verhänge, fühlt sie sich ungerecht behandelt. Mit der Begründung: Immer die eigenen Leut’“, schildert er sein Dilemma. „Wenn ich SPÖ-Abgeordneten Ordnungsrufe erteile, wird sofort behauptet, dass meine Vorsitzführung parteiisch sei.“ Die meisten Mandatare attestieren Khol aber, fair und kompetent zu sein.

Und jetzt kommt der springende Punkt. „Das Instrumentarium des Ordnungsrufes reicht nicht mehr aus“, sagt Andreas Khol. Tatsächlich gibt es in anderen Parlamenten Geldstrafen bis zu 200 Euro oder Sitzungsausschlüsse.

„Ich halte nichts von strengeren Sanktionen“, versichert die Zweite Nationalratspräsidentin Barbara Prammer, die inzwischen Andreas Khol an der Parlamentsspitze abgelöst hat. Es ist problematisch, direkt gewählte Mandatare mit Geldstrafen zu belegen oder des Saales zu verweisen. Wir sind ja nicht im Kindergarten." Prammer fügt hinzu: „Die Möglichkeiten der Nationalrats-Geschäftsordnung sind noch nicht ausgeschöpft. So könnte man etwa Abgeordneten am Rednerpult das Wort entziehen, wenn sie nicht bereit sind, sich zurückzunehmen."

Es gibt eine Liste der Wörter, die mit Ordnungsrufen zu ahnden sind. Rund 50 Begriffe, alphabetisch von „Alkotest" bis „Würschtl" geordnet. Die Grundlage dafür bildet der Anhang D der Nationalrats-Geschäftsordnung. Darin listen Konrad Atzwanger und Werner Zögernitz die mit Ordnungsruf bedachten Wörter penibel auf. „Wir wollen die Liste der Wörter nicht mehr als notwendig erweitern, weil es natürlich kontroversielle Debatten geben muss", versichert Barbara Prammer. „Deshalb überlegen wir im Nationalratspräsidium immer sehr genau, ob wir ein neues Wort in die Liste aufnehmen sollen oder nicht."

Das Resümee: Die Disziplin im Hohen Haus hat sich gebessert. Dabei spielen die TV-Direktübertragungen der Nationalratsdebatten zweifellos eine Rolle. Jeder will möglichst gut über den Bildschirm kommen. Aber es gibt ein Phänomen, das auf männliche Abgeordnete kein gutes Licht wirft: Mit Ordnungsrufen geahndet werden nicht nur Beleidigungen oder obszöne Gesten, sondern auch dauerhaftes Stören. „Opfer dieser Störmanöver sind vor allem Frauen am Rednerpult", bedauert Khol. Traurig im Zeitalter der Gleichberechtigung, der Emanzipation.

In der vergangenen Legislaturperiode – Stand: Donnerstag, 13. Juni 2006, 19 Uhr – wurden insgesamt 66 Ordnungsrufe erteilt: 31 an die SPÖ, 18 an die Grünen, 11 an das BZÖ und 6 an die ÖVP. Aber die Abgeordneten sind besser als ihr Ruf. Die substanzielle Reformarbeit wird bekanntlich in den Ausschüssen geleistet.

Bundespräsidenten in Nahaufnahme

Theodor Körner: Die Musen des roten Kaisers

Am 4. Jänner 1957 starb Bundespräsident Theodor Körner. Er hat eine Brücke von der Monarchie zur Zweiten Republik geschlagen. Zwei große Frauen unterstützten ihn auf diesem Weg.

Die Präsidentenvilla in der Himmelstraße in Wien-Grinzing im Jahr 1957. Theodor Körner zeigt seinem Arzt Hans Hoff, wie er die Folgen eines schweren Schlaganfalles überwunden hat. Dass er nach einer rechtsseitigen Lähmung mit der linken Hand zu schreiben gelernt hat. Dass er wieder treppauf, treppab gehen kann – und bricht zusammen. Direkt in die Arme seines Arztes, dem er noch eingesteht: „Es ist doch nicht so leicht."

Theodor Körner stirbt am 4. Jänner 1957, tief betrauert über alle Parteigrenzen hinweg.

Frühe Jahre

Was für ein ungewöhnliches Leben, welch Brückenschlag. Von der Monarchie zur Zweiten Republik. Vom k. u. k. Generalstabschef der 1. Isonzo-Armee zum ersten vom Volk gewählten Bundespräsidenten. Mit vielen Zwischenstationen, Höhen und Tiefen: Mitbegründer der republikanischen Volkswehr, Bundesratsvorsitzender, inhaftiert vom Ständestaatsregime 1934, vom NS-Terrorregime 1944, Wiener Bürgermeister ab 1945. Ohne seine Musen, die beiden Frauen, die er zutiefst geliebt hat, wäre das nicht möglich gewesen:

Antonie Latscher von Lauendorf, die Frau des letzten Verteidigungsministers der untergehenden k. u. k. Monarchie, Julius Latscher von Lauendorf, und

Trixi Hartmann, deren Großnichte, die als Keramikerin ein Kunstgewerbegeschäft im Tiroler Wintersportort Kitzbühel betrieb.

1897, Hochwasserkatastrophe in Wien. Theodor Körner sprengt Treibholzbarrieren. Unter Einsatz seines Lebens. Julius Latscher wird auf ihn aufmerksam. Auch dessen Frau Antonie. Sie verliebt sich in den um zehn Jahre jüngeren Generalstabsoffizier. Dieser zieht nach dem Tod des Verteidigungsministers 1909 in ihr Haus. In die Nebenwohnung. Nur durch eine Tür getrennt. Eine Lebens- und Liebesgemeinschaft beginnt.

Antonie war eine Frau für alle Lebenszeiten. Sie hielt zu Theodor Körner, als er von der k. u. k. zur republikanischen Armee wechselte. Als seine früheren Offizierskameraden ihn als „Renegaten" und „Opportunisten" beschimpften. Als er seine sozialdemokratischen Parteifreunde unermüdlich davor warnte: Nicht Soldaten zu spielen gegen das Berufsheer von Engelbert Dollfuß, sondern eine Guerilla-Taktik einzuschlagen. Aber die SPÖ-Führung lehnte ab. Und so kam es wie in einer griechischen Tragödie: Alle sahen die Katastrophe kommen, aber keiner konnte sie verhindern – den Bürger-, den Bruderkrieg 1934.

Theodor Körner, der sich stets für die Menschenwürde stark machte, landete zweimal im Gefängnis: 1934 unter dem austrofaschistischen Regime für zehn Monate, 1944 nach der Niederschlagung des „Aufstandes des Gewissens" gegen Adolf Hitler.

Vom sprachgewandten Wiener Bürgermeister zum Bundespräsidenten

1945 wurde Theodor Körner überraschend zum Bürgermeister der Stadt Wien berufen. Ganz einfach deshalb, weil er sich mit den Besatzungsmächten verständigen konnte: in Englisch, Französisch und Russisch. Gleichzeitig machte sich die Großnichte von Antonie Latscher, Trixi Hartmann, auf den Weg nach Wien, wo sie von dem um 35 Jahre älteren Theodor Körner mit offenen Armen empfangen wurde.

Café Garage, Wien-Grinzing, am Abend. Mir gegenüber sitzt die Tochter von Trixi Hartmann, Cherica Schreyer. „Wir wussten, dass meine Mutter und Theodor Körner einander mochten", erzählt sie. „Aber keiner ahnte, wie tief diese Beziehung gegangen ist. Das haben erst die Briefe zu Tage gebracht, die ich nach ihrem Tod in Büchern, in

Theodor Körner mit seiner Angebeteten Trixi Hartmann

der Kassa, im Geschäft versteckt gefunden habe." Sie sind von Theodor Körner mit der Hand in steiler Kurrentschrift geschrieben:

> „Mein geliebtes Trixi! Du, mein Alles. Meines Lebens Inhalt. Ich konnte Dir den ganzen Tag nicht schreiben. Dass Du heute kommst. Dass Du in einer Stunde in Wien sein könntest. Einfach unfassbar. Den ganzen Tag war ich aufgeregt. Jede Stunde dachte ich: Wo bist Du? Was Du im Augenblick machst? Gott! Wie lieb ich Dich! Wie tief demütig. Mein Geliebtes. My beloved. Meine liebe, liebe Trixi."

1951 wurde Theodor Körner zum Bundespräsidenten gewählt. Ist es indiskret, Liebesbriefe von ihm zu veröffentlichen? Nein, wenn es sich um einen Notwehrakt der Tochter seiner Angebeteten, seiner Geliebten, handelt. Denn in einer Ausstellung wurde Theodor Körner indirekt als Homosexueller geoutet, was er sicher nicht war. Die Zeitzeuginnen, die ihn kannten, haben bei Bundespräsident Heinz Fischer protestiert: Cherica Schreyer, Martha Kyrle, die Tochter von Bundespräsident Adolf Schärf, die Schriftstellerin Thea Leitner u. v. a. m.

Der Kabinettchef von Heinz Fischer, Bruno Aigner, schrieb dazu einen der ungewöhnlichsten Briefe, die je die Wiener Hofburg verlassen haben. An den Leiter der Ausstellung. Darin versicherte er, „jede Diskriminierung gleichgeschlechtlicher Beziehungen“ abzulehnen, gleichzeitig aber wehrte er sich dagegen, „Menschen posthum einer bestimmten sexuellen Orientierung zwangszuzuordnen“. Vor allem dann, wenn sie sich nicht mehr wehren können – und das Outing tatsachenwidrig ist.

Rudolf Kirchschläger: „Wahrt den Frieden im eigenen Haus“

Am 20. März 2000 feierte Altbundeskanzler Rudolf Kirchschläger seinen 85. Geburtstag – in der Intensivstation des Wiener AKH. Das Essen in der Hofburg, der Empfang im Parlament wurden verschoben. Nur ein neues Buch seiner Reden wurde präsentiert – von seinem Sohn Walter. „Mein Mann hat bei einem Sturz einen Bluterguss am Kopf erlitten“, schildert seine Frau Herma. „Es geht ihm aber schon relativ gut.“

Noch vor Bildung der neuen schwarz-blauen Regierung besuchte ich Rudolf Kirchschläger. Die schmale, steil gewundene Gasse in Wien-Dornbach führt direkt zu dem Reihenhaus mit schlichter Fassade. Der Hausherr, Alt-Bundespräsident Rudolf Kirchschläger, bittet mit der Warnung „Achtung, Stufe“ ins Wohnzimmer: Stilmöbel, Gemälde, Skulpturen; eine Karaffe mit frisch gepresstem Orangensaft auf dem Tisch. Er sah sehr klar voraus, in welche Turbulenzen Österreich nach der Bildung der schwarz-blauen Koalitionsregierung geraten würde, stellte aber auch fest: „Unser Land wird deshalb nicht untergehen Wir dürfen nicht immer auf die Welt schauen, sondern müssen mit uns selbst ins Reine kommen.“

Rudolf Kirchschläger hat als gelernter Richter und praktizierender Katholik Augenmaß bewahrt und mit Bruno Kreisky so manche Überraschung erlebt.

- 1968, als Sowjetpanzer den „Prager Frühling“ niederwalzten, widersetzte er sich als Gesandter in der ČSSR einer Weisung aus Wien. Er schloss nicht, wie anbefohlen, das Missionsgebäude, sondern stellte Tausenden Menschen Visa aus.
- 1970 überraschte Kreisky Kirchschläger in Brünn mit der telefonischen Mitteilung, dass er Außenminister einer SPÖ-Minderheits-

regierung werden solle. Als Kirchschläger – er gehört keiner Partei an – das überschlafen wollte, brummte Kreisky: „Es ist schon zu den Medien durchgesickert. Morgen ist Angelobung."

– 1974 pfiffen es schon die Spatzen von den Dächern, dass die SPÖ Kirchschläger für das höchste Amt im Staate nominieren wolle – nur er selbst wusste es lange nicht. Als er auf Drängen seiner Frau Bruno Kreisky vor einem China-Besuch darauf ansprach, nuschelte dieser: „Na ja, des wird ernstlich überlegt."

Am 24. April 1974 wurde Rudolf Kirchschläger mit 51,7 % zum Bundespräsidenten gewählt, am 18. Mai 1980 mit 79,9 % (!) bestätigt. Der Gelöbnisformel fügte er „So wahr mir Gott helfe" hinzu. Kirchschläger rief stets dazu auf, den „Frieden im eigenen Haus" zu wahren, „Andersdenkenden mit Toleranz und Respekt zu begegnen". Riesenecho löste Kirchschläger aus, als er nach Aufdeckung des AKH-Skandals forderte, „saure Wiesen und Sümpfe trockenzulegen". Kirchschläger warnte die Parteien immer wieder, das Vertrauen in die Politik nicht leichtsinnig aufs Spiel zu setzen. Er riet ihnen, verstärkt den direkten Kontakt zu den Menschen zu suchen: „Besser kann man seine Zeit nicht investieren."

Am 30. März 2000 verstarb Rudolf Kirchschläger. Sein Nachfolger Thomas Klestil würdigte ihn als „überzeugten Demokraten, der seine Standpunkte mit Festigkeit vertrat, sich um Frieden, Versöhnung und Ausgleich bemühte". Altbundespräsident Kurt Waldheim erklärte, Kirchschlägers Wirken sei „von einem starken Bekenntnis zu Recht und Gerechtigkeit, tiefem christlichen Glauben" geprägt gewesen. Und die Kardinäle König und Schönborn bezeichneten ihn als „Brückenbauer und glaubwürdigen christlichen Politiker".

Tatsächlich brauchte Kirchschläger nicht viel aus sich zu machen. Er war einfach da – eine moralische Autorität, „der Inbegriff politischer Anständigkeit" (Heinz Fischer). Er hat es verstanden, die „Brücke von dem höchsten Amt zu den kleinen Leuten zu schlagen" (Wolfgang Schüssel). Er war ein „großer Weiser", bestätigte Thomas Klestil.

Heinz Fischer: Zu ebener Erde und erster Stock

Es klingt vielleicht etwas pathetisch, aber es stimmt: Der Leopoldinische Trakt der Hofburg atmet Geschichte. Hier haben Monarchen wie Maria Theresia und Josef II. gelebt, regiert. Hier gehen seit 1945 die Bundespräsidenten ihrer Aufgabe nach. Man kennt die Saalflucht im 1. Stock bis zum Maria-Theresia-Zimmer. Man weiß, dass hier Regierungen angelobt und entlassen werden. Aber nur wenigen dürfte bekannt sein, dass sich der Leopoldinische Trakt verändert hat. Seit dem Amtsantritt von Heinz Fischer in Jahre 2004. „Bunte Farbkleckse" bilden einen Kontrast zum imperialen Glanz. Zeitgenössische Kunstwerke an den Wänden der Adlerstiege. Die Skulptur eines stehenden Jünglings von Hrdlicka, Bilder von Obholzer, Hutter, Weiler, Hollegha, Mikl, Prachensky usw.

Der Vergleich zu Nestroys *Zu ebener Erde und erster Stock* hinkt zwar, aber Österreichs EU-Ratspräsidentschaft machte es notwendig: Im zweiten Stock – über dem Maria-Theresia-Zimmer – entstand eine neue Saalflucht. Mit Konferenz-, Besprechungs- und Veranstaltungszimmern. Alles in goldweißem Neo-Barock-Stil: mit roten Teppichen, Riesenspiegeln, Kachelöfen, Ananas-Damast-Tapeten. Gleich zu Beginn der Zimmerflucht im zweiten Stock: die Gemälde von Heinz Fischers Vorgängern Karl Renner, Theodor Körner, Adolf Schärf, Franz Jonas, Rudolf Kirchschläger, Kurt Waldheim und Thomas Klestil. Knapp vor dem Fenster einer der Barocktische, auf denen 1955 der Staatsvertrag unterzeichnet wurde. Dahinter eine Kopie des Staatsvertragsgemäldes von Robert Fuchs, auf dem auch Fischers Vater, Staatssekretär Rudolf Fischer, zu sehen ist.

Ansonsten jede Menge an Monarchengemälden: Maria Theresia als Witwe mit ihren Söhnen Josef, Leopold, Ferdinand, Maximilian, weiters Franz I., Ferdinand I. und Franz Joseph. Von bedeutenden Künstlern gemalt wie: Jean-Joseph Maurice oder Jean-François Liotard. Der Blick aus dem Fenster fällt auf die Statue von Franz I. im Innenhof der Burg und auf die goldene Krone des Heiligen Römischen Reiches direkt unter der grünen Kuppel. Hinter dem Maria-Theresia-Zimmer im ersten Stock liegt das frühere Arbeitszimmer von Josef II. und jetzige von Heinz Fischer. Gleich vis-à-vis vom Schreibtisch steht auf einem Sockel die Bronzeplastik *Marianne*, ein Frauenkopf von Fritz Wotruba.

Heinz Fischer zu Umwelt, 90 Jahre Republik und Wählen mit 16
Der Bundespräsident hat natürlich den Bericht des Weltklimabeirates IPCC gelesen. Lauter Hiobsbotschaften: Erderwärmung, Anstieg des Meeresspiegels, Zunahme schwerer Wirbelstürme usw. „Es muss beim Klimaschutz ein völliges Umdenken geben", sagt er. Aber die Amerikaner stehen doch voll auf der Bremse, gebe ich zu bedenken. „Der frühere US-Vizepräsident Al Gore oder Gouverneur Arnold Schwarzenegger haben da schon eine neue Linie entwickelt", erklärt Heinz Fischer. „Aber auch wir in Österreich müssen unsere Hausaufgaben machen."

Künftig können Jugendliche schon mit 16 wählen, aber laut Umfragen wollen das die wenigsten. Wie kann man Interesse bei ihnen wecken? „Das neue Wahlrecht ist ein starkes Signal an junge Menschen, mitentscheiden zu können", erklärt Heinz Fischer. „Die Parteien müssen sich jetzt stärker um die Probleme junger Menschen, junger Wähler kümmern. Und sie müssen natürlich auch der Versuchung widerstehen, Parteipolitik in die Schulen zu tragen."

Der Bundespräsident nippt an einer Melange. Am 12. November 2008 feiert die Republik Österreich ihren 90. Geburtstag. Ob die Erfolgsstory der Zweiten Republik mit den leidvollen Erfahrungen der Ersten zu erklären ist? „Die Menschen haben offenbar aus der Geschichte gelernt", findet der Bundespräsident. „Nicht immer genug. Manchmal werden Fehler wiederholt. Aber man hat die richtigen Schlüsse gezogen. Wir müssen unser Wissen den nächsten Generationen weitergeben."

Präsidentenbilder – vor der Versteigerung gerettet

Die Ruhmeshalle des Heeresgeschichtlichen Museums im Wiener Arsenal ist in gedämpftes Licht getaucht. Das Kleine Ensemble der Gardemusik spielt Händels *Feuerwerksmusik* und französische Tänze. Im Halbkreis sind Ölgemälde der ersten fünf Bundespräsidenten der Zweiten Republik auf Staffeleien aufgestellt. Davor zwei frühere First Ladies: die Witwe von Rudolf Kirchschläger, Herma, die zum Bild ihres Mannes meint: „Ich kann damit leben." Und die Tochter von Adolf Schärf, Martha Kyrle, die nach dem Tod ihrer Mutter in die Rolle der First Lady geschlüpft war. Wie sie das Bild ihres Vaters stimmt? „Sehr nachdenklich."

Die Ölgemälde sind nach einer wahren Odyssee in der Ruhmeshalle gelandet. Zuvor entgingen sie nur knapp dem Auktionshammer im Wiener Dorotheum. Die Kunsthistorikerin des Heeresgeschichtlichen Museums, Ilse Krumpöck, hatte entdeckt, dass die Bilder am 24. April 2003 versteigert werden sollten. Sie wollte verhindern, dass die Bilder einem privaten Haushalt zugeschlagen werden. „Schließlich ist der Bundespräsident auch Oberbefehlshaber des Heeres. Und das Museum untersteht dem Verteidigungsminister – also gehören die Bilder auch hierher", argumentiert Krumpöck.

Der frühere Direktor des Heeresgeschichtlichen Museums, Manfried Rauchensteiner, war Feuer und Flamme dafür. „Wir haben erst überlegt, bei der Auktion mitzusteigern. Aber das hätte unsere budgetären Möglichkeiten bei weitem überstiegen", erinnert er sich. Und so wurde umgehend Kontakt mit dem Eigentümer der Bilder, dem „Österreichischen Olympischen Comité" ÖOC, aufgenommen. Wie kommt bitte das ÖOC in den Besitz dieser Gemälde? „Die Bundespräsidenten sind unsere Schirmherren", erklärt ÖOC-Präsident Leo Wallner. „Also haben wir sie in Öl verewigen lassen." Gut, aber warum sollten sie dann unter den Auktionshammer kommen?

„Na ja, wir haben unser Büro in der Prinz-Eugen-Straße leihweise dem Sport-Staatssekretariat überlassen", erzählt Wallner. „Dessen Beamten hatten mit den lebensgroßen Gemälden aber wenig Freude und das neue ÖOC-Büro in der Marxergasse ist zu klein für die Bilder. Deshalb wollten wir sie versteigern. Mit dem Erlös sollten Spitzensportler gesponsert werden", schildert Leo Wallner. Aber Rauchensteiner konnte erreichen, dass die Bilder im letzten Moment von der Auktion zurückgezogen und kostenlos dem Museum gewidmet wurden. „Wir waren der Ansicht, dass sie dort hingehören und gut aufgehoben sind. Eine patriotische Tat, wenn Sie wollen", erklärt Wallner.

Das Heeresgeschichtliche Museum im Wiener Arsenal zählt zu den bedeutendsten Bauwerken des Historismus. Architekt Theophil Hansen hat es fantasievoll mit maurisch-byzantinischen Elementen ausgestaltet. 60 Marmorstatuen von Monarchen und Feldherren sind steinerne Zeugen der Geschichte Österreichs. Die Feststiege führt zur Ruhmeshalle, die mit Schlachten-Fresken von Carl Blaas dekoriert ist. Hier erfolgte die Übergabe der Gemälde der ersten fünf Bundespräsidenten der Zweiten Republik:

- *Karl Renner* (1945–1950) hat als Staatskanzler die 1. und 2. Republik ausgerufen: 1918 bzw. 1945. Er wurde von Wilhelm Kaufmann gemalt.
- *Theodor Körner* (1951–1957) war k.u.k. Generalstabschef und erster Wiener Bürgermeister nach 1945. Sein Bild stammt von Sergius Pauser.
- *Adolf Schärf* (1957–1965) war SPÖ-Chef, Vizekanzler und Mitglied der Staatsvertragsdelegation in Moskau. Ihn porträtierte Josef Dobrowsky.
- *Franz Jonas* (1965–1974) arbeitete sich vom Schriftsetzer zum Wiener Bürgermeister und schließlich zum Bundespräsidenten empor. Gemalt wurde er von Adalbert Pilch.
- *Rudolf Kirchschläger* (1974–1986) war Richter, Außenminister und moralische Autorität in der Hofburg. Sein Maler: Wolfgang Schuler.

Die Repräsentationsgemälde enthalten, so Kunsthistorikerin Krumpöck, eine Botschaft an den Betrachter: Bei Renner sollen Virginia und Lektüre in den Händen indirekt Bürgernähe bekunden. Bei Körner markante Gesichtszüge und aufrechte Sitzhaltung an den früheren General erinnern. Bei Kirchschläger der hölzerne Armsessel und der graue Straßenanzug Schlichtheit ausdrücken usw.

Warum das Heeresgeschichtliche Museum die Bilder unbedingt haben wollte? „Aus Gründen der Kontinuität", erklärt Universitätsprofessor Rauchensteiner. „Wir haben in unserer Sammlung Gemälde von Monarchen, von Bundespräsidenten der Ersten Republik. Da ist es doch logisch, wenn wir diese Tradition mit den Staatsoberhäuptern der Zweiten Republik fortsetzen ..."

Habsburg-Nostalgie

Heimkehr einer Kaiserin

Vor 26 Jahren, am 16. Mai 1982, platzte Österreichs letzte Kaiserin Zita in die Geschichte der Zweiten Republik. Eine zierliche, stets schwarz gekleidete Frau, die fast blind war und nur auf zwei Stöcke gestützt gehen konnte. Hinter diesem Bild der Gebrechlichkeit verbarg sich eine Persönlichkeit mit eisernem Willen und beeindruckendem Gedächtnis. Zita ließ mich durch ihre Tochter Elisabeth von Liechtenstein ersuchen, vor ihrem 90. Geburtstag etwas zu unternehmen, damit sie nach 63 Jahren Exil zurückkehren dürfe – „ohne auf meinen Thronanspruch verzichten zu müssen".

Als ich Kanzler Kreisky auf dieses Ansinnen der Kaiserin ansprach, grantelte er: „So viel Republikaner müssen Sie schon sein, dass Sie sagen *Ex*-Kaiserin." In versöhnlicherem Ton fügte er hinzu: „Der spanische König Juan Carlos hat mich schon auf Mallorca über Zitas Herzenswunsch informiert. Ich habe versprochen, eine menschliche Lösung zu finden." Wie diese aussehen könnte? „Wir stellen ihr ein Durchreisevisum aus – und keine Behörde wird Anstoß nehmen, wenn sie dableibt." Eine typisch österreichische Lösung, die sich aber letztlich erübrigte.

Denn der Leiter des Verfassungsdienstes im Kanzleramt, Ludwig Adamovich, wies Kreisky auf ein Habsburg-Erkenntnis des Verwaltungsgerichtshofes hin. Dieses besagt, dass Zita als Angeheiratete gar keinen Anspruch besitzt, ihrem 1922 auf Madeira verstorbenen Mann, Kaiser Karl, auf den Thron zu folgen. Er hatte 1918 auf jeden Anteil an den Staatsgeschäften, nicht aber auf den Thron verzichtet. Sicher unter dem Eindruck des Zita-Appells: „Abdanken, nie! Lieber falle ich mit dir. Dann kommt Otto." Nun, Otto von Habsburg, ihr ältester Sohn, hat 1961 auf alle Herrschaftsansprüche verzichtet.

Fragt sich nur, womit dann 63 Jahre Landesverweis gerechtfertigt

Nach 63 Jahren erstmals wieder auf österreichischem Boden: Österreichs letzte Kaiserin Zita am 16. Mai 1982 mit Tochter Elisabeth beim Grenzübergang Feldkirch-Tisis

waren. Zita durfte erst am 16. Mai 1982 wieder österreichischen Boden betreten, beim Grenzübergang Feldkirch-Tisis. „Niemand erahnt, was ich fühle", sagte sie. Zur Begrüßung kam ein *Krone*-Fotograf – sonst niemand. Aber die „Kronzeugin der Geschichte" löste bald eine Nostalgiewelle aus. Als Kardinal Franz König für sie am 13. November 1982 im Stephansdom eine Dankmesse zelebrierte, applaudierten ihr 10 000 Menschen zu. „Österreich ist eine Republik ohne Republikaner", hatte Staatskanzler Karl Renner einst geätzt.

Alte Erinnerungen

„Bruno Kreisky als Ministerpräsident des Kaisers – sicher vorstellbar", streute Zita dem Kanzler als Dank für die Heimkehr Rosen. „Regierungschef in einer Habsburger-Monarchie? – Dazu reicht meine Vorstellungskraft wirklich nicht aus", wehrte Kreisky ab. Zita aber blieb dabei.

Und wurde es nicht müde, über ihr Leben zu erzählen: wie ihr Mann Karl nach Franz Ferdinands Ermordung 1914 Thronfolger geworden war, wie er nach Kaiser Franz Josephs Tod 1916 den Thron bestiegen und verzweifelt versucht hatte, den Ersten Weltkrieg zu beenden. „Vergeblich", stöhnte Zita, die nach Ausrufung der Ersten Republik eine Odyssee antreten musste: Exil in der Schweiz, auf Madeira, in Spanien, Belgien, auf der Flucht vor dem NS-Regime nach Frankreich, Portugal und in die USA. „Meine Mutter hat mehrmals bei US-Präsident Roosevelt für Österreich interveniert", erinnert sich Otto von Habsburg.

Sieben Jahre nach ihrer Heimkehr starb Zita am 14. März 1989 im 97. Lebensjahr. Wien wurde am 1. April 1989 zum Schauplatz eines letzten Kaiserbegräbnisses. Beim Requiem im Wiener Stephansdom verlas der Apostolische Nuntius Michele Cecchini eine Botschaft von Papst Johannes Paul II., der das eindrucksvolle Zeugnis des Glaubens der Kaiserin würdigte. Das Mozartrequiem wurde gespielt, die Kaiserhymne „Gott erhalte" angestimmt. Nach der Messe brachte ein sechsspänniger Hofleichenwagen die sterblichen Überreste zur Kapuzinerkirche. Vorbei an einem Spalier von Zehntausenden Menschen.

Souverän – auch ohne Krone

Die „Villa Austria" oberhalb der bayrischen Gemeinde Pöcking am Starnberger See. Otto von Habsburg diktiert hier seine Leitartikel, liest Korrekturfahnen für Bücher, erledigt seine Korrespondenz. In Englisch, Französisch, Ungarisch, Spanisch, Italienisch, Portugiesisch, Deutsch. Der Sohn des letzten Kaisers verschwendet kaum einen Gedanken daran, dass sein 95. Geburtstag groß gefeiert wurde. Mit einem Pontifikalamt im Stephansdom, einer Jause bei Bundespräsident Fischer und einem Festakt im Haus der Industrie.

Er amüsiert sich noch heute darüber, dass sich beim Dankgottesdienst im Wiener Stephansdom der Druckteufel eingeschlichen hat. Vor dem Pontifikalamt für Otto von Habsburg wurden an die Gläubigen Texthefte verteilt, auf deren Titelseite schwarz auf weiß zu lesen stand: Aus Anlass des 90. Geburtstages S. K. K. H. (seiner Kaiserlichen und Königlichen Hoheit). Was der tiefere Grund für die „radikale" Verjüngungskur von 95 auf 90 war? Nun, vor fünf Jahren wurde im Stephansdom ebenfalls eine Dankmesse für den Kaisersohn zelebriert. Man hatte das Textheft 1:1 übernommen – also auch die Worte „90. Geburtstag". Was Otto von Habsburg dazu sagte? „Das ist doch schön!"

„Er hat die Gnade, das Richtige zu tun", würdigte Kardinal Christoph Schönborn den Sohn des letzten Kaisers. „Gebt dem Kaiser, was des Kaisers ist, und Gott, was Gottes ist", zitierte er die Bibel. Und direkt an Otto von Habsburg gewandt fügte er schmunzelnd hinzu: „Ich will nicht eine politische Lesung halten, da ist der Jubilar doch viel kompetenter."

Otto von Habsburg als Europa-Parlamentarier

„Ich bin ein älterer, streitbarer Herr", relativiert Otto von Habsburg. „Aber mir wurde schon in der Kindheit eingebläut, immer in die Zukunft zu blicken." Und das tut der Europapolitiker auch, wenn er auf seine Leidenschaft, die EU, zu sprechen kommt. „Europa muss wachsen wie ein Baum, nicht wie ein Wolkenkratzer", plädiert er im gepflegten Schönbrunner Deutsch. Otto von Habsburg weiß, wovon er spricht. Er hat die bayerische CSU 20 Jahre im EU-Parlament in Straßburg und in Brüssel vertreten.

Und schon ist Habsburg bei der heiklen Frage: Soll die EU noch mehr erweitert werden? Seine Antwort: „Nein zur Türkei. Da gibt es andere Formen der Partnerschaft. Nein zu Russland. Ex-Staatschef Boris Jelzin hat selbst eingestanden, nicht zu wissen, ob er Europäer oder Asiate ist. Ja zu Weißrussland, Ja vor allem aber zur Ukraine." Habsburg hat sie erst kürzlich besucht. Kiew, Tschernowitz, Kolomea: „In Galizien sind noch Spuren des großen österreichischen Literaten Joseph Roth zu finden, der die Werke *Hiob*, *Radetzkymarsch*, *Kapuzinergruft* usw. geschrieben hat."

Von Kaiser Friedrich III. heißt es, er habe seine Gegner besiegt, indem er sie überlebte. Auch Otto von Habsburg hat viele Gegner überlebt: Hitler, Stalin, Honecker, Milošević, schreiben seine Biografen. Das NS-Regime ist in Trümmer gegangen, der Eiserne Vorhang ist gefallen. Und aus dem Kaisersohn ist ein Vordenker des vereinten, erweiterten Europa geworden.

„Was ist das Geheimnis, mit 95 Jahren noch so vital zu sein?", fragte ich Otto von Habsburg. „Arbeiten, arbeiten, immer eine Herausforderung vor Augen zu haben“, erklärte er schmunzelnd. Wie das in der Praxis aussah, davon konnte ich mich überzeugen, als ich ihn im Europäischen Parlament in Straßburg besuchte.

Sein damaliger Tagesablauf:

- Schon um 7.15 Uhr studierte Habsburg beim Frühstück im Hotel Monopole Métropole englische, französische, deutsche Zeitungen.
- Punkt 8 Uhr fuhr er mit dem Bus, stehend, die rechte Hand am Haltegriff, zum Europäischen Parlament.
- Vor dem Parlament gab er im Vorbeigehen Interviews, in seinem Büro erledigte er blitzartig die Korrespondenz.
- Dann eilte er treppauf, treppab – Aufzugfahren war verpönt – von Fraktions- zu Plenarsitzungen, von Anfragen zu Anträgen und Abstimmungen.
- Über Straßburg brach die Nacht herein. Der Sternenhimmel wölbte sich über das Parlament. Im Plenarsaal herrschte gähnende Leere. Nur Otto von Habsburg glänzte durch Anwesenheit. Und bombardierte eine EU-Kommissarin mit Fragen.

„Wie fühlen Sie sich?“, wollte Habsburg nachher von mir wissen. Noch bevor ich antworten konnte, dass ich völlig geschafft sei, versicherte er: „Ich bin putzmunter“ und zählte mir genüsslich auf, welche Termine er noch wahrnehmen wollte.

Otto von Habsburg sitzt mir in den Wandelgängen des Europäischen Parlaments gegenüber – kerzengerade, wie ein Kavalier alter Schule, mit einem unglaublich historischen Gedächtnis und nicht ohne Humor. „Man sagt mir nach, alle Sprachen der Monarchie zu beherrschen. Das stimmt nicht“, bedauert er mit leichtem Achselzucken. „Ich spreche nur sieben Sprachen: Englisch, Französisch, Ungarisch, Spanisch, Italienisch, Portugiesisch und Deutsch. Das kommt mir sehr zugute, als Obmann der EVP-Fraktion im außenpolitischen Ausschuss, als Berichterstatter für Ungarn.“ Ob der Sohn des letzten Kaisers Monarchist oder Republikaner ist? „Weder noch“, schmunzelt Otto von Habsburg. „Ich bin Legitimist, also für legitime Regierungen.“

Der gelungene Brückenschlag

Otto von Habsburg hat eine Brücke geschlagen, vom Kronprinzen des Vielvölkerstaates Österreich-Ungarn zum Vordenker des vereinten Europa. Dabei gibt es viele Facetten, die weitgehend unbekannt sind:

- Der spanische Staatschef Franco ließ 1952 bei Habsburg anklopfen, ob er bereit sei, die „spanische Königskrone anzunehmen".
- Kanzler Kreisky erklärte, 1964 als Außenminister, einverstanden zu sein, Habsburg als Botschafter in den Vatikan zu entsenden.
- Die ungarische Kleinlandwirte-Partei bot dem Kaisersohn 1998 an, ihn für die „Wahl des neuen Staatspräsidenten zu nominieren".

Habsburg besaß aber genug Realitätssinn, all das auszuschlagen.

Bruno Kreisky hatte im Gegensatz zu den meisten Parteifreunden ein Gespür für historische Gesten. 1972 kam es beim „Paneuropa"-Kongress in Wien zum Shakehands zwischen ihm und dem Kaisersohn. 1978 schaltete er sich ein, als Habsburg die doppelte Staatsbürgerschaft beantragte, um für die bayerische CSU für das EU-Parlament zu kandidieren. Auf die wütende Forderung seiner Genossen, Habsburg aus Österreich auszubürgern, reagierte Bruno Kreisky granteInd: „Ausgebürgert wird bei mir nicht."

Otto von Habsburg hatte bei den deutschen EU-Wahlen 1979, wie in seiner Biografie nachzulesen ist, nichts zu lachen. Sein größter Widersacher, der frühere SPD-Kanzler Willy Brandt, fuhr schwere Geschütze gegen die „abgetakelte kaiserliche Hoheit" auf. Vergeblich. Habsburg konterte mit feiner Klinge, eroberte 66,7 % der Stimmen und zog ins EU-Parlament ein. Dort punktete er durch Fleiß, Wissen und unkonventionelle Ideen. So ließ Otto von Habsburg 1982 im Plenum des Europaparlaments in Straßburg einen leeren Sessel aufstellen. Als Symbol für die Länder, die hinter dem Eisernen Vorhang in Unfreiheit lebten. Dazu der heutige Präsident des Europaparlamentes, Hans-Gert Pöttering: „Jetzt ist der leere Sessel besetzt, Habsburgs Traum erfüllt."

Der Humor kommt bei der „Kaiserlichen Hoheit" nicht zu kurz: „Der frühere US-Präsident Truman", erzählt er, „hatte auf seinem Schreibtisch eine Tafel mit der Aufschrift stehen: ‚Hier ist die letzte Instanz. Auf sie reden sich immer alle aus.'" Und über sein Verhältnis zur Republik: „Korrekt." Und weiter: „Schauen Sie, Österreich ist meine Heimat.

Europa-Parlamentarier Otto von Habsburg: souverän, auch ohne Krone. Das tägliche Studium der Tageszeitungen, hier in Straßburg, ist unverzichtbar.

Wenn es ihr gut geht, schimpfe ich. Wenn es ihr aber schlecht geht, steh' ich eisern zu ihr."

Zita: „So war Franz Joseph wirklich"

Österreichs letzte Kaiserin bricht ihr Schweigen über Geheimnisse der Monarchie: Über Kaiser Franz Joseph, der 68 Jahre lang den Vielvölkerstaat mit 53 Millionen Menschen regiert hat. Es gibt keinen Zeugen der Geschichte mehr, der authentischer berichten könnte als sie, wie der legendäre Monarch wirklich war. Zita hat mit ihrer Familie bei Franz Joseph im Schloss Schönbrunn gelebt: vom Ausbruch des Ersten Weltkriegs bis zu seinem Tod im Jahre 1916. Und darüber sprach sie mit mir 1983.

„Ja, es gibt ein Schlüsselerlebnis, das ich nie vergessen werde, weil ich so erschüttert war", erzählt Österreichs letzte Kaiserin, als ich ihr im

St.-Johannes-Stift von Zizers im Schweizer Kanton Graubünden gegenübersitze. „Ich habe am 17. August 1914 an meinem Schreibtisch im Schönbrunner Franz-Karl-Appartement gearbeitet. Plötzlich ging die Flügeltüre auf. Verärgert rief ich: ‚Valentin – so hieß unser Hoflakai –, wie oft hab ich schon gesagt, Sie sollen anklopfen, bevor Sie das Zimmer einer Dame betreten!‘ Ich drehte mich um – der Kaiser stand vor mir. ‚Heute hat dein Mann Karl Geburtstag‘, schmunzelte er. ‚Ich wollte dir sagen: Meine Gedanken sind bei ihm an der Front!“

Zitas Hände tasten nach einer Schale längst kalt gewordenen Kaffees, als sie zögernd hinzufügt: „Ich sprang vom Sessel, dankte gerührt und gratulierte zu Siegen der Armee in Galizien. Aber Franz Joseph winkte bitter ab: ‚So haben meine Kriege immer begonnen und sind Niederlagen geworden. Diesmal wird es noch schlimmer, wird es das Ende sein. Man wird sagen: ‚Er ist alt und versteht nichts mehr.‘ – ‚Majestät, das ist doch nicht möglich‘, rief ich, ‚wir kämpfen doch für eine gerechte Sache!‘ Der Kaiser meinte nur: ‚Man sieht, du bist noch sehr jung, dass du an den Sieg der gerechten Sache glaubst.‘“

Zita versinkt in Gedanken, nippt an ihrer Schale Kaffee – und ist plötzlich wie ausgewechselt. „Wissen Sie, dass ich auf Befehl Seiner Majestät geheiratet wurde?“, fragt sie temperamentvoll. „Der Kaiser stellte Karl im Frühjahr 1911 zur Rede: ‚Was stimmt da an den Verlobungsgerüchten?‘ Noch bevor der Erzherzog erklären konnte, dass er ein Auge auf mich geworfen habe, bekam er den Befehl: ‚Schau dich nach einer passenden Braut, einer kaiserlichen oder königlichen Prinzessin, um. Wenn du keine weißt, schlag im Gotha nach. Du hast sechs Monate Zeit!‘“ Franz Joseph wollte verhindern, dass Karl wie Kronprinz Franz Ferdinand eine „Unebenbürtige“ – Gräfin Sophie Chotek – heiratet und wie dieser auf die Thronfolge seiner Kinder verzichten muss.

Nun, dieser „dynastischen Sorge“ war der Kaiser rascher als erwartet enthoben: Karl und Zita, eine lupenreine Bourbonin, tauschten schon am 13. Juni 1911 die Verlobungsringe. „Knapp zehn Tage darauf wurde ich erstmals mit dem Unheil, das sich über dem Haus Habsburg zusammenbraute, konfrontiert“, erinnert sich Zita. „Papst Pius X. gewährte mir in Rom Audienz und sagte zu meinem größten Erstaunen: ‚Karl wird Franz Josephs Erbe antreten.‘ Ich protestierte: ‚Nein, der Thronfolger ist Franz Ferdinand.‘ Der Heilige Vater schüttelte nur den Kopf.

Beim Hinausgehen flüsterte ich meiner Mutter zu: ‚Gut, dass Päpste nur in kirchlichen und nicht in politischen Fragen unfehlbar sind!'"

Der neue Thronfolger

Zita war längst verheiratet, Mutter zweier Kinder, als die Papst-Prophezeiung in ihr wieder wach wurde: „Karl und ich waren im Frühjahr 1914 zu Gast bei Franz Ferdinand im Schloss Belvedere", erzählt die Kaiserin mit fast tonloser Stimme. „Es war ein unbeschwert heiterer Abend, bis Sophie, die Frau des Thronfolgers, ihre Kinder zu Bett brachte. In dem Moment, wo sie den Salon verlassen hatte, wurde Franz Ferdinand todernst: ‚Ich weiß, dass man mich bald ermorden wird. In diesem Schreibtisch sind Papiere, Pläne, die für dich, Karl, von Nutzen sind. Wenn es geschieht, nimm sie an dich.' Karl und ich sahen uns entsetzt an. ‚Das ist doch nicht möglich! Wer sollte so ein Verbrechen verüben?', fragten wir konsterniert. Franz Ferdinand darauf ganz leise, aber sehr bestimmt: ‚Ich weiß es. Unsere Familiengruft in Artstetten ist fertig. Wir werden bald hingebracht.'"

Zita richtet sich mühsam auf, geht, auf Stöcke gestützt, zur Dachterrasse, wo sie sich abrupt umdreht: „Franz Ferdinands Todesahnungen, die Papst-Prophezeiungen haben sich am 28. Juni 1914 schrecklich erfüllt." Die Kaiserin wirft einen Blick auf die schneebedeckten Gipfel um Zizers, bevor sie über den Anfang vom Ende, über Sarajevo berichtet: „Wir waren beim Mittagessen auf Schloss Wartholz bei Reichenau, als ein Telegramm hereingebracht wurde. Karl riss es auf, wurde weiß wie ein Leintuch und las vor: ‚Bedaure zutiefst melden zu müssen, dass Seine Kaiserliche Hoheit und die Herzogin heute ermordet worden sind.' Karl stürzte zum Telefon, rief den Kaiser in Bad Ischl an: ‚Ist es wahr?'"

Franz Joseph traf mit seinem neuen Thronfolger im Bahnhof Wien-Penzing zusammen. Gemeinsam fuhren sie durch ein dichtes Spalier von Menschen nach Schönbrunn. Zita erinnert sich an diese dramatischen Stunden, als wäre es gestern gewesen: „Als wir im Schloss allein waren, brach der Kaiser weinend zusammen: ‚Entsetzlich, die Kinder', schluchzte er auf. Und dann sagte er den schon legendären Satz: ‚Mir bleibt auch nichts erspart.' „Franz Josephs Bruder Maximilian wurde in Mexiko erschossen, sein Sohn Rudolf in Mayerling erschossen aufgefunden, seine Frau Elisabeth in Genf von einem Anarchisten erdolcht – und jetzt auch noch Franz Ferdinand."

„Ich kenne den Krieg, das Leid, den Hunger"

„Jeder Mensch kann karikiert werden", schmunzelt Zita, als ich ihr berichte, dass Erich Sokol sie mit spitzem Pinsel für die *Krone bunt* porträtiert hat. Österreichs letzte Kaiserin findet auch „nichts dabei", dass er ihr ein Kaffeehäferl mit Franz-Joseph-Bild in die Hand gedrückt hat, „weil ich ja erzählen soll, wie ich den Kaiser erlebt hab". Die 91-jährige Frau sitzt an ihrem schmalen Frühstückstisch. Über ihrem Kopf hängt ein Herz-Jesu-Gemälde, neben ihrer Kaffeeschale liegt eine Serviettentasche mit der Aufschrift „Ihre Majestät".

„Sarajevo, die Ermordung von Franz Ferdinand und seiner Frau Sophie, haben das Leben von Erzherzog Karl und mir schlagartig verändert", geht Zita abrupt zum Thema über. „Wir haben damit gerechnet, erst in 20, 30 Jahren den Thron besteigen zu müssen. Wenn überhaupt." Die Kaiserin ist fast blind, bemerkt aber dennoch, wie ich erstaunt aufschaue. „Ja, Franz Ferdinand hat Sophie innig geliebt, hat für sie alles in Kauf genommen: die morganatische Ehe, den Thronverzicht für seine Kinder. Aber aus seinen Worten spürten wir, dass er als zweite Frau eine Ebenbürtige wählen würde, wenn Sophie etwas zustoßen sollte." Mein verblüfft-naives „Warum?" löst bei Zita ein mildes Lächeln aus: „Weil es Franz Ferdinand zutiefst geschmerzt hat, dass seine Kinder von der Thronfolge ausgeschlossen waren."

Nun, all diese dynastischen Überlegungen wurden durch Sarajevo durchkreuzt: Erzherzog Karl rückte (mit Zita) über Nacht zum Thronerben des Vielvölkerstaates mit 53 Millionen Menschen auf.

Die Kaiserin erhebt sich mühsam aus ihrem Sessel, geht auf zwei Stöcke gestützt in ihr kleines Appartement, wo sie im Halbdunkel des Ganges vor einem Bild stehen bleibt: Es zeigt Franz Joseph, dem Feldmarschälle und Generäle huldigen. „Der Kaiser hat Karl und mich damals aufgefordert, vom Schloss Hetzendorf, der heutigen Modeschule, nach Schönbrunn zu übersiedeln", erinnert sich Zita. „Er war von der Polizei informiert worden, dass auch gegen uns ein Mordanschlag geplant sei."

Nach ihrem Einzug ins Schloss Schönbrunn wurde Zita Zeugin eines

Gesprächs, das sich unauslöschlich in ihr Gedächtnis eingeprägt hat: „Der Kaiser vertraute dem engsten Familienkreis an: ‚Ich fürchte, dass der Krieg ausbrechen und dass an ihm die Monarchie zerbrechen wird. Aber ich versuch noch alles Menschenmögliche, um diese Katastrophe zu verhindern.' Eine Erzherzogin fragte: ‚Wie steht denn der deutsche Kaiser Wilhelm II. dazu?' Franz Joseph schüttelte nur leicht den Kopf und brach die Konversation ab."

„Aber warum hat sich der Kaiser auf das schreckliche Abenteuer eingelassen, wenn er wusste, dass die Monarchie daran zugrunde gehen würde?", frage ich. Zita antwortet, ohne auch nur eine Sekunde zu zögern: „Der Kaiser predigte den Militärs immer wieder: ‚Ich kenne den Krieg, das Leid, den Hunger.' Aber Franz Joseph war kein großer Generalstäbler. Er vertraute den Fachleuten, den Ministern, Armeekommandanten – und den deutschen Verbündeten." Wie sich Erzherzog Karl, der Erbe des Reiches, verhalten habe, stoße ich nach. Zita seufzt: „Mein Gott, Karl dachte genauso wie der Kaiser, wurde aber von ihm nicht in die Entscheidung mit eingebunden. Ganz bewusst nicht. Franz Joseph wollte, dass sein Nachfolger einmal völlig unbelastet den Thron besteigen und sagen kann: ‚Ich habe den Krieg nicht gewollt, nicht angefangen.'"

Es bleibt den Historikern überlassen, die Aussagen der Kaiserin zu werten. Tatsache ist jedenfalls, dass einen Monat nach dem Attentat von Sarajevo ganz Europa in Flammen stand.

Franz Joseph als Staatsmann und im Kreis der Familie

Der Lebensstil des 84-jährigen Monarchen, der schon 66 Jahre die Geschicke des Vielvölkerstaates gelenkt hatte, wurde noch asketischer: Um Punkt halb vier Uhr Früh ließ er sich von seinem Leibkammerdiener Ketterl mit den Worten: „Leg mich zu Füßen Eurer Majestät" wecken. Um 5 Uhr Früh wurde das Frühstück mit Kaffee, Butter, Gebäck und Schinken serviert. Wenn um 9 Uhr Generaladjutant Graf Paar zur Audienz kam, hatte der Kaiser schon einen Berg Akten studiert, erledigt. Der gesamte Arbeitstag war mit peinlich auf die Sekunde eingehaltenen Gesprächsterminen ausgefüllt: Minister, Generäle und Diplomaten gaben einander die Türklinke in die Hand.

Kaiserin Zita, die inzwischen in ihrem kleinen, behaglichen Wohnzimmer Platz genommen hat, lächelt leise: „Franz Joseph hat sich erst am Abend eine Atempause gegönnt. Da ließ er die Familie zu sich kommen, die Kinder seiner Tochter Marie Valerie und meinen Sohn Otto. Ich erinnere mich noch genau, wie die Kleinen Bekanntschaft geschlossen haben: Otto verneigte sich wie ein Kavalier, streckte die Hand aus. Doch seine Gespielin drehte ihren Kopf trotzig zur Seite und versteckte ihre Hände hinter dem Rücken. Der Kaiser amüsierte sich jedenfalls königlich."

Nach einer kurzen Pause wird die alte Dame ungewöhnlich temperamentvoll: „Wissen Sie, es ist oft behauptet worden, Karl sei auf seine Regentschaft ungenügend vorbereitet worden. Das stimmt nicht. Wenn er vom Armeekommando oder von der Front nach Schönbrunn gekommen ist, erteilte ihm Franz Joseph persönlich Unterricht in Staatsführung. Er ließ den Thronfolger wichtige Akten studieren und diskutierte dann mit ihm, warum so und nicht anders entschieden werden müsse. Es war auch ganz selbstverständlich, dass Minister und Generäle den Erzherzog über die Frontlage, die Ernährungssituation usw. informierten."

Zita inspizierte inzwischen Spitäler, Kinderheime und Schulen: „Nachher ließ mich der Kaiser oft zu sich rufen. Ich musste ihm meine Eindrücke schildern. Er wollte immer die ungeschminkte Wahrheit hören. Man konnte ihm alles Unangenehme sagen. Ungehalten wurde er nur, wenn er bemerkte, dass man etwas zu beschönigen versuchte." Lachend erzählt Zita, welches Donnerwetter es gegeben hat, als Franz Joseph dahinterkam, dass ihm von Ministerien gefälschte Zeitungsausschnitte vorgelegt worden waren: „Was die Beamten nicht wussten, war, dass der Bruder des Kaisers, Karl Ludwig, immer beim Bahnhofskiosk Zeitungen kaufte und sie Franz Joseph in die Hofburg oder nach Schönbrunn mitbrachte."

Das menschlich berührendste Erlebnis mit Franz Joseph hatte Zita, als sie mitten im Ersten Weltkrieg, am 8. Februar 1915, ihren zweiten Sohn, Robert, zur Welt brachte: „Ich bat den Kaiser, Karl nicht verständigen zu lassen, dass ich unmittelbar vor der Entbindung stehe. Mein Mann hatte an der Front mit genug anderen Sorgen zu kämpfen. Als die Geburt glücklich verlaufen war, eilte Franz Joseph an mein Bett, beugte sich tief zu mir, umarmte mich und flüsterte: ‚Jetzt ruht das Ganze (die Zukunft der Monarchie) auf zwei Paar Bubenaugen.'"

Bemühungen um die Beendigung des Krieges

Österreichs letzte Kaiserin zuckt schmerzlich berührt zusammen, als ich ihr erzählte, was manche Leser nach der Enthüllung „Zita: Mayerling war Mord" in ihren Leserbriefen geschrieben haben: „Die Kaiserin ist eine Italienerin, eine Verräterin. Sie hat im Ersten Weltkrieg die Aufmarschpläne unserer Armee dem Feind zugespielt." Die 91-jährige Frau richtet sich in ihrem Sessel kerzengerade auf, sagt sehr leise, aber sehr bestimmt: „Ich weiß von diesen Gerüchten. Sie sind falsch. Ich entstamme dem französischen Geschlecht der Bourbonen, das im italienischen Herzogtum Parma regiert hat. Wir wurden aus Italien genauso vertrieben wie Kaiser Franz Joseph."

Wie es zu den Gerüchten, die historisch längst widerlegt sind, kommen konnte, frage ich. Zita, nachdenklich: „Es war eine so diebische Sache wie bei Maria Theresias Tochter Marie Antoinette. Erst wurde sie in Frankreich geliebt, umjubelt, dann aber als *L'Autrichienne* verdammt und mit der Guillotine geköpft. Und bei mir sind die Menschen der Feindpropaganda und den Lügengeschichten Ludendorffs auf den Leim gegangen." „Erich Ludendorff, das war doch mit Paul von Hindenburg einer der wichtigsten Generäle des verbündeten Deutschlands", wage ich einzuwenden. „Ja, ja, das stimmt schon", erzählt die Kaiserin leicht erregt, „Hindenburg war auch ein braver, anständiger Mann. Aber Ludendorff ist das Gegenteil davon gewesen."

Zita wendet ihren Kopf zum Fenster, so als wollte sie einen Blick aus dem St.-Johannes-Stift, ihrem Alterssitz, werfen. Doch sie ist fast blind, kann nicht sehen, dass im Obstgarten schon die Bäume blühen, aber die Berge des Schweizer Kantons Graubünden noch mit Schnee bezuckert sind. Nach einigen Minuten, die wie eine Ewigkeit dauern, sagt die Kaiserin fast beschwörend: „Wissen Sie, was Kaiser Karl nach der Thronbesteigung alles unternommen hat, um den Frieden herbeizuführen, die Monarchie zu retten? Er hat die schon legendären Sixtus-Briefe geschrieben, Kontakte über den Vatikan, über den südafrikanischen Politiker Smuts in Genf, über den spanischen König Alphons zum amerikanischen Präsidenten Wilson aufgenommen. Alles vergeblich."

Und nach einem Stoßseufzer fügt Zita hinzu: „Kaiser Karl konnte nicht den offenen Bruch mit dem deutschen Verbündeten wagen, der noch immer felsenfest an den Sieg geglaubt hat. Mein Mann war von unserem Geheimdienst informiert worden, dass die Deutschen Pläne zur Besetzung Österreichs und zu seiner Gefangennahme ausgearbeitet hatten. Das ist nicht von Kaiser Wilhelm II., sondern von General Ludendorff ausgegangen."

„Wollte nicht schon Franz Joseph den Krieg beenden, Frieden machen?", unterbreche ich Zitas Erzählungen. „Ja, der Kaiser hat trotz seines hohen Alters mit eiserner Selbstdisziplin Tag und Nacht an seinem Schreibtisch in Schönbrunn gearbeitet. Er verfolgte mit größter Aufmerksamkeit die Ereignisse an der Front, wusste über jedes Detail genau Bescheid und machte sich darauf seinen Reim. Er sagte einige Male zu meinem Mann, dem damaligen Erzherzog Karl: ‚Ich schau jetzt noch einige Zeit lang zu, dann mach' ich Schluss.'"

„Gott segne Eure Majestät"

Aber das Schicksal wollte es, dass der 86-jährige Monarch, der schon 68 Jahre auf Habsburgs Thron saß, seine Friedensideen nicht mehr in die Tat umsetzen konnte. Am 11. November 1916 erhielt Erzherzog Karl in der siebenbürgischen Stadt Schäßburg das Telegramm: „Obersthofmeister Fürst Montenuovo hält es für unerlässlich, dass Eure kaiserliche Hoheit allerehestens nach Wien kommen. Der Zustand Seiner Majestät erfordert es." Der alte Kaiser saß von Bronchialkatarrh gequält mit fiebergeröteten Wangen noch immer tief gebeugt über den Akten des Vielvölkerstaates. Leibarzt Kerzl konstatierte einen entzündlichen Herd an der Lunge, Weihbischof Seydl überbrachte den päpstlichen Segen.

Ihr letztes Gespräch mit Franz Joseph hat Zita bis zu ihrem Lebensende nicht vergessen: „Am 21. November 1916 sollten Karl und ich ins Arbeitszimmer vorgelassen werden. Wir bestanden aber darauf, dass der Kaiser nicht aufstehen, nicht den Waffenrock anlegen dürfe. Er ging darauf nur sehr widerwillig ein: ‚Wenn eine Dame kommt, kann ich doch unmöglich sitzen bleiben.' Franz Joseph war trotz seiner Schwäche, trotz seines Fiebers geistig völlig da. Er erzählte uns, wie sehr er sich über den päpstlichen Segen, über die Erfolge unserer Truppen in Rumänien freue." Stunden später brachte Leibkammerdiener Ketterl den Kaiser zu Bett und fragte: „Haben Eure Majestät noch Befehle?" Franz Joseph sagte nur: „Morgen früh um halb vier."

Das Schlafzimmer des Sterbenden füllte sich mit Menschen. Noch einmal erwachte Franz Joseph kurz und verlangte zu trinken. Ketterl hob leicht seinen Polster, flößte ihm einige Tropfen Tee ein. „Warum geht's denn jetzt?“, lächelte der Monarch. „Atmet er noch?“, fragte kurz darauf seine Tochter Marie Valerie. „Ich höre nichts mehr“, sagte Leibarzt Kerzl. Fünf Minuten nach 21 Uhr starb am 21. November 1916 der Kaiser, die Vater- und Symbolfigur von Österreich-Ungarn. Zita erinnert sich bewegt: „Es herrschte tiefes, verzagtes Schweigen am Totenbett. Karl ging in den Vorraum, wo Katharina Schratt völlig unbeachtet in einem Eck stand. Er reichte ihr den Arm, führte sie zur Bahre ihres Freundes. Sie legte zwei weiße Rosen auf seine Brust. Plötzlich trat Prinz Zdenko Lobkowitz auf meinen Mann zu, machte mit Tränen in den Augen ein Kreuzzeichen auf seine Stirn und sagte: ‚Gott segne Eure Majestät.‘“

Karl und Zita konnten sich trotz aller verzweifelten Versuche, den Frieden zu erwirken, nur zwei Jahre auf dem Thron behaupten. Am 6. November 1918 verzichtet der junge Kaiser um 15 Uhr „auf jeden Anteil an den Staatsgeschäften“. Nach der Ausrufung der Republik erklärte schmunzelnd der sozialdemokratische Parteichef Viktor Adler: „Beim alten Kaiser hätten wir uns das nicht getraut …“

Literaturnachweis

Isabella Ackerl/Ingeborg Schödl: „Sie haben uns nicht zurückgeholt. Verlorene Intelligenz. Österreichische Wissenschaftler 1918–1945, Holzhausen Verlag, Wien

Helmut Andics: „50 Jahre unseres Lebens, Österreichs Schicksal seit 1918“, Verlag Fritz Molden, Wien

Stefan Baier/Eva Demmerle: „Otto von Habsburg“, Amalthea Verlag, Wien

Eva Dollfuß: „Mein Vater – Hitlers erstes Opfer“, Amalthea Verlag, Wien

Hubert Feichtlbauer: „Franz König. Der Jahrhundert-Kardinal“, Holzhausen Verlag, Wien

Stefan Karner/Karl Duffek: „Widerstand in Österreich 1938–1945“, Verein zur Förderung der Forschung von Folgen nach Konflikten und Kriegen

Dieter Kindermann: „Staatsvertrag“, in: „Krone Wissen“, Holzhausen Verlag, Wien

Dieter Kindermann/Gerhard Vogl: „Politik aus nächster Nähe, Österreichs Geschichte in Geschichten“, Verlag Kremayr & Scheriau, Wien

Dieter Kindermann: „Kirche zum Schmunzeln ... und zum Nachdenken“, Verlag Kremayr & Scheriau, Wien

Maximilian Liebmann: „Theodor Innitzer und der Anschluß – Österreichs Kirche 1938“, Verlag Styria, Wien, Graz

Verena Moritz/Hannes Leidinger/Gerhard Jagschitz: „Im Zentrum der Macht – Die vielen Gesichter des Geheimdienstchefs Maximilian Ronge“, Residenz Verlag, St. Pölten, Salzburg

Franz Olah: „Die Erinnerungen“, Amalthea Verlag, Wien

Christa Pongratz-Lippitt: „Franz Kardinal König. Offen für Gott – offen für die Welt. Kirche im Dialog“, Verlag Herder, Wien-Basel-Freiburg

Hugo Portisch/Sepp Riff: „Die Wiedergeburt unseres Staates, Österreich II“, Verlag Kremayr & Scheriau, Wien

Hugo Portisch/Sepp Riff: „Der lange Weg zur Freiheit, Österreich II“, Verlag Kremayr & Scheriau, Wien

Ingeborg Schödl: „Im Fadenkreuz der Macht – Das außergewöhnliche Leben der Margarethe Ottilinger“, Czernin Verlag, Wien

Roman Karl Scholz: „Ich werde immer bei Euch sein“, Mayer & Comp. Verlag, Wien

Friedrich Weissensteiner: „Der ungeliebte Staat. Österreich zwischen 1918 und 1938“, ÖBV Publikumsverlag/Wissenschaftsverlag, Wien

Friedrich Weissensteiner: „Die Österreichischen Bundespräsidenten, Leben und Werk“, Österreichischer Bundesverlag, Wien

Personenregister